오키나와 민족설화집

유로설전(遺老說傳)

오키나와 민족설화집

유로설전(遺老說傳)

김 용 의 역

전남대학교출판부

일러두기

1. 번역을 위한 텍스트는 주로 가데나 소토쿠(嘉手納宗德)의 『球陽外巻 遺老說傳』(1978, 角川書店)을 사용하였다.
2. 독자의 이해를 돕기 위해서 시마부쿠로 세빈(島袋盛敏)의 『球陽外巻 遺老說傳』(1935, 學藝社)에 수록된 야나기타 구니오(柳田國男)의 서문과 이하 후유(伊波普猷)의 서문을 번역하여 함께 실었다.
3. 일본어 발음의 한글 표기는 원칙적으로 1988년에 문교부에서 고시한 「일본어의 가나와 한글대조표」에 따랐다.
4. 한문 원문에는 소제목이 들어있지 않고 단락이 나뉘어져 있지 않지만, 독자의 편의를 위해서 역자가 본문 내용을 반영하여 임의로 소제목을 붙이고 단락 나누기를 시도하였다.
5. 한자 및 일본어 표기는 원칙적으로 처음 나오는 경우에 한해서 한글 다음에 괄호 속에 한자나 일본어를 넣어 병기하고 그 다음부터는 한글만을 표기하였다.
6. 한문 원문에 □로 표시된 부분은 궐자(闕字)를 의미한다.

제136화와 관련된 백은당(白銀堂). 오키나와 현의 이토만 시(糸満市)에 위치해 있다.
사진촬영 : 김용의

백은당(白銀堂)의 동굴 내부 모습. 셔터 앞에 놓인 것은 향로이다. 제136화에 따르면 이 동굴 안에 은을 묻었다고 한다.
사진촬영 : 김용의

제133화에 등장하는 세하 우타키(斎場御嶽)의 제장(祭場). 동굴 너머 바다에 구다타지마(久高島)가 위치해 있어 이곳에서 관망할 수 있다.
사진촬영 : 김용의

세하 우타키(斎場御嶽)의 제장(祭場). 사진촬영 : 김용의

제35화와 관련이 있는 후텐마궁(普天満宮). 오키나와 현의 기노완 시(宜野湾市)에 위치해 있다.
사진촬영 : 김용의

후텐마궁(普天満宮)의 동굴 내부 모습
사진촬영 : 김용의

천녀와 혼인을 했다는 우의설화(羽衣) 전승지로 유명한 모리노가와(森の川) 우물. 기노완 시(宜野湾市)의 마시키(真志喜)에 위치해 있다.
사진촬영 : 김용의

모리노가와(森の川)에 세워진 천녀우의상(天女羽衣像)
사진촬영 : 김용의

다케토미지마(竹富島)의 고모토 우타키(幸本御嶽)에서 쓰카사(ツカサ)들이 기원하는 모습.
쓰카사에 관해서는 第34화, 第40화, 第59화를 참조.
사진촬영 : 오쓰카 쇼큐(大塚勝久)

다케토미지마(竹富島)의 구니나카 우타키(國仲御嶽)에서 쓰카사(ツカサ)들이 기원하는 모습.
사진촬영 : 오쓰카 쇼큐(大塚勝久)

서 문

우리들이 『구양(球陽)』[1]에 관한 강좌를 개최한 것은 1964년 5월이다. 그 후부터 2년 5개월이란 세월 동안에 전 권을 독파할 수가 있었다. 이 때 텍스트로 사용한 것이 당시 선본(善本)으로 명성이 높았던 미야자토본(宮里本)이었다. 그렇지만 전 권을 빠짐없이 읽어보니, 이 판본의 기사에 상당한 결락이 있음을 깨닫게 되었다. 이 점이 『구양』의 교정본을 만들고자 결심한 동기가 되었다.

『유로설전(遺老說傳)』은 『구양』의 외권(外卷)이기 때문에 『구양』에 이어서 『유로설전』 강좌를 개최해야 했지만, 『책봉사록(冊封使錄)』이나 『이조실록(李朝實錄)』 강좌의 개최로 시간이 오래 걸려, 1973년이 되어서야 『유로설전』 강좌를 개최할 수가 있었다.

『유로설전』은 히가시온나 문고(東恩納文庫)[2]에 세 종류가 있

1) 일본어로는 '규요(球陽)'라고 읽는다. 규요란 류큐(琉球)의 다른 이름이다. 일본의 나가사키(長崎)를 가리켜 기요(崎陽)라고 부르는 것과 같은 용법이다. 여기서 말하는 규요란 역사서를 가리킨다. 규요는 한문체로 기록된 류큐왕국의 정사(正史)로 본문 22권, 부권(付卷) 3권, 외권(外卷)인 「유로선전(遺老說伝)」으로 구성되었다. 편자는 정병철(鄭秉哲)을 포함한 4인이다. 1745년에 완성되었으며, 역대국왕의 치세를 중심으로 여러 사건 및 사상(事象)을 수록하였다.

2) 여기서 히가시온나는 히가시온나 간준(東恩納寬惇)을 가리킨다. 오키나

었다. 한 가지는 『구양』에 이은 고에쿠 조초(護得久朝常)[3] 필사본, 또 한 가지는 1935년에 학예사(學藝社)에서 발행한 시마부쿠로 세이빈(島袋盛敏)[4]의 역저본, 그리고 1938년에 류큐왕대문헌반포회(琉球王代文獻頒布會)에서 발행한 류큐왕대문헌집(琉球王代文獻集)이다.

이 세 종류 중에서 고에쿠본을 텍스트로 선택한 것은 필사본을 낸 고에쿠 조초가 상가(尙家)[5]와 연고가 있는 사람으로, 슈리(首里) 상가에 전해지는 열람금지(일반인에게)의 비본(秘本)까지도 열람하고 조사하여 필사할 수 있는 사람이었기 때문이다. 실제로 그가 필사한 『구양』 본권은 여러 종류의 판본 중에

와사를 연구한 역사학자로 1882년에 태어나 1963년에 사망하였다. 주로 역대 보안(歷代宝案)을 연구하여 많은 저서를 남겼다. 오키나와사 관계 자료가 부족한 시기에 그가 수집한 자료 및 저서는 오키나와연구에 중요한 역할을 하였다. 자료 및 저서의 대부분은 오키나와 현의 중앙도서관에 기증되었다. 기증된 저서는 히가시온나 간준 문고(東恩納寬惇文庫)로 보존되어 있다.

3) 인명. 1850년에 태어나 1910년에 사망하였다. 가인(歌人)으로 당명(唐名)은 향문울(向文蔚)이다. 이하 후유(伊波普猷)의 서문에 소개된 계도좌(系圖座)의 관리를 역임하였다. 중의원(衆議院) 의원을 지낸 고에쿠 조이(護得久朝惟)가 그의 장남이다.

4) 인명. 1890년에 태어나 1970년에 사망하였다. 류카(琉歌) 및 예능연구자로 그가 저술한 『류카전집(琉歌全集)』은 류카연구에서 바이블과 같은 존재이다. 슈리(首里)의 방언을 집대성한 『오키나와어 사전(沖縄語辞典)』(국립국어연구소편)의 편찬에도 공헌하였다.

5) 일본어로는 쇼야(尙家)로 읽는다. 오키나와를 통치했던 왕족의 성씨이다. 흔히 제일상씨(第一尙氏)와 구별하기 위해서 제이상씨(第二尙氏)라고 부른다. 제이상씨는 상원왕(尙円王)을 시조로 하여 그가 즉위한 1469년부터 마지막 왕인 19대 상태왕(尙泰王)에 이르기까지 410년 동안 이어졌다. 참고로 제일상씨는 상사소왕(尙思紹王)을 시조로 하여 63년 동안 7대가 이어진 류큐 최초의 통일왕조이다.

서도 내용이 가장 충실하였다. 또 한 가지는 고에쿠본은 모필사본(毛筆寫本)으로 이체자(異體字)가 종횡으로 구사되어, 당시의 전통적인 서풍을 짐작할 수 있었기 때문이다. 이런 이유로 그 영인본을 만들어 텍스트로 삼았다.

그런데 강좌를 진행하면서 결락된 기사가 눈에 띄었다. 시마부쿠로 세이빈의 역저본과 비교해 보니, 권 일이 21화, 권 이가 8화, 권 삼이 10화, 부(附) 권이 6화나 적었다. 합하면 45화나 적어서 전체적으로 삼분의 일 가까이 결락되어 있다. 『구양』 본권의 경우를 고려한다면 고에쿠본이 결락본이라고는 생각되지 않아서 다른 판본도 수집하여 대조해보았지만 역시 결과가 마찬가지였다. 『구양』의 경우와 마찬가지로, 교정본을 만들 필요가 있었다.

교합(校合)에 사용한 판본은 앞서 소개한 세 종류 이외에 류큐대학 도서관에 있는 이와문고본(伊波文庫本)[6], 미야라돈치본(宮良殿内本)[7] 그리고 요코야마문고본(横山文庫本)이다. 그 중에서 이와문고본이 가장 내용과 글씨가 정연했기 때문에 이를 저본(底本)으로 삼아 교합을 하였다. 게다가 이와문고본은 1935년에 시마부쿠로 세이빈의 역저본에도 사용되어, 함께 검

6) 인명. 1876년에 태어나 1947년에 사망하였다. 언어학자이자 민속학자이다. 오키나와 출신으로 오키나와의 향토연구가로서 오키나와의 언어, 역사, 민속에 관한 방대한 저서를 남겼다. 흔히 오키나와학의 아버지(沖縄学の父)로 일컬어진다. 대표 저서로 『고류큐(古琉球)』 『남도방언사고(南島方言史攷)』 『류큐희곡사전(琉球戯曲辞典)』등이 있다. 류큐대학 부속도서관에 이하후유문고(伊波普猷文庫)가 개설되어 있다.

7) 오키나와 현 이시가키(石垣市)에 소재한 류큐왕국시대의 저택을 말한다. 국가지정중요문화재이다. 현재 류큐대학 부속도서관에 미야라돈치 문고(宮良殿内文庫)가 개설되어 있다.

토하는데 있어서도 의의가 있다고 판단했기 때문이다. 『유로설전』의 마이크로필름에 「원본 유로설전 권지일 제오십구항 일절(原本 遺老說傳卷之一第五十九項の一節)」로 된 부분이, 글씨 그 자체 및 벌레 먹은 흔적 등이 이와문고본과 완전히 일치한 것을 보면, 「원본」이란 이와문고본을 가리키고 있는 듯하다.

시마부쿠로 세이빈의 역저본을 보면 원문에는 오자(誤字)가 있어도, 번역문(読み下だし文)[8]에는 정자(正字)로 되어 있는 것을 보면, 이는 인쇄단계에서의 오식(誤植)이라는 사실을 알 수 있다. 그러나 그 중에는 원고가 잘못된 부분도 있고, 그로 인해 번역문에도 잘못된 곳이 있다. 한두 가지 사례를 들자면, 제21화에서「發賜廟米几斗」라 표기해야 할 곳을 「發賜廟米九斗」라고 잘못 적고 있다.[9] 번역문도 마찬가지이다. 그리고 제41화에서 「管海守船之神」이라 표기해야 할 곳을 「嘗海守船之神」이라고 잘못 적고 있다. 번역문에서도 역시 잘못 적고 있다.

앞서 예를 든 오기(誤記)은 시마부쿠로 세이빈의 역저본만이 아니라, 여러 판본에 대동소이하게 나타나는 현상이다. 재미있는 것은 오기를 하더라도 똑같은 부분을 오기하는 경우가 적다는 점이다. 어떤 판본의 오자 부분이 다른 판본에는 맞게 되어 있고, 어떤 판본의 탈자(脫字) 부분이 다른 판본에는 채워져 있는 식이다. 때문에 여러 판본을 모아서 꼼꼼하게 교합을 해

---

8) 한문을 알기 쉽게 일본어로 풀어쓴 문장을 말한다. 훈독문(訓読文), 가키구다시문(書き下し文)이라고 한다.

9) 역자가 서문에서 지적한 이 부분을 역자의 번역문에서 확인해 보면 「發賜廟米幾斗」로 되어 있어, 서문에서 역자가 지적한 점이 반영되어 있지 않다는 것을 알 수 있다.

가면 오탈자를 제대로 정리한, 이른바 교정본을 완성할 수가 있다. 따라서 교정본을 만들기 위해서는 가능한 한 유포되고 있는 모든 판본을 모으는 것이 중요하다.

도쿄에 있는 상가(尙家)에 『구양』의 본권 및 외권이 소장되어 있다는 사실은 일찍부터 알려진 사실이다. 관심이 있는 연구자들은 혹시 그것이 원본이 아닐까 하는 기대감에서 상가에 전해진 판본을 열람하기를 갈망하였다. 『구양』교정본은 10여 종류가 넘는 여러 판본을 참고하며 교합을 보아 완성되었지만, 결국 상가에 전해진 소장본에는 접할 수가 없었다. 이번에 『유로설전』 교정본을 만들면서, 부디 상가에 전해진 판본도 참고하여 교합할 수 있기를 소망하였다. 다행히도 상가 쪽의 호의와 오키나와관계 사료의 발행을 적극적으로 추진하고 있는 가도카와서점(角川書店)의 열의, 그 밖에도 여러 분들의 강력한 협력으로 마침내 그 소망이 실현되었다. 이는 단지 『유로설전』에만 국한되지 않고, 앞으로의 학문연구에 있어서 큰길을 열어 준 쾌거로 평가해야 할 것이다. 『유로설전』은 이런 경위를 거쳐 상가의 소장본도 참고하여 교합을 보았다. 실로 경이로운 일로 이 점에 대해서 상가의 여러 분, 가도카와서점 측, 그 밖의 여러 분들께 깊이 감사드린다.

이렇게 해서 여러 판본과 대조하는 교합은 끝났지만, 이 같은 일련의 횡적인 교합만으로는 아직 해결되지 않은 몇 가지 문제가 남아 있다. 이를 해결하기 위해서는 무엇보다도 종적인 자료와의 검토가 필요했다. 다행히도 『유로설전』에는 출전이 분명하게 적힌 기사가 비교적 많다. 그 출전을 거슬러올라가 보면, 『유로설전』→ 『류큐국구기(琉球國舊記)』[10]→ 『류큐국유래기(琉球國由來記)』[11] →『각처유래기·구기(各處由來記·舊記)』[12] 로 볼 수 있다. 그 종적인 자료들과 비교 검토한 결과, 황적으로도 어느 정도 교합을 보충할 수가 있었다. 그럼에도 불구하고 삼분의 일 정도는 자료 부족으로 여전히 문제가 해결되지 않은 상태이다. 해결되지 않은 문제들은 앞으로의 연구를 기다릴 수밖에 없다. 때마침 연구자들이 각지의 민화채집을 행하고 있다. 채집된 민화들과『유로설전』을 함께 읽어나가면 해결되는 것도 시간문제일 것이다.

교정본을 만드는 것은 단순작업의 반복이지만 역시 그 나름대로의 지식과 세심한 주의가 필요하며, 더욱이 많은 노력(勞力)이 요구된다. 그 점 때문에 한 사람의 힘만으로는 도저히 해낼 수가 없다. 다행히도 오키나와현립도서관에 근무하는 데

---

10) 류큐왕조시대인 1731년 왕부에서 편찬한 한문으로 된 류큐왕국의 지지(地誌)이다. 본권 9권, 부권 11권으로 구성되었다. 구양(球陽)』의 편자인 정병철(鄭秉哲)이 찬수사(纂修司)를 담당하였다. 쉽게 읽을 수 있는 텍스트로 하라다 노부오(原田禹雄) 역주의『琉球国旧記』(2005, 榕樹書林)가 있다.

11) 1713년 왕부에서 편찬한 류큐왕국의 지지(地誌)이다. 총 21권으로 구성되었다. 류큐 각지에 역사, 제사 등에 관한 자료 수집을 하도록 명을 내려, 구기좌(旧記座)라고 하는 관청을 설치하여 편찬 작업을 진행하였다. 왕부 차원의 연중행사에서 관직의 직제, 여러 사물의 기원, 사사(寺社)의 연기(緣起), 각 지방의 제사에 이르기까지 여러 사상(事象)을 다루었다. 본서의 많은 부분을 차지하고 있는 오키나와 각처의 제사에 관한 기록은 종교 및 민속연구에 귀중한 자료이다. 1731년『류큐국유래기(琉球國由來記)』에 약간 정정을 가하여 한문으로 다시 편찬한『琉球国旧記』를 편찬하였다. 이 두 저서를 읽어보면 오키나와의 종교 및 민속에 관해서 어느 정도 전체적으로 파악할 수 있다.

12)『류큐국유래기(琉球國由來記)』의 편찬에 참고가 된 각지의 유래기 및 오랜 기록을 말한다.

루야 이쓰코(照屋以都子)씨가 처음부터 함께 했다. 교정단계에서 도미지마 소에(富島壯英)씨가 협력해 주었다. 특히 도미지마 씨는 권말에 수록한 유로설전 분포도를 담당해주었다. 아마도 이 두 사람의 협력이 없었다면 교정본을 완성할 수가 없었을 것이다. 말하자면 이 책은 세 사람의 공저나 마찬가지이다.

이번에 겨우 『유로설전』의 교정본을 간행하게 되었는데, 이 책은 어디까지나 텍스트에 불과하다. 앞으로 이 텍스트가 관심을 가진 연구자들에게 도움이 되기를 바란다.

끝으로 사적인 것을 적어서 면목이 없지만, 교정 작업을 진행하는 중요하고 시급한 때에, 눈 수술로 인해 6개월이나 되는 오랜 동안 작업을 할 수가 없었다. 이 때문에 가도카와서점 측에 심려를 끼쳐드린 점을 매우 송구스럽게 생각하고 사과드리는 바이다.

1977년 12월

가데나 소토쿠(嘉手納宗德)

서 문

나는 사람들이 믿지 않을 정도로 『유로설전(遺老說傳)』에 대해 깊은 애착을 갖고 있다. 지금부터 20년 전에 가나자와(金澤) 박사가 소장하고 있던 책을 빌려서 이노우에(井上)라는 노인에게 필사하도록 하여 적어도 네 번은 붉은 줄을 그어가며 정독하였다. 다 읽고 난 후에도 얼마 동안은 책상 위에 놓아두고 수시로 참고하였다. 뿐만 아니라 이처럼 아끼던 책을 지인들에게 빌려주어 읽도록 권하였다. 내가 소장한 책 중에서 가장 애독하던 책 중의 하나로 반 년 이상 책장에 파묻혀 둔 적이 없다.

나는 이하 후유(伊波普猷)[1]씨의 『고류큐(古琉球)』[2]를 읽고 남도(南島)에 관해 학문적인 눈을 떴다. 그리고 『유로설전』으로 인해 오키나와(沖縄)를 좋아하게 되었다. 다이쇼(大正) 10년(1921년) 봄에 다녀온 오키나와 여행은 이 책으로 인해 여행갈 마음이 생겼다고 할 수 있다. 오키나와에 가서 사귀게 된 친구들이 히가(比嘉)[3]와 시마부쿠로(島袋)[4] 두 사람이다. 이 두 사

---

1) 가데나 소토쿠(嘉手納宗德)의 서문 역주 6)을 참조.

2) 이하 후유(伊波普猷)가 1911년에 출판한 저서 이름이다. 오키나와의 언어, 역사, 민속, 문학 등에 관한 연구서로 『오모로소시(おもろさうし)』와 함께 오키나와 연구에 관한 가장 중요한 저작으로 평가된다. 「伊波普猷全集」제 1권에 수록되어 있다.

3) 인명. 히가 슌초(比嘉春潮)를 말한다. 오키나와의 역사와 민속 연구자로 1883년에 태어나 1977년에 사망하였다. 1923년에 상경하여 개조사(改造

람이 처음으로 『유로설전』을 교정하고 일본어로 뜻풀이를 하여 간행하고자 기획하였다. 내가 이 작업에 한마디 거드는 것이 부자연스럽지는 않을 것이다.

그래서 다시 한 번 이 책을 읽으며 더할 나위 없이 기쁜 까닭은 무엇이고, 이 책을 붙들고 손에서 놓을 수 없는 매력은 무엇인지를 생각해보았다. 이는 이 책에 진기한 사실이 담겨있다거나 서술이 뛰어나다는 표면적인 이유에서가 아니다. 오히려 이 책이 성립하게 된 시대환경, 꽃에 비유하자면 꽃을 피우게 만든 흙과 물, 그리고 공기와 햇빛과 같은 것이 특별했기 때문이다. 나와 같은 독자들은 반은 무의식적으로 단순한 문자배열의 배후에 담긴 그 무엇을 접하고 즐겼던 것이다. 고향의 역사를 사랑하는 두 사람의 노력은 아마도 이 책의 소개로 충분히 짐작할 수 있을 것으로 본다. 나도 또한 한 가지 견해를 부언하여 해석이 같은지 다른지를 시험하고자 한다.

오키나와의 한학(漢學)은 근세 일본의 양학(洋學)과 마찬가지로 매우 단기간에 발흥한 흔적이 있다. 재능 있는 소수 오키나와 사람들이 자유자재로 이국의 문장을 구사하여 생활의 일부를 기록했던 무렵에, 이미 그 주위에 그 뜻에 공감하고 그 기록하는 방법에 찬탄하는 사람들이 많이 배출되었다. 따라서 새롭게 도입된 한학이 쉽게 수용될 수 있었을 것으로 생각된다. 그런데 한학의 수용 양상이 급격하게 이루어졌기 때문에 일상

社)의 편집자가 되었으며, 야나기타 구니오와 이하 후유의 사사(師事)로 민속학 및 오키나와 연구에 진력하였다. 주요 저서로 『오키나와의 역사(沖縄の歴史)』(1959)가 있다.

4) 시마부쿠로 세이빈(島袋盛敏)을 말한다. 가데나 소토쿠(嘉手納宗徳)의 서문 역주 4)를 참조.

적인 생활과 사유방식으로 확산될 여유가 없었다. 이 점은 에도(江戸)지역의 한학이 애초부터 경의유도(經義儒道)와 서로 제휴했던 경우와 다르고, 오히려 오늘날의 이른바 어학자들의 학문과 매우 비슷하다. 따라서 오키나와의 문장에는 나라(奈良) 시대의 풍토기(風土記)에서 볼 수 있는 고색창연한 분위기를 느낄 수 있다. 교양 있는 고로(古老)들의 생활에 대한 절실한 관심도, 향당(鄉黨)의 자제들이 모두 귀를 기울이고자 하는 사적(事蹟)도, 모두 전대의 신앙에서 벗어나지 않았다. 한문은 그저 이를 표출하기 위한 간편한 외형에 불과했던 것이다. 이 신구(新舊)문화의 복합은 본토의 주민들이 오랫동안 경험하지 못했던 것이었다. 모토오리 노리나가(本居宣長)[5]가 지적한 화혼한재(和魂漢才)는 여기서 기발한 한 가지 실례(實例)를 보여주고 있다. 새로운 가죽 주머니에 매우 향기로운 오래 묵은 술이 담겨있었던 셈이다.

『유로설전』은 우리들에게 200년 전의 오키나와 사람들이 즐겨 듣고자 했던 이야기가 어떤 종류의 것이었는지를 가르쳐준다. 당시에 섬 사이의 교통이 이미 연결되었고 해상세계에 대

5) 인명. 1730년에 태어나 1801년에 사망하였다. 에도(江戸)시대 중기의 국학자이다. 흔히 국학사대인(国学四大人)의 한 사람으로 일컬어진다. 이세(伊勢) 출신으로 교토에 가서 의학을 공부하는 한편, 겐지 모노가타리(源氏物語) 등을 연구하였다. 후에 가모노 마부치(賀茂真淵)의 문하로 들어가 고도(古道) 연구를 시작하여 30여 녀 동안 「고서기전(古事記伝)」의 저술에 진력하였다. 「모노노아와레(もののあはれ)」를 중심으로 한 일본문학론, 상대(上代)의 생활정신을 이상으로 삼은 고도설(古道說) 등, 다방면으로 연구를 진행하였다. 주된 저서로 「우이야마부미(初山踏)」 「이소노가미사사메고토(石上私淑言)」 「겐지 모노가타리 다마노오구시(源氏物語玉の小櫛)」 등이 있다.

한 호기심이 왕성했기 때문에, 사람들이 대부분의 고전(古傳)을 대수롭지 않게 여겼을 것으로 생각된다. 그럼에도 불구하고 그 이야기의 내용을 크게 구별하자면 서너 종류의 유형에서 벗어나지 않는다. 게다가 모든 이야기가 기록되기 이전의 계통을 확인할 수 있는 것이었다. 섬에서 오래 살아온 대부분의 민족과 마찬가지로 그들은 더할 나위 없이 사물의 기원을 중시하고 그 기원이 매우 오래되었음을 알고서 만족해한다. 그 전설이 특정한 장소와 관련이 있다면 그 장소는 배소(拜所)가 되고 집안과 관련이 있다면 그 집안은 명문이 된다. 그리고 이해관계가 있는 사람이 점점 쇠망해가면 구전 중에서 특히 귀를 기울일만한 부분이 더욱 과장되어 유포된다. 즉, 우리들이 말하는 민담의 기원이다. 민담의 변화하는 과정은 어느 지역이나 대개 마찬가지인 듯하다. 단, 남도의 경우에는 한 편의 설화가 존재하면 다른 어느 지역의 경우보다도 구체적으로 이전의 민간설화 본연의 모습을 그대로 보존하고 있는 것이다.

특히 민담 연구자를 위해 소중한 자료가 현재 일본 각지로 전파되어 지금도 입에서 귀로 전해지고 있다. 그 중에서도 몇 종류의 민담이 전전세기의 『유로설전』 속에 수록되어 있다. 나는 이전에 저서 한두 권을 통해 이미 앞서 지적한 민담의 대부분을 소개한 적이 있기 때문에 여기서는 그저 항목만을 들기로 한다.

(1)잠벌레인 지라(次良)가 장자의 사위가 되었다는 이야기는 '이웃집 네타로(隣の寝太郎)'라는 이름으로 나도 어릴 적에 들은 적이 있다. (2)계모가 의붓자식을 죽이려고 하다가 잘못해서 친 자식을 벼랑에서 떨어뜨린 이야기도 주고쿠(中国) 지방 및

규슈(九州) 지방의 여러 곳에 전해지는 이야기이다. (3)신이 태어난 아이의 운명을 정하는 것을 그 아버지가 엿들었다는 이야기는 일본의 서쪽 지방에는 적고 오히려 간토(関東) 지방 및 오우(奥羽)[6] 지방에 유사한 이야기가 많다. (4)13세 된 소녀가 아이의 아버지도 모른 채 혼자서 임신했다가 나중에 그 자식과 함께 신이 되었다는 이야기는 옛날의 가모(賀茂) 미와(三輪)의 신에 관한 전승[7] 이래로 조금씩 형태를 바꾸어 오늘날까지 일본 각지에 전해지고 있다. (5)그 신비스런 존재인 아버지가 뱀 모습을 한 신이었다는 이야기는 내지(內地)에서도 절반은 전설로 믿고 있다. (6)방귀를 뀌었다는 이유로 내쫓긴 어머니를 나중에 그 자식이 재치 있는 말로 다시 원래 지위로 되돌아오게 했다는 이야기도 오슈(奥州)까지 분포하며, 오키나와의 이야기가 오랜 형태를 유지하고 있다. (7)힘센 장사가 힘겨루기를 하러 왔다가 놀라서 되돌아갔다는 이야기 (8)보물단지를 소홀히 다루었더니 흰 새가 되어 날아갔다는 이야기, 또한 이밖에도 몇 가지 일치하는 이야기를 찾아볼 수 있다. 후에 우리들이 이 『유로설전』을 보고 참고하지 않은 이상, 당시에 이미

---

6) 지명. 무쓰(陸奥)와 데와(出羽)를 아울러 가리키는 말이다. 지금의 도호쿠(東北) 지방이 이에 해당되며, 아오모리(青森), 아키타(秋田), 이와테(岩手), 미야기(宮城), 야마가타(山形), 후쿠시마(福島) 등의 여섯 현이 이에 속한다.

7) 『고사기(古事記)』(712)에 수록된 미와야마(三輪山) 전설을 가리킨다. 이쿠타마요리비메(活玉依毘売)라는 젊은 여자의 처소로 밤마다 남자가 찾아와서 임신을 하게 된다. 부모가 그 남자의 정체를 밝히기 위해서 실 꿴 바늘을 남자의 옷깃에 찔러두도록 시킨다. 다음날 그 실을 따라가 보았더니, 미와야마의 신사(神社)까지 이어져 있어 남자의 정체가 미와야마의 신이라는 것을 알았다는 내용이다. 이와 유사한 이야기가 본서의 제68화에 수록되어 있다.

이런 이야기들이 존재했으며 널리 분포하고 있었다는 증거가 된다. 상세하게 비교하자면 독자들을 번거롭게 하겠지만, 내가 가장 놀란 점은 이들 민담 중에 절반이 오키나와 본도(本島)에서 멀리 떨어진 작은 섬 미야코지마(宮古島)[8]에서 채집되었다는 사실이다. 여기에는 무언가 우연한 계기가 있었을지도 모르지만 그 전승양식을 보면 미야코지마만의 두드러진 특색이 있다. 나카소네(中宗根) 집안에 전해졌다고 하는 미야코지마(宮古島)의 구사(舊史)를 보면, 미야코지마의 구전은 모두 아야고(アヤゴ)[9]라고 부르는 운율에 따라서 암송되었다. 그리고 대부분의 민담도 이곳에서는 아야고 형식으로 전해졌던 듯하다. 『민족(民族)』이라는 잡지에 니콜라이 네푸스키[10]가 최근에 채집한 아야고, 그리고 새로 만들어진 아야고가 게재되어 있다. 이 아야고와 민담의 관계가 아직까지는 정확하게 알려지지 않았다. 후에 우리들이 현지에 가서 다시 한 번 이 문제에 관해 조사할 경우에 『유로설전』이 역시 가장 참고가 될 것이다.

야나기타 구니오(柳田國男)

---

8) 미야코지마(宮古島)는 미야코 제도(宮古諸島)에 속한 주된 섬이다. 를 말한다. 오키나와 현의 오키나와 제도(沖縄諸島)와 야에야마 제도(八重山諸島) 사이에 위치해 있다. 주된 섬인 미야코지마를 비롯하여 여덟 섬으로 이루어졌다. 미야코지마의 주된 생업은 어업과 사탕수수 재배이다.

9) 오키나와 현 미야초 제도(宮古諸島)에 전해지는 가요(歌謡)를 총칭하는 말이다. 이 지역의 방언으로는 아야구(アヤグ)나 아구(アーグ)로도 발음한다.

10) 인명. 구 소련의 동양학 학자이다. 1892년에 태어나 1945년에 사망하였다. 1915년에 도일하였다. 야나기타 구니오와 친교가 있었으며 일본의 도호쿠(東北)·오키나와 지방에서 민속조사를 하기도 하였다. 1929년 소련으로 귀국 후, 1937년 이른바 '피의 숙청'으로 체포되어 1945년 시베리아 수용소에서 53세로 생애를 마쳤다. 저서로 『달과 불사(月と不死)』 『서하문헌학(西夏文献学)』 등이 있다.

서 문

『유로설전(遺老說傳)』을 어떤 목적으로 어떤 과정을 거쳐 언제 편찬했는가를 아는 것은 무익한 일이 아니다. 『유로설전』은 오키나와(沖縄)의 수사(修史)사업을 전제로 편찬되었다. 오키나와에서 최초로 역사서가 편찬된 것은 게이안(慶安) 3년(1650)으로, 향상현(向象賢)[1]이 왕명을 받아서 쓴 『중산세감(中山世鑑)』[2]이 바로 그것이다. 그러나 이 책은 마침 류큐정벌(琉球征伐)[3]의 여파로 모든 문화가 파괴되고 고문서 종류도 대부분이 산일(散佚)되어 자료가 빈약한 시기에 만들어졌기 때문에 불완전한 책이었다.

---

1) 인명. 일본어로는 '쇼쇼켄(向象賢)'으로 읽는다. 향상현은 당명(唐名)으로 하네지 조슈(羽地朝秀)하 부르기도 한다. 류큐왕국의 정치가로 1617년에 태어나 1675년에 사망하였다. 화한(和漢)의 교양이 뛰어났으며, 1650년 상질왕(尙質王)의 명으로 류큐왕국 최초의 역사서인 『중산세감(中山世鑑)』을 편찬하였다.

2) 앞서 소개한 향상현(向象賢)이 1650년 상질왕(尙質王)의 명을 받아 편찬한 류큐왕국 최초의 역사서이다. 모두에 총론을 싣고 전 5권으로 구성되었다.

3) 1609년 사쓰마 번(薩摩藩, 지금의 가고시마 현)에서 3,000 여 명의 병사를 보내 류큐(琉球)를 침공하여 슈리성(首里城)을 함락시킨 것을 말한다. 이후 류큐에서는 요론토(与論島) 이북의 아마미 제도(奄美諸島)를 사쓰마에 양도하는 등, 사쓰마의 지배를 받게 되었다. 사쓰마에서는 류큐를 지배하게 된 후에도, 그 사실이 중국에 알려지지 않도록 하기 위해서 류큐왕국이 존재하는 것처럼 보이도록 했다.

게이초(慶長) 이후에 중국의 책봉사(冊封使)로부터 국사에 관해서 질문을 받게 되자 한문으로 작성한 역사서가 필요하게 되었다. 그래서 채온(蔡溫)[4]의 아버지 채탁(蔡鐸)[5]이 『중산세감』을 바탕으로 하여 『중산세보(中山世譜)』[6]를 편찬했다. 이는 『사기(史記)』 및 『통보(通譜)』를 본 딴 것으로 겐로쿠(元禄) 10년(1697)에 착수하여 14년에 탈고하였다. 후에 교호(亨保) 10년(1725)에 그 아들인 채온이 제9권 이하를 보수(補修)하였다. 그런데 이 『중산세보』도 원래 민중의 역사가 아니라 주로 책봉사에게 보이기 위해서 만든 것이었다. 때문에 중국관계에 비중을 두고 일본관계는 이를 은폐할 필요가 있어서 일본관계 기

---

4) 인명. 일본어로는 사이온(蔡溫)으로 읽는다. 채온은 당명(唐名)으로 류큐(琉球) 식의 이름은 구시찬우카타분자쿠(具志頭親方文若)이다. 류큐왕국의 정치가이자 학자로 1682년에 태어나 1761년에 사망하였다. 류큐로 귀화한 중국인들의 거류지인 구메 촌(久米村)의 명문인 채씨(蔡氏) 집안 출신으로 1704년에 중국의 복주(福州, 福建省)으로 건너가 실학을 공부하였다. 1725년 아버지 채탁(蔡鐸)이 편집한 『중산세보(中山世譜)』를대폭으로 개정하는 등, 사서 편찬에도 비범한 재능을 발휘하였다.

5) 인명. 채온(蔡溫)의 아버지이다. 채탁(蔡鐸)은 당명(唐名)으로 류큐 식의 이름은 시타하쿠 덴쇼(志多伯天将)이다. 1645년에 태어나 1725년에 사망하였다. 1677년 상정왕(尚貞王)의 명으로 『역대보안(歴代宝案)』을 수정하였으며 1697년부터는 『중산세감(中山世鑑)』을 보정(補訂)하여 『중산세보(中山世譜)』를 완성하였다. 평생 동안 많은 시를 남겼으며 그 일부가 『중산시문집(中山詩文集)』에 수록되어 있다.

6) 류큐(琉球)왕국의 정사(正史) 중의 하나이다. 1701년에 『중산세감(中山世鑑)』을 바탕으로 채탁(蔡鐸)이 한문으로 거의 완성하였다. 1725년에 그의 아들인 채온(蔡温)이 대폭으로 개정하였다. 전자를 채탁본(蔡鐸本), 후자를 채온본(蔡温本)으로 구별하며, 일반적으로 『중산세보』라고 하면 채온본을 가리킨다. 채온본은 그 후에도 사관들이 계속 기록하여 총 13권에 부권이 7권으로 구성되었다. 오키나와사 연구에 빠뜨릴 수 없는 기본사료 중의 하나이다.

사만을 별도로 부록으로 수록한 정도였다.

그 후에 완전한 국사의 필요성을 통절하게 느끼고서 교호 14년(1729)에 구메 촌(久米村)의 정병철(鄭秉哲)[7]이 국사 편찬의 명을 받았다. 정병철은 뛰어난 수재로 겐로쿠 3년(1690)에 복건성(福建省)으로 건너가 3년 동안 수학한 후에 나아가서 북경(北京)에 있는 국자감(國子監)에서 공부하였다. 종래에 국자감에서 공부하는 사람은 주로 경학을 배웠지만, 이 무렵부터 경사문(經史文)을 나누어 배우게 되어 정병철은 5년 동안 오로지 사학을 배우고서 돌아왔다. 그가 국사 편찬의 적임자였다는 점은 말할 필요도 없다. 그가 귀국 후에 다른 사람들과 함께 17년간 심혈을 기울여서 편찬한 것이 『구양(球陽)』이다. 그 후에 『구양』가 메이지(明治) 초년까지 계속 보수되었다는 사실은 사람들이 잘 아는 바이다.

이 시기에 『유로설전』이 『구양』의 외권(外卷)으로 편찬되었다. 주로 정병철이 『구양』의 편찬을 담당했으나 마침 이 시기에 류큐 정부에 계도좌(系圖座)[8]가 개설되어 제사(諸士)들의 가보(家譜)가 편찬되어 수사사업에 많은 참고가 되는 자료를 제공하였다.

---

7) 인명. 일본어로는 데이헤이테쓰(鄭秉哲)로 읽는다. 1695년에 태어나 1760년에 사망하였다. 1724년 관생(官生)으로 중국 북경의 국자감(国子監)에 들어갔다. 귀국 후에 『류큐국규기(琉球国旧記)』『중산세보(中山世譜)』부권을 편찬하였다. 1743년부터는 채굉모(蔡宏謨) 등과 함께 『구양(球陽)』편찬 작업에 관여하였다.

8) 일본어로는 게이즈자(系圖座)로 읽는다. 계도란 가보(家譜)라는 의미이다. 사족(士族)의 계도, 『중산세보(中山世譜)』, 『구양(球陽)』등과 같은 수사(修史) 사업에 관한 사무전반을 관장하던 관청이다. 1689년에 창설되었다.

이에 앞서 류큐 왕조에서는 자료의 부족을 보충하기 위해서 각지에 명을 내려 그 지방의 세시기나 유래기를 보고토록 했다. 이 보고서를 모아 놓은 것이 쇼토쿠(正德) 3년(1713)에 편찬된 『류큐국유래기(琉球國由来記)』[9]이다. 교호 15년(1726)에 이를 보정(補訂)하여 한문으로 된 『류큐국구기(琉球國舊記)』[10]가 나왔다.

『유로설전』에 수록된 자료도 이 무렵에 각지에서 수집되었을 것이다. 즉, 정사(正史)에 살을 붙이기 위해서 수집한 것으로 『구양』의 부기(附記)로 채록되었다.

『유로설전』의 편찬은 오히려 『구양』보다 앞섰으며 대략 『류큐국유래기』와 동시에 편찬되었을 것으로 본다. 왜냐하면 강희(康熙) 16년(1701)에 만들어진 『미야코지마구기(宮古島舊記)』[11]

---

9) 가데나 소토쿠(嘉手納宗德)의 서문 역주 11)을 참조.

10) 가데나 소토쿠(嘉手納宗德)의 서문 역주 10)을 참조.

11) 이는 「우타키유래기(御嶽由來記)」「옹정구기(雍正舊記)」「건륭구기(乾隆舊記)」를 아울러 칭하는 속칭이다. 「우타키유래기」는 1705년 미야코(宮古)에서 슈리(首里)왕부에 보고한 자료를 바탕으로 편찬되었다. 우타키(御嶽)의 유래에 관한 것이 주된 내용이다. 여기서 우타키(御嶽)란 오키나와 전역에서 볼 수 있는 민속종교의 성역(聖域)이다. 촌락에서 제사를 지낼 때에 핵심을 이룬다. 지역에 따라서 오가미야마(おがみ山), 무이(森, ムイ), 구스쿠(グスク), 우간(ウガン), 온(オン), 스쿠(スク) 등으로 다양하게 부르기도 한다. 아마미제도(奄美諸島)에서는 오가미야마(おがみ山), 구스쿠(グスク)라 부르며, 오키나와제도(沖縄諸島)에서는 무이(ムイ), 우간(ウガン), 구스쿠(グスク) 등으로 부른다. 그리고 미야코제도(宮古諸島)에서는 구스(クス)라 부르며, 야에야마제도(八重山諸島)에서는 온(オン), 와(ワー), 우간(ウガン), 스쿠(スク) 등으로 부르기도 했다. 『유로설전(遺老說傳)』에서도 우타키의 유래 및 성립에 관한 이야기가 가장 큰 비중을 차지하고 있다. 「옹정구기(雍正舊記)」는 1727년 미야코(宮古)에서 슈리(首里)왕부에 보고한 자료를 바탕으로 편찬되었으며,

에 "왕명으로 섬에 사는 노인들이 모두 모여서 각자 구전되던 이야기를 구술하고 논의 끝에 취사선택을 하였다. 이상." 이라고 쓰고 9명의 관리들이 연서하여 정부에 제출했기 때문에 알 수 있다. 『유로설전』에는 미야코지마의 전설이 비교적 많이 채록되어 있다. 『미야코지마구기』를 보면 이들 전설이 더욱 상세히 기재되어 있어서, 이들 전설이 『유로설전』의 재료가 되었음을 알 수 있다. 당시에 미야코지마에는 이미 문필가가 많았다는 사실을 알 수 있음과 동시에 다른 지역의 전설이 어떤 경위로 『유로설전』에 수록되었는지를 추론할 수 있다.

미야코지마의 전설이 비교적 많이 채택되어 있는 것은 이 섬에 일본 고대에 존재했던 '가타리베(かたりべ)'[12)]와 같은 사람들이 있었기 때문이다. 나카소네 도유미야(中宗根豊見親)[13)]의 야에야마(八重山)[14)] 정벌을 노래한 오륙십 행으로 된 사시(史

「우타키유래기(御嶽由來記)」의 보충자료로써의 성격을 지닌다. 「건륭구기(乾隆舊記)」는 건륭연대(1736~1795)에 편찬되었으며 이도(離島) 및 지방에 관한 내용이 대부분을 차지하고 있다.

12) 고대에 공식적인 자리에서 고전승(古伝承)을 구술하던 사람들을 말한다. 일본의 헤이안시대(平安時代)에는 천조대상제(센조다이조사이, 践祚大嘗祭) 때에 미노(美濃), 단바(丹波), 단고(丹後), 다지마(但馬), 이나바(因幡), 이즈모(出雲), 아와지(淡路) 등의 지역에서 궁중의 부름을 받고 고사(古詞)를 구술했다고 한다.

13) 정식 이름은 나카소네 도유미야 겐가(中宗根豊見親玄雅)이다. 언제 태어나고 죽었는지는 알 수 없다. 미야코(宮古) 지역을 다스리던 통치자이다. 어릴 적부터 재능이 비범했다고 전해지며 미야코 지역의 영웅으로 추앙받았다. 그의 가장 큰 공적은, 야에야마(八重山)의 오야케 아카하치(オヤケ·アカハチ)가 슈리(首里)왕국에 반기를 들었을 때에 선봉에 서서 그를 토벌한 것이다. 이 점에 관해서는 본서의 제68화에 부분적으로 언급되어 있다.

14) 정식 명칭은 야에야마 열도(八重山列島) 또는 야에야마 제도(八重山諸

詩)를 비롯하여 약간의 전설이 아야고(アヤゴ)[15]라고 하는 운율이나 이야기로 구전되었다. 이것들이 『미야코지마구기』에 처음으로 채록되었다. 이 때문에 문자에 더욱 의지했던 오키나와 본도의 구전보다도 더욱 오랜 형태를 갖추고 있다. 이 '가타리베'에 해당하는 말이 류큐 고어에 있었다는 사실은 명나라의 영락조(永樂朝) 시대에 류큐어를 채록한 『화이역어(華夷譯語)』[16]에 설화를 가리켜 가타리(かたり, 嗑達立)로 음역했다는 점으로도 알 수 있다.

근세 오키나와 연극을 대성한 다마구스쿠 조쿤(玉城朝薫)[17]은 그 전설을 활용하여 메카루시(銘苅子, 羽衣) 효행 권(卷)[18] 등의 걸작을 남겼다. 그는 일찍이 계도좌(系圖座)의 나카토리(中取)라는 직책에 있었으므로, 당시 각지에서 전해지던 자료를 전부 독파했을 것으로 본다면 이 점을 충분히 짐작할 수 있을 것이다.

島)이다. 오키나와 현의 최남단에 위치하는 제도이다. 현재 이시가키 시(石垣市), 다케토미 정(竹富町), 요나구니 정(与那国町) 등의 행정구역으로 이루어졌다. 이시가키지마(石垣島), 이리오모테지마(西表島), 다케토미지마(竹富島) 등을 거점으로 하여 관광명소로 각광을 받고 있다. 그리고 이 일대는 이리오모테이시가키국립공원(西表石垣国立公園)으로 지정되어 있다.

15) 야나기타 구니오(柳田国男) 서문의 역주 9)를 참조.

16) 중국어와 중국 주변 지역의 외국어와의 대역서서(対訳辞書)이다. 명나라 홍무제(洪武帝)의 명으로 1382년, 몽골어부터 편찬이 시작되었다.

17) 인명. 오키나와의 악극(楽劇)인 구미오도리(組踊)의 창시자로 1684년에 태어나 1734년에 사망하였다. 1715년과 1718년 두 번에 걸쳐 오도리부교(踊奉行, 무용을 관장하는 관리)에 임명되었다. 일본 본토의 에도(江戸)나 사쓰마(薩摩)에서 본 조루리(浄瑠璃) 및 노교겐(能狂言) 등의 영향을 받아서, 구미오도리라고 하는 독특한 오키나와 악극을 창작했다고 한다.

18) 다마구스쿠 조쿤(玉城朝薫)이 창작한 구미오도리(組踊) 중의 하나이다.

이상으로 『유로설전』의 성립에 관해서 약술하였다. 『유로설전』에는 『고사기(古事記)』·『일본서기(日本書紀)』·『풍토기(風土記)』등과 유사한 설화가 상당히 포함되어 있다. 일본 본토에서 떨어진 남쪽 섬, 특히 멀리 떨어진 미야코지마에 이들 설화가 많은 점은 매우 흥미롭다.

나는 몇 해 전에 야나기타 구니오(柳田国男) 선생의 권유로 본서를 번역하기로 작정하고 향토연구사에서 출판을 예고하기까지 하였으나, 태평스런 성격으로 오늘에 이르기까지 완성하지 못했다. 시마부쿠로(島袋)[19]씨의 손으로 번역이 실현되어서 매우 기쁘다. 나는 문장을 빠짐없이 현대문으로 바꾸고 지명 및 인명에는 주를 달 계획이었으나 원문을 그대로 번역한 시마부쿠로씨의 시도는 연구자들을 위해서 오히려 좋은 일이다.

이하 후유(伊波普猷)

19) 시마부쿠로 세이빈(島袋盛敏)을 말한다. 가데나 소토쿠(嘉手納宗德) 서문의 역주 4)를 참조.

목 차

구양(球陽) 외권(外卷) 일(一)

구양(球陽) 외권(外卷) 이(二)

구양(球陽) 외권(外卷) 삼(三)

구양(球陽) 외부권(外附卷)

PART 01

구양(球陽) 외권(外卷) 일(一)

1. 세과궁(世誇宮)을 창건하고 왕의 즉위의례를 행하는 곳으로 삼다.

옛날부터 나라에 하루라도 왕이 없어서는 안 되었다. 왕이 이미 훙거(薨去)했을 때에 세자가 계세문(繼世門)[1]에서 세과궁(世誇宮)[2]으로 들어가서 즉위하는 예를 거행하였다. 상복을 벗은 후에 군신들로부터 경하를 받았다. 이로 인해서 옛날에 그 궁을 국전(國殿)[3] 뒤에 창건하고 예를 행하는 곳으로 삼았다고 한다.

往昔之世國家不可一日無君也王已薨時世子從繼世門進入於世誇宮以行即位之禮而喪服已除之後已受羣臣慶賀之禮由是往昔之時創建此宮於國殿之後以爲行其禮之處云爾

---

1) 오키나와의 슈리(首里)에 위치한 슈리성(首里城)의 후문을 말한다. 정문의 이름은 환회문(歡會門)이다. 슈리는 오키나와 현 나하 시(那覇市)의 동부에 위치해 있으며 옛 류큐(琉球)왕조의 수도였다.

2) 슈리성(首里城) 정전(正殿)의 동쪽에 위치해 있으며 통상 왕녀들이 이곳에 거주하였다.

3) 슈리성(首里城)의 정전(正殿)을 의미한다.

2. 법을 정하여 백성을 다스리다.

상고 시대에는 풍속이 소박하고 인심이 참되었다. 만약 사람들이 선하지 않으면 신이 출현하여 곧장 그 사람의 잘못을 지적하고 이를 징계하였다. 이 시대에는 상벌이 없었다. 세상 도리가 쇠퇴하고 인심이 점차 변하기에 이르자 마침내 신이 다시는 세상에 출현하지 않았다. 하물며 난역(亂逆)의 무리들이 권력을 믿고 법을 범하며 국정을 크게 문란케 했으니 어떠했겠는가. 이 때문에 법도를 정해 상벌을 시행하고 인민을 다스렸다.

上古之世風俗質樸人心誠慤若人有不善即有神出現逐一指其人之非以懲戒之當此之時也不有賞罰及世道衰微人心漸變遂神不復現于世況復亂逆之輩恃權犯法畏勢用諂國政大亂由是定法制度賞罰竝行以治民人也

3. 천인(天人)이 도키소시(時双紙)를 찢어버리다.

아주 먼 옛날 아직 문자가 없을 때에 천인(天人)이 점서(占書)[도키소시(時双紙)[4]]를 지니고 이 세상으로 내려와서 사람들에게 이를 가르쳤다. 그 문자수가 백여 자 정도 되었다. 이후에 어떤 사람이 좋지 않은 날을 골라서 집을 수리하였다. 천인이 이를 보고 점쟁이를 불러서 말하기를 "오늘은 아주 좋지 않은 날인데 아무개가 집을 수리하는 것은 어인 까닭인가"하고 물었다. 점쟁이가 대답하기를 "그 사람이 와서 묻지도 않았는데 어쩔 도리가 없었습니다."하고 대답하였다. 천인이 노해서 말하기를 "그 사람은 어리석어서 알지 못한다. 왜 네가 가서 알려주지 않았느냐."하였다. 마침내 천인이 그 점서를 빼앗아서 찢어버리고는 하늘로 올라갔다. 지금 남아있는 것은 십간십이지(十幹十二支)에 불과하다.

大荒之際未有文字時天人帶占書(時双紙)降下此世敎之於民其文字數有一百餘字後人遇惡日修造居室天人見之召占者日今日太凶令某人修室蓋屋何故答日彼人不來問亦如之何天人怒日彼人愚而不知汝何不往告耶遂奪其書裂破而上天今所存者不過十幹十二支而已

4) 점을 칠 때에 근거로 삼은 점서라고 전해진다. 도키(トキ)란 전문적으로 택일이나 길흉화복을 점치는 사람을 가리키는 말이다.

4. 신수(神水)를 마시고 군신의 의를 맹세하다.

옛날 의례에 성상(聖上)이 즉위하면 반드시 길일을 택하여 신하들을 궁중으로 불렀다. 또한 나라의 남자와 여자들을 옥소(獄所)[히라조(平等所)[5]]로 모이게 하여 무격(巫覡)이 우론(宇呂武)[6]을 물에 타서 마시게 했다. 이 방식은 중고 시대부터 해왔다. 왕이 즉위하면 반드시 길일을 택하여 신하들을 빠짐없이 고코쿠지(護國寺)로 불러 영험한 신사의 신문을 태워서 넣은 물(神文之水)[7]을 마시게 하고, 또한 사자(使者)를 오키나와 본도 및 주변 섬으로 보내서 신수(神水)를 민중들에게 마시게 하여 영원토록 군신의 의리를 지켜서 두 마음을 갖지 못하도록 했다.

往古之禮聖上即位必擇吉旦召羣臣於禁中且聚會國中男女於獄所(平等所)而覡巫呪詛而燒灰宇呂武和水而飲焉中古而來王已即位必擇吉日徧羣臣於護國寺令飲靈社神文之水且遣使者往至諸郡諸島而飲神水於庶民永守君臣之義不敢有貳心也

---

5) 경찰, 재판, 형무소 업무를 겸했던 관청을 말한다.
6) 무격(巫覡)이 서원(誓願)을 적은 종이를 태워서 남은 재를 말한다.
7) 신문(神文)이란 서로 굳게 약속한 일을 지키기 위해서 신에게 고하는 문서를 말한다. 이 신문을 태워서 재로 만들어 물에다 탄 것이 신문지수(神文之水)이다.

5. 정원 남쪽의 성전(城殿)

옛날에 궁중의 정원 남쪽에 성전(城殿)[남전(南殿)[8] 반쇼(番所)[9]터에 있었다]을 창건하였다. 근세에 이르러 그 성전을 폐하고 다시 고반쇼(御番所)를 세웠다. 그렇지만 세월이 오래되어 어느 시대에 세우고 폐지하였는지를 알 수 없다.

往昔之世禁城庭南創建城殿(在南殿番所地)至于近世廢其城殿改構御番所然歷年已久不知何代而興且廢焉

---

8) 류큐(琉球)왕국 상풍왕(尙豊王) 시대에 창건되었다. 순수한 일본식의 건물로 슈리성(首里城) 정전(正殿)을 마주보고 오른쪽에 위치했다. 사쓰마(薩摩)번에서 파견된 관리를 위한 접대소로 사용되었다.

9) 속칭 '우반주(ウバンジュ)'라 불렀다. 슈리성(首里城) 안을 경비하던 사람들이 근무하던 곳이다.

6. 조하(朝賀)의 날에 부르는 신가(神歌)

옛날에 동지·원단(元旦)·정월 십오일, 그 밖에 조하(朝賀)의 날에 성상(聖上)이 가라하후(唐坡豊)[10][속칭 도미코시(擡御格子)라고 한다]의 옥좌로 나가실 때에 신가(神歌)[속칭 오모로미히야시(於毛呂三比也志)[11]라고 한다]를 부르는 의례가 있었다. 그런데 지금은 그 의례를 행하지 않는다. 아직도 어느 시대부터 행하지 않게 되었는지를 모른다.

往昔之世冬至元旦正月十五日其餘朝賀日聖上出御于唐玻豐(俗稱擡御格子)玉座時有唱神歌(俗稱於毛呂三比也志)之禮而今裁去其禮未知何世而裁去焉

---

10) 슈리성(首里城)의 정전(正殿)을 의미한다.

11) 일본어로 'おもろ御拍子'로 표기하기도 한다. 오모로(おもろ)+미(御)+히야시(拍子)로 구성된 단어이다. 오모로란 오키나와에서 슈리(首里)의 궁정을 중심으로 제사 및 의례를 행할 때에 부르던 제사가요(祭祀歌謠)를 말한다. 이 오모로를 집대성한 문헌이 오모로소시(おもろそうし)이다. 오모로소시는 오키나와에서 가장 오래된 문헌으로, 모두 22권으로 구성되어 있으며 1,554수에 이르는 오모로가 수록되어 있다.

7. 새해 첫날에 길한 방향의 물을 왕에게 헌상하다.

옛날부터 12월 20일에 도키노 오야코(時之大屋子)[12] 한 사람을 보내어 헤도(辺戸)[13]에 이르면 노로(祝女)[14]로 하여금 기원을 하게 하였다. 그리고 도키노 오야코가 물을 길어왔다. 28일에 담당 세도칸(勢頭官)[15]이 그 사실을 고한 후에, 그 물을 굳게 봉하고서 어조당(御照堂)[16]에 놓아두었다.

새해 첫날에 길한 방향(吉方)[17][속칭 도시도쿠(歲德)라 부른다]의 물을 길어 와서 여관(女官) 우치코리아무시라레(內庫理阿武志良禮)[18]가 헤도(辺戸) 및 길한 방향의 물을 왕에게 헌상하

---

12) 오키나와(沖縄) 말로는 '두치누우후야쿠(トゥチヌウフヤク)'라 부른다. 슈리왕부 초기의 하급관리로, 날(日)과 시(時)를 점치는 사람의 우두머리이다. 오야코(大屋子)란 오키나와의 왕부시대의 역직(役職) 혹은 칭호 중의 하나이다.

13) 지명. 멀리 요론토(与論島)가 바라보이는 오키나와 본도의 최북단에 위치해 있다.

14) 아마미(奄美)·오키나와제도(沖縄諸島)에서 촌락의 제사를 관장하는 여성사제의 우두머리를 가리키는 말이다. 한자 표기로는 '祝女' 혹은 '祝'이 사용되며 누루(ヌル)라 부르기도 한다.

15) 왕성경비대의 대장을 말한다. 세도(勢頭)란 우두머리라는 뜻이다.

16) 엔카쿠지(圓覺寺) 안에 위치한 당(堂)으로 쇼엔오(尙圓王) 계통의 신주를 봉안해 놓았다.

17) 일본어로 에호(恵方, 吉方)라고 한다. 가장 길한 방향이란 뜻으로 그 해의 간지에 따라 방향이 정해진다. 그 길한 방향에 도시도쿠진(歲德神)이 있다고 믿는다. 도시도쿠진(歲德神)이란 일본의 음양도(陰陽道)에서 그 해의 복덕을 관장하는 신이다.

18) 우치코리(內庫理)란 슈리성(首里城) 정전(正殿)의 안쪽 공간을 가리키는

였다. 근세에 이르러 이를 행하지 않게 되었다.[길한 방향의 물은 통상 정해진 곳이 있었다. 자(子) 방향은 우라소에(浦添)[19]의 가가미가와(鏡川)[20]이다. 축(丑) 방향은 우라소에의 아사나가와(阿佐名川)이다. 인(寅) 방향은 고치(幸地)[21]의 히가와(樋川)[22]이다. 묘(卯) 방향은 벤다케가와(冕嶽川)이다. 사(巳) 방향은 사키야마(崎山)[23]의 히가와(樋川)이다. 오(午) 방향은 시키나가와(識名川)이다. 미(未) 방향은 시키나기보리(識名喜堀) 히가와(樋川)이다. 신(申) 방향은 시키나이시시야가와(識名石志屋川)이다. 해(亥) 방향은 다쿠시(澤岻)의 히가와(樋川)이다. 단, 진(辰)・유(酉)・술(戌) 세 방향은 아직 어디에서 물을 길어왔는지를 모른다. 옛 기록에 따라서 이를 기록한다]

自往古時十二月二十日遣時之大屋子一人到邊戸令他祝女而祈祷焉而時之大屋子取水而來也至于二十八日當勢頭官

말이다. 그리고 아무시라레(阿武志良禮)는 여관(女官)을 가리키는 칭호이다.

19) 지명. 오키나와 현 나하 시(那覇市)의 북부에 위치해 있다.

20) 이 대목에서 언급된 가와(川)란 모두 우물을 의미한다. 즉 가가미가와(鏡川)란 가가미 우물을 말한다. 우물의 생김새가 동경(銅鏡)과 비슷하기 때문에 붙여진 이름이라고 한다.

21) 지명. 니시하라 정(西原町) 서부에 위치한 지역이다. 일찍이 슈리(首里)와 나카구스쿠(中城) 사이의 역참으로 반쇼(番所)의 터가 있었다.

22) 히가와(樋川)란 땅을 수직으로 파서 만든 우물이 아닌, 옆으로 흘러나오는 샘을 이용한 우물이란 뜻이다.

23) 지명. 나하 시(那覇市)에 속한 지역이다. 슈리성(首里城)의 남쪽에 위치해 있다. 오키나와(沖繩)의 전통술인 아와모리(泡盛) 양조장이 밀집해 있어서, 제2차 세계대전 때까지 아와모리의 산지였다. 사키야마 우타키(崎山御嶽)의 신은 아와모리의 신으로 알려져 있다.

가 있겠느냐?" 어머니가 생각컨대 지라가 몸이 유약하고 사람 노릇을 못하는데 혹시라도 일찍 죽어버리면 나중에 후회스러울 것이 염려되었다. 그래서 여기저기서 돈을 변통하여 사람을 사서 산으로 보내 대금을 치르고 백로 한 마리를 사오도록 하여 지라에게 건네주었다. 지라는 매우 기뻐하며 백로를 잘 숨겨두고 사람들에게 보여주지 않았다.

어느 날 야심한 시각에 이웃에 사는 부잣집 사람들이 모두 잠들기를 기다렸다가 품에 백로를 품고 신선(神仙) 모양으로 꾸미고서 잠입하였다. 몰래 정원에 심어진 용수(榕樹)나무[25] 위로 올라가, 큰 목소리로 주인을 부르고 외쳤다. "빨리 정원으로 나와서 천제(天帝)의 칙유(勅諭)를 받드시오." 부잣집 부부가 꿈이라도 꾼 듯이 놀라 서둘러 정원으로 나와 명을 받들었다. 지라가 나무 위에서 말하기를 "나는 인간이 아니다. 방금 옥황상제의 명을 받들어서 너희 집으로 강림하였다. 너희들에게 알린다. 너희들이 아들이 없고 딸 한 명만을 두었는데 목숨이 경각에 달려있다. 원망할 필요는 없다. 너희 딸이 지금 16세이니 서둘러 정혼을 하여 기쁨을 누리도록 하여라. 즉, 너희 딸을 저 지라에게 시집보내서 지라로 하여금 가통(家統)을 잇도록 하여라. 또한 지라의 부모를 집으로 들여서 부양하여 천수를 다하도록 하여라. 지금은 지라가 사람들에게 비웃음을 사고 있지만, 본래 내실 있고 성실하며 영리한 성품이므로 후일에 이르러서는 반드시 크게 번창할 것이니라. 조금이라도 지체

---

25) 가주마루(ガジュマル)의 다른 이름이다. 학명은 Ficus microcarpa이며 한자로는 '細葉榕'이라 표기한다. 열대지방에 분포하는 키가 큰 상록수이다.

하지 말지니라. 만약 이 칙유를 어기고 뒤로 미룬다면 결코 죄가 가볍지 않을 것이다." 부잣집 부부는 거듭 절을 하며 말하기를 "저희 딸은 타고난 성품이 민첩하고 용모가 뛰어나서 중매가 많이 들어와 사위를 고르고자 했으나 아직까지 혼처를 정하지 못했습니다. 이제 천제의 칙유를 받들고 나니 감개무량합니다. 칙유를 잘 받들어서 감히 어기는 일이 없을 것입니다." 라고 부복하고서 감사를 드렸다. 지라가 "나는 천궁(天宮)으로 돌아가 복명코자 한다."라고 말하고선, 백로를 풀어서 하늘로 날아가게끔 했다. 부부는 더욱 신심이 생겨나서 머리를 숙인 채로 지라를 전송하고 집안으로 들어가 잠이 들었다. 지라는 속임수가 잘 통한 것을 크게 기뻐하며 나무에서 내려와 집으로 돌아갔다.

다음 날 아침 부잣집 부부는 몸소 지라의 집을 찾아가서 지라의 부모에게 말하기를 "우리 딸 오토쓰루(乙鶴)가 나이 16세가 되도록 아직 정혼을 하지 못하였소. 부디 지라를 우리 사위로 삼아서 집안을 잇도록 허락해주시오. 당신들을 우리 집으로 맞아들여서 일생동안 부양하여 양가의 인연을 맺고자 합니다." 지라의 부모가 이 말을 듣고 크게 놀라고 기이하게 여기면서 "우리 자식은 성정이 게으르고 밤낮으로 잠만 자며 일도 하지 않습니다. 때문에 다른 사람들의 웃음거리가 되고 있다는 것을 잘 알고 계실 것입니다. 우리들도 부모로서 걱정스럽기만 합니다. 무슨 연유로 그처럼 말씀하십니까?" 이어서 "우리 두 사람을 집안으로 맞아들여서 부양한다는 말씀도 믿기가 어렵습니다."라고 말하였다. 지라 부모는 완고하게 사양하며 권유를 따르지 않았다. 부잣집 부부는 "어찌 감히 노인들을 속이겠습니까? 지난밤에 하늘에서 사자(使者)가 내려와서 우리들에게 이런 칙유를 내렸습니다."하고 낮은 목소리로 조심스럽게 들려주었다. 지라의 부모는 그 말을 듣고서야 비로소 믿기 시작하며, 마음속으로 크게 기뻐하며 정혼을 승낙하였다.

부잣집에서는 후에 길일을 택하여 혼례를 올리고 지라를 사위삼아서 집안을 잇게 하였다. 또한 지라의 부모를 집으로 맞아들여서 부양하였다. 이후 지라는 개심(改心)하여 선한 일을 자주 행하고 집안을 일으켰다. 사람들이 이를 기이하게 여겨 말하기를 "지라는 이전에 어리석고 잠만 자며 일할 줄을 몰랐다. 그런데 지금은 영리하고 유능해서 복을 누리고 있다. 생각컨대 이는 반드시 선대의 조상들이 덕을 세우고 인(仁)을 베풀어서, 그리고 선업을 쌓고 모범을 보여 하늘이 이를 돕고 보답하기 위해서 복을 내려 집안이 번성하도록 한 것이다."라고 전했다.

往昔之時首里有一奇怪的人名曰次良他父母年高家業蕭條燃眉缺用不足日供餐食然而他次良愚昧懶怠竝不作産業年至十八歲不聽父母之敎訓不顧父母之勞苦晝夜貪眠老母親炊伙食次良睡起就吃吃完就睡而受用飮食空空度日人皆欺之又笑之叫曰睡蟲次良父母大怒而厭棄他要流放遠地奈愛情甚溺挨延數月次良忽起一奇之謀伺俟老父出門遠行向老母曰小兒所深要者白鷺也懇乞老母爲小兒買得一隻以爲給與我願已足矣老母問他要白鷺之緣由次良黙然無言即謂他曰家甚貧乏那有價錢買得給你老母亦意謂次良身體柔弱不

像成人若一旦夭死恐有追悔遍挪價錢撥人往山舍代買白鷺一隻以便給他次良深喜大悅深藏白鷺不與人而看一夜更深偷看鄰居富家人皆睡去懷抱白鷺裝扮神仙容貌密攀庭前大榕樹高聲大叫富家主日火速出庭以聽天帝敕諭富家夫婦夢中驚訝慌忙出庭次良自他樹上日予非人間也今奉玉皇之命降臨汝宅諭知汝等汝不養兒子只生一女者命乎數也不足怒怨而汝一女年今十六歲可早婚定以得洪禧則將其女娘嫁他次良以繼汝家統且招移他父母養於汝家以終天年矣今次良雖爲人見欺他內衷誠實伶俐明白至於後日必有大昌榮勿以遲悞若有違此諭捱延日久決然獲罪非輕富家夫婦再三跪拜日小女賦性敏捷容貌艶美多有氷媒而遴選女婿未曾許人今蒙天帝敕諭感激無地隨就凜遵天諭不敢有違俯伏稱謝次良日吾回天宮可以復命即放白鷺向空而飛去富家夫婦愈加尊信叩首拜送遂入家內而睡去次良大悅騙得完竣自樹上而降回來自家翌朝富家夫婦親到次良之家向他父母日小女乙鶴年至十六歲未成定親願請次良爲余女婿以嗣家業且延汝等夫婦於吾家供養一生以結兩家之緣次良父母大驚奇之異之日小兒性情怠惰晝夜睡眠不作一事業況復爲人被笑汝之所素知也我父母也愁憂他何故有出此語也哉又是我等二名招到貴府垂憐飼養之言難以遵信固以推辭不敢從命富家夫婦日豈敢騙欺汝老身乎將其昨夜天使降臨諭知吾等之事低聲密細告說一遍次良父母聽其事纔信其言心中歡喜即許定親後選吉辰乃備婚姻之禮以爲娶嫁遂嗣家統竝招他夫婦供養

富家自此之後次良修心改過克行善事以興他家人皆奇之曰次良從前愚昧甘睡不知産業而今伶俐能幹以承介福者想必先世祖宗樹德種仁創業垂統自天祐之報之以福以致此家庭昌榮者哉云爾

9. 나하(那覇)라는 지명의 유래

옛날에 오씨(吳氏) 집에 한 괴석이 있었다. 생긴 모습이 버섯[속칭 나바(奈波)라고 했다]처럼 보였다. 이로 인해서 이 지역을 가리켜 나바(奈波)라 불렀다. 그 발음이 나하(那覇)[26]와 비슷해서 글자도 나하(那覇)로 고쳤다. 그렇지만 그 괴석은 땅속에 파묻혀서 지금은 볼 수가 없다.

自往古時呉氏宅有一怪石形如野菰(俗曰奈波)遂稱此地曰奈波其聲韻與那覇相似後亦改字那覇然其石沈沒土中今不得見焉

26) 지명. 오키나와 현 오키나와본도의 남서부에 위치해 있다. 현재 오키나와 현청소재지이다. 류큐왕조 시대에 슈리(首里)의 외항(外港)으로 발전하였다. 제2차 세계대전 이후, 1972년에 오키나와가 일본에 반환될 때까지 미군정의 중심지였다. 1954년에 슈리시(首里市), 1957년에 마와시시(真和志市)를 나하 시로 편입하였다. 인구는 30만 명 정도이다.

10. 도박꾼 소굴(博奕屋) 및 히라마쓰(平松)라는 지명의 유래

나하(那覇) 서읍(西邑)의 북쪽 해변에 큰 동굴 하나가 있었다. 동굴이 깊어서 비바람을 막아주고 인가와 비슷하게 생겼다. 마을과 멀리 떨어져 있고 동굴 밖에 나무가 심어져 있어 사람들이 알지 못했다. 이 때문에 옛날에 도박하는 사람들이 많이 모여들어서 몰래 도박을 하며 놀았다. 이로 인해 이 굴을 가리켜 도박꾼 소굴(博奕屋)이라 불렀다.

근세에 이르러 암석이 무너져 동굴이 절반만 남았다. 옛날에 이시조(石門)에서 고겐지(広嚴寺)에 이르는 길 양쪽에, 길을 끼고서 소나무 156 그루가 심어져 있었다. 그 중에 한 그루가 가장 뛰어나서 가지와 잎이 울창하고 녹음이 매우 짙었다. 나무 위로는 흰 구름이 머물고 아래서는 행인들이 쉬었다. 멀리서 바라보면 좌석(坐席)처럼 보이고 가까이서 보면 장막(帳幕)처럼 보였다. 이 때문에 이름을 히라마쓰(平松)라 불렀다. 지금 그 지역을 가리켜서 히라마쓰(平松)라 부른다.

那覇西邑北濱有一闊窟深遮風雨似乎人屋遠隔村家外植樹木無有人知由是往昔之世有博徒者多聚于此竊爲博賭以爲戲玩因名此窟曰博奕屋至于近世岩石敗崩半有其窟昔時石門至廣嚴寺兩邊夾路有松樹百五十六顆其中一株最秀枝葉翳翳濃陰重重上栖白雲下休行客遠望如席近觀似幕故曰平松今名其地曰平松

11. 이즈미자키(泉崎)라는 지명의 유래

옛날에 이즈미자키 읍(泉崎邑)[27]은 본래 소베 촌(宗部村)이라 불렀다. 근세에 이르러 이즈미자키하시(泉崎橋) 부근에 아무로 오야카타(安室親方)라는 사람[아직 성명이 전해지지 않는다]이 살았다. 아주 부귀(富貴)했으며 술 만드는 일을 업으로 삼았다. 그런데 날마다 술을 담그면 끊임없이 술이 넘쳤다. 넘치는 술이 마치 샘에서 솟는 물과 같았다. 따라서 사람들이 이 술을 가리켜 이즈미자케(泉酒)라 불렀다. 마침내 그 마을 이름까지도 이즈미자케(泉酒)라 불렀다. 이후에 마을 이름을 이즈미자키(泉崎)로 고쳤다고 한다.

往昔之時泉崎邑素呼宗部村至于近世泉崎橋邊有安室親方者(未傳氏名)富貴甚殷常造酒爲業而其酒日釀綿綿不絕恰如泉湧人人買之不能盡呑俗呼泉酒遂名其村曰泉酒而後改字泉崎云爾

27) 지명. 오키나와 현 나하 시(那覇市)의 중심부에 위치한 지역이다.

12. 이즈미자키(泉崎) 조온지(潮音寺)의 유래

옛날에 이즈미자키 촌(泉崎村) 김씨(金氏) 집안에 한 여자[아직 그 이름이 전해지지 않는다]가 살았다. 이 여자는 평소에 부처를 섬기고 스님을 존중하였다. 마침내 이즈미자키 읍(泉崎邑)에 절터를 정하고 조온지(潮音寺)라는 절을 창건하였다. 매일 향을 피우고 기원을 하였다. 그 사람이 죽고 나서 절이 거의 황폐해졌다. 그 때 한 승려가 있어서 이 절을 도마리 촌(泊村) 북쪽[28]으로 이전하였다. 더불어서 위패를 절에 봉안하였다. 이름하여 세겐지(聖現寺)[29]라 불렀다.

往昔之世泉崎村金氏之家有一女子(未傳其名)此女常拜佛重僧遂卜地于泉崎邑創建潮音寺日日焚香以爲告祈其人已死而寺幾廢矣時有一僧將此寺院移建于泊村之北并安其神主于寺中名日聖現寺

28) 지금의 오키나와 현 나하 시(那覇市)의 아마쿠(天久)에 해당한다.
29) 오키나와 현 나하 시(那覇市)의 아마쿠(天久)에 있는 절 이름이다.

13. 야리자 구스쿠(屋良佐城)에 있는 바위의 쇠사슬

옛날에 나하(那覇) 야라자 구스쿠(屋良佐城)[30] 밑에 쇠사슬을 걸쳐둔 바위가 하나 있었다. 일찍이 적선(賊船)의 침입을 염려하여 이 바위에다 늘 쇠사슬을 걸어두고 침입에 대비하였다. 그리하여 근세에 이르기까지 그 쇠사슬을 오야미세(親見世)[31]에 보관해 두었다.

往昔之世那覇屋良佐城下有一鐵繩礁嘗恐賊船來至常繫鐵繩于此礁以爲預備而其鐵繩至于近世藏在于親見世

30) 나하항(那覇港) 입구 남쪽에 축조한 포대를 말한다. 1554년에 축조되었다고 전해지며 현재는 존재하지 않는다. 오키나와에서는 성(城)을 가리켜 '구스쿠'라 부른다.

31) 슈리(首里)왕부의 무역을 관장하던 관청이다. 후에 나하(那覇)의 행정을 관장하는 관청이 되었다.

14. 우시마치(牛町)라는 지명의 유래

옛날부터 나하(那覇) 서읍(西邑)에 바위 하나가 있어서 세워 놓았다. 산야(山野)에 살면서 소를 팔고자 하는 사람들은 반드시 이 바위가 있는 곳으로 와서 소를 매어두고 매매를 했다. 때문에 이곳을 우시마치(牛町)[32]라 불렀다. 소를 매어두던 바위가 지금도 여전히 남아 있다.

自往昔時那覇西邑有一塊石以爲竪置山野之人要賣牛者必來此地而繫牛此石以爲買賣故名此地日牛町繫牛之石至今猶存

32) 지명. 나하(那覇)에 있었다.

15. 나하(那覇) 히가시 읍(東邑)의 히라조(平等所)

옛날에 나하(那覇)의 히가시 읍(東邑)에 관청을 한 곳 세웠다. 지금은 이미 폐허가 되었다. 천사(天使)[33]가 왕림할 때에는 반드시 히라조(平等所)[34]를 설치하고 채소 · 돼지고기 · 양고기 등을 거두어 중국사신 일행에게 매일 대접하는 곳으로 삼았다.

往昔之世設建一藏于那覇東邑之地而今已廢焉但□天使來臨時必設立平等所以收蔬菜猪羊等物每日爲給與中國人之處

33) 중국에서 파견한 책봉사(册封使)를 의미한다. 책봉사란 중국의 명·청시대에 조공국의 왕을 책봉하기 위해서 파견한 사자를 가리킨다. 역사적으로 오키나와에서는 국왕이 죽으면 중국황제에게 부(訃)를 알리고 청봉사(請封使)를 파견하였다. 중국에서는 책봉을 위한 정사 및 부사를 파견하였다.

34) 이에 관해서는 역주 5)를 참조.

16. 나하(那覇) 와카사 정(若狹町)의 지장보살(地藏菩薩) 목상

옛날에 닛슈 상인(日秀上人)35)이 있었다. 나하(那覇) 와카사 정(若狹町)에 법당을 하나 세우고 그 안에 지장보살(地藏菩薩) 목상을 안치하였다. 그런데 연대(蓮臺) 밑에 순씨(舜氏)가 보청(普請)을 했다는 몇 자가 적혀있다. 즉 순씨가 이 목상을 안치하고 숭신(崇信)했던 사람일까. 두 가지 설이 들어맞지 않아서 어느 설이 맞는지는 모르겠다.

昔有日秀上人者建立一堂于那覇若狹町奉安地藏木像于其中然而蓮臺下有舜氏普請數字則舜氏請安此像以爲崇信者也歟二說不合不知孰是

---

35) 1503~1577. 진언종(眞言宗)의 승려이다. 상진왕(尙眞王) 시대에 일본에서 오키나와로 건너와 각지에 행적을 남겼다. 오키나와의 긴(金武)에 있는 관음사는 그가 창건했다고 전해진다. 닛슈 상인(日秀上人)은 오키나와에서 20여 년 동안 체류한 후에 사쓰마(薩摩)로 건너갔다.

17. 팔관(八貫) 노복의 유래

옛날 남녀 두 사람이 그 자신들을 노복으로 팔고자 하여 잠시 에비스당(夷堂)[36]의 돌무더기 부근에 서 있었다. 우연히 노복을 사고자 하는 사람을 만나서 몸값을 정하였다. 즉 그 사람이 금전 팔관(八貫)을 주고 두 사람을 데리고 갔다. 그런데 그 노복들은 매우 무능했다. 이로 인해서 후에 세상에서 쓸모없는 노복을 가리켜서 모두 팔관 노복이라 불렀다.

往昔之世有男女二人要賣其身暫倚夷堂石圍而站焉偶逢買奴僕之人約定價錢即與錢八貫而帶去然其奴僕甚不幹自此之後俗叫奴僕不能者皆云八貫奴

36) 에비스는 한자로 恵比須, 夷, 戎, 蛭子 등으로 표기한다. 본래는 풍어를 보장하는 신이었으나, 일본의 칠복신(七福神) 중의 하나로 생업을 지켜주고 복을 내려주는 신으로 널리 신앙된다. 특히 도카에비스(十日戎, とおかえびす)라고 해서, 에비스를 주신으로 모신 신사에서는 1월 10일을 전후하여 상업이 잘 되게 해주는 신으로 성대하게 제사를 지낸다.

18. 십관 여울(十貫瀨)이라는 지명의 유래

옛날에 여행하던 사람이 십관 바위(十貫岩) 근처를 지나칠 때에 갑자기 비가 쏟아져서 그 바위에서 비를 피했다. 그 여행객은 지니고 있던 돈 십 관(貫)을 그 바위에 놓아둔 채로 배를 타고 떠났다. 몇 년이 지난 후에 그 여행객이 바위 앞을 지나면서 다시 가서보니 돈이 그대로 남아 있었다. 이 때문에 그 곳을 가리켜 십관 여울(十貫瀨)이라 부른다.

往昔之世行旅之人行過十貫岩邊忽遇驟雨避雨其岩行人以其所帶銭十貫遣在于其岩而開船回去歷至數年其人亦來行過此路往以視之此錢依舊猶在故名之曰十貫瀨

19. 사시카에시바시(指帰橋)라는 이름의 유래

옛날에 어느 곳[자나사키 읍(茶湯崎邑)[37]의 서쪽으로 슈리(首里)[38]에서 나하(那覇)[39]로 가는 큰 길에 있다]에 작은 다리를 놓아 사람들이 왕래하였다. 그런데 벌레들이 다리를 갉아먹어서 여러 차례 보수를 하였으나, 벌레들의 피해가 극심했다. 근세에 이르러 왕이 신하에게 명하여 돌로 다리를 놓도록 하였다.

이 무렵에 조류가 드나들고 해심이 깊은데다 항구가 넓어서 호쿠잔(北山)[40]의 많은 배들이 이곳에 와서 정박하였다. 그런데 해수가 밀려와도 강물 의 흐름 때문에 바다 쪽으로 밀려나게 되었다. 이 때문에 그 다리를 가리켜서 사시카에시바시(指帰橋)라 부르게 되었다.

往昔之世設杠此地(在茶湯崎邑西自首里往那覇大路)人民往還然而爲蟲蛀所爛屢次修葺不堪其憂至于近世□王令輔臣築石爲橋此時海潮出入水深江廣而北山諸船到此灣泊而海水漲來有爲溪水被歸因名其橋曰指歸橋

37) 지명. 현재의 나하 시(那覇市) 마쓰카와(松川)에 해당하는 지역이다.

38) 역주 24)를 참조.

39) 역주 26)을 참조.

40) 오키나와 본도의 북부를 가리키는 말이다. 호쿠잔(北山)은 산호쿠(山北)의 속칭으로 여기서 산(山)이란 섬(島)이란 의미이다. 일찍이 오키나와가 지역적으로 호쿠잔(北山), 주잔(中山), 난잔(南山)이라는 산잔(三山)으로 분립되어 있던 시기에 산호쿠왕(山北王)의 본거지였던 나키진(今帰仁)과 그 지배하에 있었던 지역을 가리킨다.

20. 도마모리(唐守嶽)의 유래

도에(唐榮)[41] 북쪽에 신암(神岩)이 하나 있었다. 이 바위는 영험해서 무언가 치성을 드리면 이루어지지 않는 일이 없었다. 사람들이 그 바위를 운반해 와서 사방으로 돌담을 쌓고 신악(神嶽)[42]으로 삼았다. 이 때문에 류큐(琉球) 사람들이 중국으로 갈 때에는 반드시 이 바위 앞에 와서 복을 빌었다. 이 로 인해서 그 신악을 가리켜 도마모리(唐守嶽)[43]라 부르게 되었다. 지

41) 글자 그대로 해석하면 '중국사람들이 번성했던 곳'이란 뜻으로, 현재의 오키나와 현 나하 시(那覇市)에 속한 구메무라(久米村)의 별칭이다. 이 구메무라는 구메 삼십육성(久米三十六姓)이 거주하던 곳으로 유명하다. 구메 삼십육성이란 중국에서 오키나와로 건너와 귀화했던 중국인들을 가리킨다. 이들은 오키나와와 중국 사이의 교역에 공헌하였다. 이 점에 관해서는 『조선왕조실록』(성종 10년, 1479)에 관련 기록이 있어서 흥미롭다.

42) 여기서 말하는 신악이란 우타키(御嶽)를 가리킨다. 우타키(御嶽)란 오키나와 전역에서 볼 수 있는 민속종교의 성역(聖域)이다. 촌락에서 제사를 지낼 때에 핵심을 이룬다. 지역에 따라서 오가미야마(おがみ山), 무이(森,ムイ), 구스쿠(グスク), 우간(ウガン), 온(オン), 스쿠(スク) 등으로 다양하게 부르기도 한다. 아마미제도(奄美諸島)에서는 오가미야마(おがみ山), 구스쿠(グスク)라 부르며, 오키나와제도(沖縄諸島)에서는 무이(ムイ), 우간(ウガン), 구스쿠(グスク) 등으로 부른다. 그리고 미야코제도(宮古諸島)에서는 구스(クス)라 부르며, 야에야마제도(八重山諸島)에서는 온(オン), 와(ワー), 우간(ウガン), 스쿠(スク) 등으로 부르기도 했다. 『유로설전(遺老說傳)』에서도 우타키의 유래 및 성립에 관한 이야기가 가장 큰 비중을 차지하고 있다.

43) 말하자면 '중국으로 가는 길을 지켜주는 우타키'라는 뜻이다. 우타키에 관해서는 앞의 역주를 참조.

금은 나하(那覇)에 있지만 본래는 도에(唐榮)와 연관이 있었다. 그렇지만 아직 어느 시대에 세웠는지를 알지 못한다.

唐榮之北有一神岩至靈至感祷莫不應人皆運石築堆四圍爲垣以爲神嶽由是本國之人赴中華時必到此嶽而祈福焉故名之曰唐守嶽今在于那覇地而事係乎唐榮也然未知何世而建焉

21. 채부인(蔡夫人)의 묘

옛날에 류큐(琉球)에서 중국에 바치는 공물(貢物) 중에 화포(花布)가 있었다. 그 화포는 섬세하고 기교(奇巧)한데다가 아름답고 문양이 좋았다. 채부인(蔡夫人)이 짠 것이었다. 그런데 후에 부인이 명을 받고 중국의 서울로 들어가고자 하여 배가 장락현(長樂縣)에 도착했을 때에 갑자기 병을 앓고 죽었다. 중국의 황제가 칙명을 내려서 장락현에 묘(廟)를 세우도록 하였다. 묘의 액자에 '류큐 채부인의 묘'라고 적혀 있다. 매우 영험이 있어서 지금에 이르도록 복건성(福建省)의 포정사(布政司)가 묘에 쌀 몇 말을 내려주도록 규정하였다. 당시 사람들이 죽고 세월이 흐르자 채부인이 어떤 여자인지 무엇 때문에 입경(入京)을 했는지 상세하게 알 수가 없게 되었다. 그렇지만 여자 몸으로 대국의 존경을 받은 사람은 실로 드문 경우이다. 이에 기록하여 후세에 전하고자 한다.

往昔之世琉球貢物內有花布細嫩奇巧美麗絕倫蔡夫人之所織者也嗣後夫人奉□命入京舟至長樂縣而夫人病卒□皇上敕建廟于長樂懸題曰琉球蔡夫人之廟屢有靈效至今每月福建布司發賜廟米幾斗著爲定規但人湮世遠爲某之女爲何入京莫從詳考然而女人之身永奉大邦尊信者誠係異事故記以垂于後世焉

22. 나하(那覇)의 한 노용(老翁)이 처음으로 공선(貢船)을 만들다.

옛날에 본국 사람은 공선(貢船)[44]을 제조할 줄 몰랐다. 혹시 공선이 파손되면 늘 복건성(福建省)으로 가서, 문서를 작성하여 청을 올려 보수한 후에 왕래하였다. 중세에 이르러 나하 읍(那覇邑)에 한 노옹(老翁)[성명은 전해지지 않고 속칭 이시가키쿠라 오오키나(石垣藏大翁)라 불렀다]이 살았다. 본국에서 처음으로 공선을 만든 사람이라고 한다.

往古之世本國之人不知製造貢船若貢船敗壞恆往福建題請補造以致往來至于中世那覇邑有一老翁(姓名不傳俗叫石垣藏大翁)於本國始造貢船云爾

44) 오키나와에서 중국에 조공할 때에 공물을 싣고 가는 배를 말한다.

23. 아스이모이(早飯森) 우타키의 유래에 관한 두 가지 전설

옛날에 나하[45] 읍(那覇邑)에 준마가 한 마리 있었다. 평지를 달리듯이 물을 건너고 산을 올랐다. 사람들이 이 말을 타고 이하(伊覇)[46][미사토 군(美里郡)에 있다]에서 슈리(首里)[47]까지 가는데, 마치 비조(飛鳥)처럼 아침밥을 먹을 동안에 능히 다녀왔다. 그리하여 이 말을 이름하여 조반분마(早飯奔馬)라 불렀다. 이 무렵에 이하 아지(伊覇按司)[48]가 살고 있었다. 일찍이 이 말을 가데카루 읍(嘉手苅邑)[49]에서 입수하여, 굴속에다 돌을 쌓고서 마구간[유적이 지금도 남아 있다]을 만들고 그 말을 길렀다. 하루는 아지가 그 말을 타고 슈리성으로 입조(入朝)한 후에 공무를 다 마치고서 집으로 돌아가던 길이었다. 덴노지(天王寺)[50]

---

45) 역주 26)을 참조.

46) 지명. 오키나와 현 시마지리군(島尻郡)에 위치해 있다.

47) 역주 24)를 참조.

48) 역사적으로 고류큐(古琉球) 시대에는 지역의 정치적 지배자를 의미하는 말이었다. 근세 류큐시대에는 정치조직 안에서 왕자 다음으로 높은 위계(位階)를 가리키는 말을 의미하게 되었다. 아지(アジ)라는 말의 어원에 관해서는 여러 설이 있다. 아루지(主, あるじ)라는 말에서 변했다고 하기도 하고, 미야코(宮古) 방언의 아즈(あず)에서 유래한 명령자라는 의미로 해석하기도 한다. 그리고 오모로소시(おもろそうし)에서 아버지를 의미하는 나사(なさ), 나사이(なさい), 아사(あさ), 아사이(あさい) 등에서 유래했다고 해석하기도 한다.

49) 지명. 오키나와 본도 중부의 니시하라 정(西原町)에 속해 있다.

50) 슈리(首里)에 있었던 절 이름이다. 상원왕(尙圓王) 시대에 건립되었다고 한다.

강변을 지날 때에 그 말이 갑자기 죽고 말았다. 그러자 신이 출현하여 말하기를 "이 말은 그야말로 희대의 준마이다. 다른 곳으로 옮겨서 매장해서는 안 된다."라고 계시하였다. 아지가 절을 하고서 신의 명에 따라서 강변에다 말의 시체를 묻었다. 그러자 그 시체와 채찍이 불현듯 돌로 변하였다. 이후에 돌을 쌓고 담을 둘러서 우타키(御嶽)[51]를 만들었다. 이 우타키를 가리켜서 아스이모이(早飯森)[52]라 부른다.

일설에는, 옛날에 요나구스쿠 군(與那城郡)[53] 아세리 읍(安勢理邑)의 뒤쪽에 한 암굴이 있었다. 일찍이 마을 사람들이 준마 한 마리를 입수하여 그 굴에 마구간을 만들고서 말을 길렀다. 때때로 신이 출현하여 이 말을 타고서 마을 동쪽에 있는 우타키에 가서 그 곳에 있는 소나무 위로 올라갔다. 마을 사람들은 반드시 그 나무 밑에서 말을 되찾아서 데리고 갔다고 한다. 그 신의 용모는 동자처럼 생겼으며 미려(美麗)했다. 세상 사람들은 아직까지 그 같은 사람을 본적이 없었다.

어느 날 밤에 신이 이 말을 타고서 나라 전역에 있는 우타키를 둘러보았다. 이미 날이 밝아서 암굴로 돌아왔는데 준마가 세 번 울고서 울음을 그쳤다. 나중에 슈리에 이르러서 강을 지나칠 때에 갑자기 죽고 말았다. 그리하여 그 시체를 거두어서 이곳에 장사지냈다. 마침내 돌로 변하였다. 이로 인하여 이곳

---

51) 역주 42)를 참조.

52) 나하 시(那覇市) 슈리(首里)에 있었던 임제종(臨濟宗) 계열의 절이다. 메이지(明治) 시대에 폐사(廢寺)되었다.

53) 오키나와 현 우루마 시(うるま市)의 요나시로(与那城) 지구의 옛 이름이다. 1994년요나구스쿠(与那城, よなぐすく)에서 요나시로(与那城, よなしろ)로 이름을 변경하였다.

을 아세리모이(安勢理森)라 부른다고 한다.

두 설 중에 어느 것이 맞는지는 모르겠다.

往昔之世伊覇邑有一駿馬渡水登山若行平地人騎此馬自伊覇(在美里郡)至首里恰似飛鳥一朝飯開能爲往還焉遂名之曰早飯奔馬此時有伊覇按司者嘗獲此馬于嘉手苅邑已於洞中砌石造廐(遺跡今存)以飼其馬一日按司騎其馬入朝首里公務全竣歸回家鄕已過天王寺江邊其馬忽然而死焉便有神出現曰此眞希世駿馬也不可移他地而埋也按司拜謝而依其神令即埋之于江邊其屍骸及鞭忽化爲石而後築石爲垣以爲森嶽名之曰早飯森一説往昔之世與那城郡安勢理邑後有一岩屋邑人獲一駿馬嘗于其洞爲廐以飼其馬時時有神出現即騎此馬行到村東嶽内松樹之上邑人必到樹下取得其馬以歸喂焉其神貌似乎童子少好美麗世俗之人未見如此者也或夜神有騎此馬巡見國中諸嶽已到曉天歸其岩屋駿馬三嘶而住焉後亦到首里已過此江時忽倏斃焉即收其屍骨葬之于此遂化爲石因之曰安勢理森二説不知孰是

24. 구미스(米次) 아지(按司)의 부인이 남편의 원수를 갚다.

옛날에 구미시(米次)[54] 아지(按司)[55]가 있었다. 일찍이 구미시 구스쿠(米次城)에 살았다. 그 부인은 자질이 정정(貞靜)하고 기량이 뛰어났으며 경국지색이라 할 만큼 절세미인이었다.

하루는 가세노시(我瀨之子)가 그 부인을 보고 깊이 사모하는 마음이 들어, 심신이 초췌해지고 하루를 일 년처럼 보내며 힘들어했다. 가세는 모략을 꾸미고 아지를 찾아가, “오늘은 구름 한 점 없이 하늘이 맑고 파도가 고요하고 바람이 쾌청합니다. 또한 기러기가 모래밭 위로 날고 물고기가 뛰놀고 있어서 경치가 더할 나위 없군요. 바다로 나가 고기를 잡으며 노는 것이 어떻습니까?”하고 말을 건넸다. 아지는 매우 기뻐하였다. 그 부인이 만류하며 말하기를 “소첩이 어젯밤에 아주 불길한 꿈을 꾸었습니다. 필시 배가 뒤집혀질 꿈이옵니다. 바다로 고기를 잡으러 가는 것은 그만 두시는 것이 좋겠습니다.”라고 했다. 부인이 여러 번 간언하였으나 아지는 듣지 않았다. 결국 가세와 바다로 나가 그물을 던지며 고기를 잡았다.

아지는 고기잡는 일에 열중한 나머지 다른 곳을 쳐다보지도 않았다. 가세는 창을 꺼내들어 아지를 찔러 죽인 후에 바다에 내던졌다. 보고 있던 사람들이 이를 갈며 분하게 여겼지만 감

---

54) 지명. 오키나와 현 이토만 시(糸満市)에 속한다.

55) 역주 48)을 참조.

히 말을 하지 못했다. 누가 몰래 부인에게 이 사실을 알렸다. 부인은 매우 통곡했다. 괴이한 일인지라 몰래 성 밖으로 빠져 나와 숨었다.

가세는 아지가 죽자 기뻐하며 부인을 범하고자 성으로 들어갔다. 그러나 부인이 도망가고 없었다. 가세는 곳곳에 격문(檄文)을 보내 부인을 찾고자 했다. 부인은 소금 파는 여인으로 변장하고 돌아다니며 원수를 갚을 기회를 노렸다. 그런데 우연히 가세와 마주치게 되었다. 가세는 소금 파는 여인을 가까이 불러들여 몸을 뒤지고 고문한 후에 그 여인이 아지의 부인이라는 것을 알아차렸다. 부인을 억지로 성으로 불러들여 범하고자 했으나 부인이 말을 듣지 않았다. 가세는 화가 나서 칼을 뽑아들고 부인을 찔러 죽이고자 하였다. 부인이 죽을 각오로 찌르라고 했다. 가세는 차마 찌르지 못하고 강제로 부인을 범하고자 했다. 부인이 거짓으로 말하기를 "아지가 죽은지가 아직 몇 개월도 지나지 않았는데, 제가 여기 살면서 몸을 섞을 수는 없습니다. 반드시 길일을 택하여 함께 산으로 가서 나무를 베고 궁을 세운 후에 당신 말을 따르기로 하겠습니다."라고 했다. 가세가 크게 기뻐하며 후일을 기약했다.

가세에게 약속한 날이 다가오자, 부인은 여자아이 하나를 데리고 몰래 품에다 송곳을 품고서 가세와 함께 높은 산에 올라 술을 권하였다. 가세는 크게 기뻐하며 술을 마시고 크게 취했다. 부인이 가세로 하여금 두 팔을 벌리고 나무를 안아서 나무 둘레를 재보도록 했다. 가세는 부인의 말에 따라 하늘을 쳐다보며 나무를 껴안았다. 부인은 몰래 송곳을 꺼내들고 가세의 양쪽 손바닥 위를 찔러 고정시켰다. 가세가 용서를 빌며 목숨을 살려달라고 청했으나 부인은 여러 차례 꾸짖은 후에 찔러 죽였다. 마침내 아지의 원수를 갚았다. 그런데 세월이 많이 흘러 상세한 이야기는 알 수가 없다.

往古之時有米次按司者嘗居于米次城其夫人質資貞靜器量敏捷而有傾國之色絕世之姿一日我瀨之子倏然見之深以思慕之焦心勞辛度日如年忽起奇巧之謀到按司府上曰今日天晴雲收海靜風淸鴎翔沙上魚戲波面光景無窮盍往海漁魚以爲娛樂乎按司歡喜夫人止之曰妾昨夜見夢甚惡恐有覆舟溺沒也哉不宜往漁以遊強請諫之按司不敢聽從遂同他到海撒網漁魚按司深貪漁魚不肯窺見他處我瀨之子即拔取一鋒刺死按司擲棄海中焉旁觀之人咬齒怨惡不敢多言焉密聞之於夫人夫人聞之哭慟甚極大怪且異竊出城外而隱居焉我瀨喜悅要侵其夫人已至他府上夫人逃去不在其府我瀨急發檄文尋覓各處由是夫人裝扮賣鹽之婦要得時報仇以致巡行偶遇途中我瀨疑非爲商婦召來身邊仔細驗看再三鞫問而知爲其夫人強邀夫人於府上亦要侵通夫人不肯聽從我瀨怒把一劍將以刺死焉夫人甘死請刺我瀨不忍刺死將以強奸夫人乃爲騙言曰按司已薨未閱數月妾不忍住此而奸淫也必撰吉日同往某山伐木結宮以聽汝言我瀨大喜約定日期已屆其日夫人率一女兒竊懷一鑿同登我瀨嵩勸他飲酒我瀨欣然大喜酩然大醉夫人令我瀨兩手抱樹以量其材我瀨領夫人命仰天抱樹即夫人密出小鑿打穿他兩掌上我瀨請罪救命夫人再三罵叱遂致刺死以報按司之仇矣然歷年已久莫從稽詳焉

25. 신이 새롭게 출현할 때에 량산(凉傘)을 세우다.

옛날에 신이 새롭게 출현할 때에는 8, 9월 사이에 반드시 황색 량산(凉傘)[56]을 아후리노하나 다키(阿武理花嶽)[57][나키진 군(今帰仁郡)[58] 자하나 읍(謝花邑)에 있다]에 세우고 적색 량산을 구보노 다키(公房嶽)[59][나키진 읍(今帰仁邑)에 있다]에 세웠다. 혹은 황색 량산을 구보노타키에 세웠다면 적색 량산을 아후리노하나다키에 세웠다. 아니면 량산을 아후리타키(阿武理嶽)[구니가미 군(國頭郡)[60] 헤도 읍(辺戸邑)에 있다]에 세우기도 했다. 량산은 하루 만에 사라졌다. 그러면 사람들이 곧바로 왕에게 보고했다. 그 량산은 오색찬란하고 청결했으며 높고 크게 세워서 산을 온통 뒤덮을 정도였다. 그리고 우타키(御嶽)마다 세우는 량산이 같지 않았다. 아직까지 무슨 연유에서 량산을 세우는지 모른다. 10월이 되면 반드시 신이 출현했다. 그 신과 제

---

56) 햇빛을 막기 위한 양산으로 왕이 외출할 때에 사용되었다. 오키나와에서는 우란산(ウランサン)이라 부른다.

57) 여기서 다키(嶽)란 우타키(御嶽)를 의미한다. 우타키에 관해서는 역주 42)를 참조.

58) 지명. 오키나와 현 구니가미 군(国頭郡)에 위치한다.

59) 여기서 다키(嶽)란 우타키(御嶽)를 의미한다. 우타키에 관해서는 역주 42)를 참조.

60) 오키나와 현의 군(郡) 중의 하나이다. 긴 정(金武町), 모토부 정(本部町), 이에 촌(伊江村), 오기미 촌(大宜味村), 온나 촌(恩納村), 기노자 촌(宜野座村), 구니가미 촌(国頭村), 나키진 촌(今帰仁村), 히가시 촌(東村) 등이 여기에 속한다.

신(諸臣)[61]들은 모두 용궁 사람들의 모습을 하고 있었다. 성의 정원에 모여서 량산 30여 개[높이는 7, 8 장(丈) 정도, 크기는 5 장(丈) 정도 혹은 1, 2 장(丈) 정도]를 늘어세워 놓고, 북을 치고 노래를 부르며 신과 함께 놀았다.

往昔之世新神將出現時八九月閒必立黃凉傘于阿武理花嶽(在今歸仁郡謝花邑)即立赤凉傘于公房嶽(在今歸仁邑)或立黃凉傘于公房嶽即立赤凉傘于阿武理花嶽或有立凉傘于阿武理嶽(在國頭郡邊戸邑)一日而消即郡邑人民捷報□王庭其爲凉傘也五色已彩煌煌清潔巍峩高大覆盡一山而各設不同未知何故之事也至于十月必有神出現也則其神及諸臣皆扮竜宮人貌聚會城庭列建凉傘三十餘把(高七八丈許大五丈餘或一二丈許)拍鼓唱歌以爲神遊也

61) 여기서 말하는 신과 제신(諸臣)이란, 신이 내린 것으로 간주된 여성사제 및 왕의 신하들을 의미한다.

26. 후나쿠라산(船藏山) 우타키(御嶽)의 유래

옛날에 마치(馬齒) 사람 중에는 제사 지낼 줄 아는 사람이 없었다. 제일(祭日)이 닥칠 때마다 대부분 엉터리로 제사를 지내서 신을 모독하였다. 그래서 도미구스쿠 군(豊見城郡)[62]의 자야스 읍(座安邑)에 가서 노로(祝女)[63] 한 사람을 청해 와[이름을 하치라카나시(波知來加那志)라 한다] 신을 모시는 제사를 전수토록 했다. 수십 년이 지나자 노로가 병에 걸려 죽었다. 마을 사람들이 그 노로를 후나쿠라산(船藏山)에 장사지냈다. 후에 다시 도미구스쿠 군의 도카시키 읍(渡嘉敷邑)[64]에 가서 노로 한 사람[이름을 고세라이(古世來)라 한다]을 청해 와서 제사를 관장토록 하였다. 이 노로도 또한 병에 걸려 죽었으며, 마을 사람들이 역시 같은 곳에 장사지냈다. 마침내 이곳을 신을 모시는 우타키(御嶽)[65]로 삼았다.[이름을 후나쿠라다케(船藏嶽)라 한다] 이런 연유로 마치산(馬齒山)에서 신에게 제사를 올릴 때에 도카시키 노로의 자손들이 대대로 제사를 관장하였다.

또 한 신이 있었는데 세상에서 용궁신이라 했다. 고기들이 떼 지어 올 무렵에 반드시 처음에 잡은 고기를 용궁신에게 바친 후에 먹었다.

---

62) 지명. 현재의 오키나와 현 도미구스쿠시(豊見城市)이다.

63) 역주 14)를 참조.

64) 지명. 도미구스쿠 촌(豊見城村)의 남부에 위치한 지역이다. 분지 형태의 지형을 이루고 있다.

65) 우타키에 관해서는 역주 42)를 참조.

往昔之世馬齒之人無知祭禮者每當祭日多有妄祭浣神即往豐見城郡座安邑請祝女一人而來(名日波知來加那志)傳授祭神之禮已歷數十年祝女染病而死村人遂葬之於此地後亦往豐見城郡渡嘉敷邑請一祝女(名日古世來)而來亦掌其祭事此婦女亦罹病而死焉村人亦葬之於此地遂尊信之以爲神嶽焉(名日船藏嶽)由是馬齒山祭神渡嘉敷祝女子孫世世掌之亦有一神俗稱龍宮神而大魚來時必祭之于此神而後食焉

27. 이토카마데라(糸蒲寺)의 토란 종자

옛날에 나카구스쿠 군(仲城 郡)[66]의 이토카마(糸蒲)에 한 절이 있었다. 절 이름을 이토카마데라(糸蒲寺)라 불렀다. 절에 한 무리[긴 촌(金武村)[67] 사람]가 살았다. 하루는 밭에 갔다가 우연히 도랑 속에 토란이 나 있는 것을 발견하였다. 그 잎과 가지가 매우 신기해서 정원에 심었다. 얼마 후에 그 뿌리를 캐보니 토란이 많이 달려있고 맛 또한 감미로웠다. 사람들이 부식으로 먹을만 했다. 근처 사람들이 그 소문을 듣고 종자를 구해서 모조리 밭에 심었다. 이후에 널리 퍼져서 온 나라에 보급되었다.

往昔之世仲城郡糸蒲之地有一僧寺名叫糸蒲寺寺有一徒(金武村人)一日往園畔偶看有田芋生溝中葉枝甚異栽之于園中至于日久掘起其根結實甚夥味亦甘美堪補人食近鄰之人聞得其事覓得此種遍栽于田畝自此之後漸致蕃衍及于國中

---

66) 지명. 현재의 오키나와 현 나카구스크 군(仲城郡)이다.

67) 지명. 구니가미 군(國頭郡)에 속해 있다. 앞의 역주)를 참조.

28. 중국인이 귀화하여 처음으로 기와를 굽다.

옛날에 중국인이 본국으로 표류하였다. 그는 류큐(琉球) 풍속을 아주 좋아하여 중국으로 돌아가려고 하지 않았다. 의복과 용모를 류큐식으로 꾸미고 류큐를 위해서 진력하였다. 고쿠바촌(國場村)[68]에 살면서 이윽고 한 여자를 아내로 맞아들여 아이를 낳았다. 후에 마단바시(眞玉橋)[69] 동쪽에 가마터를 만들고 기와를 구워서 필요한 사람들에게 공급하였다. 이 때문에 검지장(檢地帳)[70]에 "이 땅을 도카시키 사부로(渡嘉敷三郎)[71]에게 하사한다."고 적혀있다. 오키나와의 기와 굽기는 이때부터

---

68) 지명. 나하 시(那覇市)에 속한 지역이다. 구 마와 시(眞和志)시에 속해 있었다. 류카(琉歌) 중의 가라야부시(瓦屋節)의 유래와 관련된 명나라 사람 도카시키 산다(渡嘉敷三郎)가 기와 만드는 법을 전수하기 위해 거주했던 곳으로 알려졌다. 본문에도 이와 관련된 이야기가 소개되어 있다.

69) 고쿠바가와(國場川)에 놓여진 다리 이름이다. 현재 도미구스쿠 촌(豊見城村)과 나하 시(那覇市)를 잇는 요로이다. 1522년에 가설되었다고 한다. 현재의 다리는 1963년에 축조되었다. 도미구스쿠 촌의 동북부에 이 다리 이름을 딴 마단바시(眞玉橋)라는 지명이 있다.

70) 검지(檢地)한 결과를 장량(丈量) 순으로 기장한 기본 토지대장을 말한다. 기장하는 양식은 시대와 지역에 따라 달랐으며 고젠초(御前帳)·미즈초(水帳)·사오쓰기초(竿次帳) 등으로 부르기도 했다. 검지(檢地)란 일본어로 '겐치(檢地)'라 발음하며 막번체제(幕藩體制)의 기초를 다지기 위한 토지조사를 의미한다.

71) 오키나와(沖繩) 최초의 기와공이다. 중국인이었으나 귀화한 후에 이 이름을 사용하였다. 중국이름은 알려져 있지 않으며 도우후누시(唐大主)라고도 불렀다. 본문에 관련 이야기가 소개되어 있다.

시작되었다. 그 자손들이 지금도 여전히 살아 있다. 이 때문에 지금도 고쿠바 촌에 사는 자손들이 매년 12월 24일이면 반드시 제물을 준비해서 조상들에게 제사지낸다.

往昔之時中國人飄到本國深慕國俗不欲還國改變衣服容貌效力本國住居於國場村遂娶一婦以生孩兒後於眞玉橋之東造陶舍燒瓦器以給資用故日御檢地帳賜此地於渡嘉敷三郎云爾我國燒瓦自此而始其子孫至今猶存由是今國場村他子孫每値臘月二十四日必供祭品以祭其先祖焉

29. 중국인이 귀화하여 관옥(貫玉) 만드는 법을 전수하다.

옛날에 중국인이 표류하여 류큐(琉球)에 도착하였다. 류큐 풍속을 매우 좋아하여 고향을 잊은 채로 류큐를 위해서 진력하였다. 이윽고 메카루(銘苅)[72]에 사는 여자를 아내로 삼아 아들을 낳았다. 아들이 성장함에 따라 그 중국인이 아들에게 관옥(貫玉) 만드는 법을 전수하고 사람들에게 가르쳐주도록 하여 나라의 은혜에 보답하였다. 이때부터 관옥이 비롯되었다.

往昔之時中國人漂風抵國深慕風俗不想故鄕效力本國遂娶銘苅婦女以生男兒及其兒長成中國之人將以貫玉指教於人民以報國恩貫玉自此而始

---

72) 나하 시(那覇市)에 있는 지명이다. 아자가와(安謝川)를 끼고 우라소에 시(浦添市)와 인접해 있다. 아자가와의 지류인 메카루가와(銘苅川)의 왼쪽 천변에 하고로모(羽衣) 전설로 유명한 메카루가(銘苅ガー)가 있다. 하고로모 전설에 관해서는 제35화를 참조하기 바란다.

30. 다쿠자쿠 읍(太工廻邑)의 세도오야베(勢頭親部)가 처음으로 숯을 굽다.

다쿠자쿠 읍(太工廻邑)[73]에 세도오야베(勢頭親部)[74]가 살고 있었다. 산에 들어가서 나무를 베어 처음으로 숯과 경탄(輕炭)[속칭 대장간숯(鍛冶炭)이라 한다]을 구워서 왕에게 헌상하였다. 왕이 이를 매우 칭찬하며 밭 몇 이랑(畝)[나요초(名寄帳)[75]에 상세하게 나와 있다. 속칭 숯구이 세도치(炭焼勢頭地)[76]라 한다]을 상으로 하사하였다. 이때부터 다쿠자쿠·우쿠다 읍(宇久田邑)에서는 해마다 목탄 200 가마, 경탄 100 가마를 바치도록 규정하였다.

太工廻邑有勢頭親部者入山林砍樹木始燒炭及輕炭(俗曰鍛冶炭)而獻之于王王深褒嘉之則賞賜田地幾畝(詳見名寄帳俗曰炭燒勢頭地)從此之後太工廻宇久田等邑年貢獻木炭二百俵輕炭一百俵著爲定規

---

73) 지명. 오키나와 시(沖縄市)에 속한 지역 이름이다. 전후에 미군기지로 접수되어 주민들이 각지로 이산하였다.

74) 세도(勢頭)란 직책을 가리키는 말이며, 오야베(親部)는 연령계층의 하나이다.

75) 검지장(檢地帳) 중에서 개인별로 소유한 땅을 기록한 장부를 의미한다. 검지장에 관해서는 역주)를 참조.

76) 숯구이 세도(勢頭)의 땅이란 의미이다.

31. 나나유휘(七與平利畠)의 유래

옛날에 마와시 군(眞和志郡)[77] 아메쿠 읍(天久邑)에 사는 일곱 사람이 어느 집의 종이 되었다. 그 집의 주인이 약간의 전답[아자 읍(安謝邑) 앞에 있다. 합계 130보(步)]을 일곱 사람에게 나누어주어 생활에 도움이 되도록 하였다. 일곱 명의 종은 주인의 논밭을 경작하는데 힘썼으며 틈나는 대로 주인에게서 받은 밭을 경작하였다. 수년이 지나자 약간의 미곡을 비축할 수 있었다. 그러자 일곱 명의 종은 집주인에게 청하여 종의 신분에서 풀려났다. 사람들이 그 이야기를 듣고 모두 기이하게 여겼다. 마침내 그 밭을 가리켜서 일곱 명의 종이 풀려난 밭[속칭 나나유휘(七與平利畠)라 한다]이라 불렀다.

往昔之世眞和志郡天久邑有人七名賣身于某家其家主將一田圃(在安謝邑前共計一百三十步)惠賜其七名以備私用之費七僕盡力于田畝及暇日時亦耕耘其圃歷閱數年貯得米穀若干於是乎七僕告乞家主俱贖其身人皆聞之大奇且異遂名其圃曰七僕贖身之圃(俗稱七與平利畠)

77) 지명. 나하 시(那覇市)에 있는 지역 이름이다. 오키나와(沖縄) 말로는 '마지(マージ)'라 부른다. 용담지(龍潭池)와 인접하며 서쪽으로 길게 뻗어있는 지역이다. 제2차 세계대전까지는 상인이나 직인들의 거리로 번성하였다. 지역 내에 소노히얀 우타키(園比屋武御嶽), 슈레몬(守札門) 등이 있다.

32. 구시카와 군(具志川郡)의 다마이(多真利)가 말을 도살하고 벌을 받다.

옛날에 구시카와 군(具志川郡)[78] 우켄 읍(宇堅邑)에 다마이(多真利)라는 사람이 살았다. 수말을 한 마리 살이 찌도록 잘 키워서 정월에 잡아먹고자 하였다. 12월 28일에 다마이가 손에 도끼를 들고 그 말을 끌고서 광야로 나갔다. 그 말은 길에서 자주 슬픈 소리를 내면서 울었다. 광야에 도착하자 다마이가 도끼를 들고 말 가까이 다가가 죽이려고 하였다. 그러자 말이 사방을 향해 크게 소리 내어 울고서, 두 앞발을 굽히고 마치 꿇어앉은 듯한 자세를 취했다. 그리고 동쪽을 향해서 크게 소리 내어 세 번 울고서는 머리를 푹 숙이고 두 발로 눈을 가리는 듯 했다. 결국 도끼로 내리쳐서 말을 죽였다.

그 후 다마이의 처자가 갑자기 심한 병에 걸려서 모두 세상을 떴다. 지금은 그 자손이 끊겨서 아무도 살아있지 않다. 이후 우켄 읍 사람들이 수말을 기르면 즉시 죽고 말았다. 이로 인해서 그 마을 사람들은 지금도 수말을 기르지 않는다고 한다.

往古之時具志川郡宇堅邑有多眞利者養一牡馬留心肥滿要備正月之餚臘月二十八日多眞利手携斧刃牽其牡馬要至曠

78) 구시카와 시(具志川市)에 있는 지역 이름이다. 긴(金武) 만(湾)에 면해 있으며 요나구스쿠 촌(与那城村)과 경계를 이루고 있다.

野牡馬一路屡嘶聲音甚哀已至其野多眞利執斧近來將傷牡馬即其馬轉向四方而高嘶而曲前雙足恰如跪坐亦向東方高嘶三聲深垂頭腦以其兩足噑藏其兩眼遂受斧斤而就死地焉厥後多眞利妻子倏忽深病悉皆棄世至于今世他子孫已絕已無有世在矣自此之後宇堅邑人收養牡馬即刻馬斃由是其邑之人未肯養牡馬云爾

33. 한 무녀(巫女)의 저주로 아단(阿檀)나무가 열매를 맺지 않다.

옛날에 하에바루 군(南風原郡)[79] 가미자토 읍(神里邑)[80]에 한 무녀(巫女)[81]가 살았다. 일찍이 임신을 하여 갑자기 아단(阿檀)[82]이 먹고 싶어졌다. 그 오빠가 이 모습을 보고서도 아단을 주지 않았다. 무녀가 갑자기 화를 내며 말하기를 “아단은 별것도 아닌데 무슨 까닭으로 주지 않는가? 내가 심한 저주를 내려 이후에 아단이 열리지 않도록 하고 말겠다.”라고 했다. 이로 인해 이후부터 이곳에서는 아단나무가 아주 많은데도 열매를 맺지 않았다. 이를 보면 무녀가 보통사람이 아닌 듯하다.

昔南風原郡神里邑有一巫女嘗當懷娠時忽欲食阿檀實其兄聞之不與他食之巫女忽發怒曰阿檀微物也何有所吝惜而不與之耶今吾深呪咀之後必不許阿檀結子也自此之後此地阿檀甚夥而無有結子矣以此觀之巫女亦非常人也哉

---

79) 지명. 오키나와 현 시마지리 군(島尻郡)에 속해 있다. 일본어에서 原은 ‘하라(原)’로 읽는 것이 일반적이나 여기서는 ‘바루(原)’로 읽는다. 이는 한국어의 ‘벌’과도 관련이 있다.

80) 지명. 하에바루(南風原)의 남쪽에 위치한 지역 이름이다. 1674년(尚貞王 6년)에 오자토(大里)에서 편입되었다. 본문에 나와 있는 것처럼 ‘아단 열매(アダンの実)’와 관련된 전설이 전해지고 있다.

81) 여기서 말하는 무녀(巫女)란 노로(祝女)를 가리킨다. 노로에 관해서는 역주 14)를 참조.

82) 학명은 Pandanus odoratissimus 이다. 판다누스과에 속하는 상록수이다. 판다누스는 일본어로 다코노키(蛸の木)라 부른다. 판다누스는 열대성 상록 교목으로 사람머리 크기의 열매를 맺으며 잎은 모자나 바구니 등의 원료로 사용한다.

34. 구바도노타케(久場塘嶽) 우타키(御嶽)의 천녀(天女) 전설

옛날에 오자토 군(大里郡)[83]의 미야기 읍(宮城邑)에 구바도노다케(久場塘嶽)[84]라는 우타키(御嶽)[85]가 있었다. 우타키 밑에 오소코이(遠蘇古井)라 부르는 우물이 있었다. 그 우물은 물이 맑고 맛이 아주 감미로웠다. 사람들이 우물을 신격화하여 아마오레 쓰카사(安眞遠禮司)[86]라는 신명(神名)으로 불렀다. 즉시 영험이 있었다. 항상 우물을 더럽힐까 염려하여 사람들의 왕래를 금하고 함부로 그 우물에 접근하지 못하도록 하였다.

그 때 이 우물 근처에 남자가 한 명 살았다. 남자는 우물 근처에서 빛이 하늘 높이 솟는 것을 보고 마음속으로 이상케 여기고 몰래 우물 가까이에 가서 훔쳐보았다. 그러자 인적이 끊어진 야심한 시각에 한 여자가 와서 우물 위에 서서 채의(彩衣)를 벗고서, 머리에는 나뭇가지를 걸치고 우물에서 목욕을 하였다. 남자가 옆에서 그 모습을 지켜보고 있으려니 용모가 뛰

83) 지명. 오키나와 현 시마지리 군(島尻郡)에 속했던 구 지명이다. 현재의 난조 시(南城市) 북서부에 해당하는 지역이다.

84) 여기서 말하는 다케(久場塘嶽)란 우타키(御嶽)를 의미한다. 우타키에 관해서는 역주 42)를 참조.

85) 역주 42)를 참조.

86) 아마오레 쓰카사(安眞遠禮司)에서 쓰카사란 '신에게 기원하는 여자(祈る神女)'라는 의미를 지닌 오키나와 말이다. 우타키(御嶽)를 관리하며 제사를 주관하는 여성을 의미한다. 오키나와 본도(沖縄本島)의 노로(ノロ)나 니간(根神, ニーガン)에 해당하는 신녀(神女)를 주로 미야코(宮古)·야에야마(八重山) 지역에서 부르는 호칭이다.

어나고 옷도 보통 사람들의 것과 달랐다. 그 남자는 이 세상에서 이처럼 아름다운 여자를 본적이 없었다. 만약 달에 사는 선녀가 아니라면 이는 낙양(洛陽)의 신아(神娥)[87]일 것으로 생각했다. 다가가서 그 옷을 훔쳐서 깊이 감추어두고 내놓지 않았다. 여자는 옷이 없어서 하늘로 올라갈 수 없었다. 결국 인간세계에 머물러 그 남자와 부부의 인연을 맺었다. 그리고 1남 1녀를 두었다. 사내아이는 미야기(宮城)의 지토시키(地頭職)[88]가 되고 여자는 노로(祝女)[89]가 되었다.

후에 천녀(天女)가 죽자 구바도노 다케의 큰 돌[이름을 이치노세(一瀨)라 부른다] 밑에 장사지냈다. 그 영골(靈骨)이 지금까지도 존재한다. 마을 사람들이 이를 신으로 모시고 믿었다.

往昔之世大里郡宮城邑有久場塘嶽嶽下有井名曰遠蘇古井其水淸潔味極甘美其神名曰安眞遠禮司靈威甚速常恐人致汚穢嚴禁往來不許輕進其井時有一民人鄰居此井屢見井邊有光沖天心竊疑之密往井邊偷窺之一夜更深人亦靜後有一婦女立于井上脫彩衣懸于枝頭臨井沐浴農民從旁瞧之容貌絕倫衣服異常農民見之暗想世上未見如此婦女若非瑤臺仙女疑是洛陽神娥也進步偷取其衣深以啽藏不敢發出婦女亦因失衣不能上天遂留跡于人間與此農民結爲夫婦已生一男一女男兒爲宮城地頭職女子授祝女職後天女已逝遂葬之于久場塘嶽大石(名叫一瀨)之中其靈骨至今猶存村人尊信而爲神焉

87) 달의 별칭이다. 고대중국의 전설상의 인물이다.

88) 지토(地頭)로서의 직무 및 그에 수반되는 권리를 의미한다. 지토란 시대에 따라서 조금씩 의미가 달라졌는데, 해당 지역의 토지관리 및 조세징수 등의 업무를 담당하였다.

89) 역주 14)를 참조.

35. 후텐마(普天間) 권현(權現)의 유래에 관한 두 가지 전설

후텐마 읍(普天間邑)[90] 동쪽에 동굴이 하나 있었다. 사람들이 늘 농기구를 놓아두었다. 하루는 자기(磁器)로 만든 관음상을 돌로 된 단 위에 안치해 두었다. 어디 사는 누가 그 관음상을 동굴 안에 두었는지를 몰랐다. 이웃마을 사람들이 이 일을 매우 신기하게 여기고 관음상을 깊이 존신(尊信)하였다. 그리고 기구(祈求)할 일이 있으면 반드시 이곳에 와서 치성을 드렸다. 아주 영험이 있었다.

아다니야 촌(安谷屋村)에 한 부부가 살았다. 농사를 지으면서 늘 근검한 생활을 했다. 그렇지만 오곡이 흉년이 들어 세금을 내지 못하는 경우가 많았다. 그러자 아내가 남편에게 말하기를 "첩이 남의 집 종살이를 하여 세금을 다 내고자 합니다. 주인집 일을 마치면 틈틈이 방적(紡績)을 해서 종살이에서 벗어나고자 합니다. 청컨대 농사일에 전념하여 자산을 보태주시기 바랍니다. 만약 하늘이 큰 자비를 베풀고 복을 내려 주신다면 종살이에서 벗어나 다시 부부가 되어 백년해로를 하고자 합니다."라고 하였다. 부부는 눈물을 흘리며 헤어졌다.

아내는 슈리(首里)[91]로 팔려가 여종이 되었다. 때때로 머리

---

90) 지명. 오키나와 현의 기노완 시(宜野湾市) 동북부에 위치한 지역이다. 후텐마궁(普天満宮)이 소재하고 있어서 옛날부터 번성하였다. 현재 미군의 후텐마기지 문제가 미일 양국 사이에 현안으로 주목받고 있다.

91) 역주 24)를 참조.

를 잘라서 다리(髢)를 만들어 시장에 내다 팔았다. 그 돈으로 제물을 마련하여 매일 밤 후텐마에 가서 분향하고 신불에게 빌었다. 3, 4년이 지난 9월 어느 날 밤에 혼자서 후텐마를 향해 가는 도중 결채문(結彩門)[속칭 도리이(鳥居)[92]라 부른다] 부근에 이르렀을 때에 우연히 한 노인을 만났다. 여자는 깜짝 놀라서 물러나고자 하였다. 노인이 이를 보고 "놀라지 마시오. 내가 이 물건을 당신께 맡겨서 간수토록 하고자 하오."라고 말했다. 여자가 말하기를 "저는 다른 사람의 여종입니다. 지금 마음 속에 간절한 소원이 있어 잠깐 틈을 내서 신사(神社)로 참배하러 왔습니다. 만약 제가 빨리 물러나지 않는다면 죄를 지을까 두렵습니다." 하면서 여러 차례 고사(固辭)하였다. 노인은 억지로 권하며 여자에게 물건을 맡겼다. 여자는 하는 수 없이 물건을 맡았다. 노인은 어딘가로 사라졌다. 여자는 어쩔 수 없이 그 물건을 가지고 슈리로 돌아왔다.

그 후에 여러 번 그 물건을 갖고 가서 돌려주고자 하였으나, 결코 노인을 만날 수 없었다. 여자는 결국 그 노인을 만나지 못한 채 신사로 참배를 가서 정성껏 소원을 빌었다. 그날 밤 신이 꿈에 나타나서 "신이 너에게 그 물건을 내려 주시려고 맡겨둔 것이다."라고 알려주었다. 그때 마침 새벽닭이 날갯짓을 하여 꿈에서 깨어났다. 꿈에서 깨어났지만 무슨 영문인지 알 수가 없었다. 다음날 밤에 소원을 빈 후에 다시 전날 밤과 똑같은 꿈을 꾸었다. 꿈속에서 여자에게 어떤 물건을 내려준다는

---

92) 일본의 신사에서 신역(神域)을 표시하는 상징물이다. 신사 입구에는 반드시 도리이(鳥居)가 설치되어 있다. 역사적으로 한국의 솟대와 비슷한 신앙적 기능을 지니고 있다.

것을 알려주었다. 여자가 물건을 열어보았더니 안에 황금 몇 덩어리가 들어있었다. 그 황금으로 즉시 종살이에서 벗어나고자 하였다. 그런데 어찌 된 일인지 주인집에 노비가 없어서 풀려나지 못했다. 다시 2년이 지났다. 마침내 신에게서 황금을 받은 사실을 주인에게 상세히 고하고 황금을 주고서야 종살이에서 벗어났다. 이 일이 있은 후에 신의 은혜에 크게 보답하고자 석감(石龕)을 만들어 그 안에 관음보살을 봉안하였다. 점차 가산이 부유해지고 자손이 번성하였으며 부부가 해로하였다. 이로 인해 원근(遠近)에 사는 사람들이 그 사실을 듣고서 모두 이곳으로 와서 치성을 드렸다.

일설(一說)에 따르면 다음과 같다. 슈리(首里)의 도바루 읍(桃原邑)에 한 처녀가 살았다. 천성이 정숙하고 자색(姿色)이 뛰어났다. 사람들이 그 소문을 듣고서 청혼을 하는 사람도 많았으나 혼인을 허락하지 않았다. 늘 규방에 틀어박혀서 문을 걸어잠그고 사람들 앞에 나타나지 않았다.

그 처녀에게는 여동생이 한 명 있었다. 여동생은 자라서 어느 집안으로 시집을 갔다. 그 남편이 언니의 소문을 듣고서 이상케 여겨 아내에게 "당신 언니는 사람들을 아주 꺼려해서 좀처럼 밖으로 나오려 하지 않는다고 들었소. 나는 당신의 남편인데 언니와 대면해도 상관없을 것이오. 청컨대 당신 언니를 한번 보고 싶소." 라고 말하였다. 아내는 "언니는 보통 사람들과 달리 틀어박혀 있기를 좋아해서, 만약 당신 말을 전한다면 반드시 사양하고 나타나지 않을 것입니다. 내가 오늘 친정에 가서 언니와 이야기하고 있을 테니 당신이 불쑥 그 자리에 나타나서 언니를 한번 보고 돌아가기 바랍니다."라고 말했다. 남편은 아내의 말을 따라서 자매가 이야기하고 있는 자리에 불쑥 나타나 언니를 쳐다보았다. 언니는 동생 남편이 쳐다본 것을 부끄럽게 여겨 밖으로 나가 사라졌다. 집안사람들이 언니의 뒤를 쫓아갔다. 언니는 후텐마에 이르자 곧장 동굴 속으로 사라졌다. 집안사람들이 쫓아 들어가서 그 언니를 찾았지만 종적을 알 수 없었다.

이로 인해 사람들이 모두 신으로 모시고 존귀하게 여겼다. 무언가 치성을 드리고자 하는 사람들은 반드시 이곳에 와서 복을 빌었다. 이 두 가지 설은 이미 세월이 오래되어 상세히 알 수 없다.

普天間邑之東有一洞窟民常放在農器一日有觀音磁像安置之于石壇上不知何處之人奉安于其中即鄰里之人大奇怪之深爲尊信而有求祈之人必到此地而祷祈焉則靈驗捷乎影響焉後亦安谷屋村有一夫婦常爲農業儉勤兼全然五穀不登賦稅多缺于是婦請夫曰妾賣身于他家以完賦稅若得一點暇時以便紡績以償其身請乞良人盡力于田畝以供家資若天賜洪慈降來介祉以爲贖身再爲夫婦結偕老之契以終天年焉夫婦流淚而別焉即賣身於首里以爲人婢時剪髮爲髢賣之于市上以買祭品每夜到普天間焚香許願歷閱三四年九月之間一夜獨身赴普天間行到結彩門邊(俗呼鳥居)偶逢一老人婦女驚駭而要退去老人曰勿爲驚異吾托汝看守斯物婦女曰妾爲人之婢女今心有情願偷得一點閒暇拜謁神社若非速去恐有獲

其罪再三固辭老人強之勸之寄在婦女婦女不得已而守護焉老人遂去不知其所之無奈之何便携其物回至首里厥後屢携其物而去要還償之竝不再見老人婦女竟要遇其老人謁社許愿其夜有夢告之曰神要賜汝特來此物托在于汝時曉鶏拍翅驚人好夢覺來未不明次夜復爲念願果然見夢與昨夕夢不稍相異賜給明告於焉乎開封見之內有黄金數塊也將其黄金速要贖身奈家主無有奴婢難以償去亦歴二秋終以其神賜事細告家主即以黄金贖焉既而大爲還願以造石龕奉安觀音于其中漸次家資殷富子孫繁榮夫婦偕老由是遠近之人遍聞其事皆到于此而祈祷焉一說首里桃原邑有一處女賦性貞静姿色絕世人皆聞之多媒求之不肯許嫁況復恆居閨室閉戸杜門不與人看又有一妹至于成長出嫁某家其夫奇異之遂告婦女曰汝姉深避人氏不敢出外予今爲汝婿夫無妨相見請乞一見汝姉婦女曰姉心志幽癖不似人情若告此言必也推謝不准今日妾詣父家與姉相話則丈夫倏到其座以爲相見而歸去父家姉妹相話之閒丈夫果從其言倏然而來以便一見姉即愧妹夫相見出外而去家人趕去姉到普天閒直入洞內而去家人往尋其姉不見其踪跡由是人皆尊以爲神有祈求者必詣此處而祈福焉此二說歴經已遠莫從稽詳

36. 도요미 우지오야(豊見氏親)가 성질이 고약한 상어를 퇴치하다.

옛날에 미야코(宮古)[93] 이라부 읍(伊良部邑)[94]의 읍주(邑主) 도요미 우지오야(豊見氏親)[95]는 여력(膂力)이 매우 세고 무용(武勇)이 뛰어났다.

이 때 히라라(平良)[96]의 바다 속에서 큰 상어[97] 한 마리가 나타나 지나가는 배를 전복시키고 사람들을 집어삼키곤 했다. 모든 사람들이 이를 매우 두려워하여 감히 지나가지 못했다. 도요미 우지오야가 이를 딱하게 여겨 단검을 지니고 혼자서 작은 배에 올라 바다로 나아갔다. 그러자 상어가 나타나서 집어삼키려고 하였다. 도요미 우지오야는 바다 속으로 뛰어 들어

---

93) 지명. 제36화에서 제41화까지 미야코(宮古) 지역에 전해지던 이야기가 수록되어 있다. 여기서 미야코(宮古)란 미야코 제도(宮古諸島)를 말한다. 미야코 제도는 오키나와 현의 오키나와 제도(沖縄諸島)와 야애야마 제도(八重山諸島) 사이에 위치해 있다. 주된 섬인 미야코지마(宮古島)를 비롯하여 여덟 섬으로 이루어졌다. 미야코지마의 주된 생업은 어업이나 사탕수수 재배이다.

94) 지명. 오키나와 현 중부에 위치한 미야코 제도(宮古諸島)에 속해 있다. 타원형의 낮고 평탄한 산호섬으로 사탕수수를 많이 재배하고 있다.

95) 인명. 현재 미야코지마 시(宮古島市)의 마키야마 공원(牧山公園)에 묘비가 세워져 있다.

96) 지명. 오키나와 현 미야코지마(宮古島)에 있었던 시의 이름으로 2005년에 미야코지마 시(宮古島市)로 합병되었다.

97) 원문에는 '鯖魚'로 표기되어 있다. 미야코지마(宮古島)에서는 일본어로 후카(鱶), 즉 상어를 가리켜서 한자로 '鯖'으로 표기하는 경우가 많다. 제76화를 함께 참조.

간 후에, 마침내 상어 입속으로 들어가 상어 뱃속을 가르고 밖으로 나왔다. 그리고 해안으로 올라와서 집으로 돌아갔다. 그는 잠시 후에 쓰러져 죽고 말았다. 사람들이 모두 감사하고 불쌍케 여겨 그를 히야지산(比屋地山)에 장사지냈다. 마침내 우타키(御嶽)[98]를 세우고 신으로 모셔 제사지냈다.

往古之時宮古伊良部邑主豐見氏親膂力絕倫武勇非常此時平良海中有出一大鯖魚覆湮往來之舟以爲吞食人皆深畏懼之不敢往來矣豐見氏親亦爲憂恤即携短劍獨坐小舟出行其海大鯖躍出要以吞去氏親飛入海中遂入鯖魚之口切破其腹中以得割出於外而(上岸歸家頃刻之間身亦斃死人皆拜謝之亦憐憫之葬之於比屋地山遂尊爲神嶽以爲祭祀焉

98) 역주 42)를 참조.

37. 이라부(伊良部)의 악부(惡婦)가 실수로 친자식을 죽이다.

태고(太古) 적에 미야코(宮古)[99]의 이라부 읍(伊良部邑)[100]에 한 악부(惡婦)가 살았다. 사내아이 두 명을 양육하였는데, 형은 전처의 소생이고 동생은 이 여자가 낳았다. 두 아이가 어렸을 때, 늘 동생만을 예뻐하고 그 형을 매우 미워하였다. 하루는 그 악부가 흉계를 꾸며 형을 죽이고자 하였다. 두 아이를 안고서 도리이케(通池)[이라베 아래쪽의 서쪽에 있다]에 이르렀다. 악부는 형을 연못가에 놓아두고서, 그 동생을 품에 안고 잠시 졸면서 형이 잠들기를 기다렸다. 형을 연못 속으로 빠뜨리려고 획책했던 것이다. 그러다가 악부가 먼저 잠이 들었다. 형은 계모가 자신을 헤치고자 하는 것을 알아차리고 몰래 동생을 다른 곳으로 옮기고 자신이 계모 품속으로 들어가 잠을 잤다. 계모는 그 동생을 형으로 착가하여 연못 속에다 빠뜨리고는 서둘러 형을 껴안고서 집으로 돌아갔다. 그런데 자세히 보았더니 동생이 아니었다. 그 후부터 주야로 통곡하였다. 세상 사람들이 하늘이 내린 응보라 하여 이를 비웃었다.

太古之世宮古伊良部邑有一惡婦者養育二男兄出先室弟出此婦二人幼稚之時恆愛其弟甚惡其兄一日惡婦要謀殺其兄

99) 역주 93)을 참조.

100) 역주 94)를 참조.

婦抱二男携到通池(在伊良部下地之西)而置兄于池畔婦懷其弟而假眠於此要俟兄睡去以墜于池中婦先睡去兄深知母要害密搬弟他處換入母之懷以爲睡眠母以其弟悞爲其兄擲入池中慌忙抱兄歸家熟然看之非其子也自此之後晝夜哭慟世上之人爲天惡報以之爲笑

38. 도사(登佐)가 아내의 지략으로 어려움에서 벗어나다.

옛날에 미야코야마(宮古山)[101] 이라부(伊良部)[102]의 서쪽 마을에 도사(登佐)라는 사람이 살았다. 아내를 얻었는데 용모가 미려하고 지략이 매우 뛰어났다.

하루는 도사가 해변으로 고기잡이를 나갔다가 바위 구멍을 발견하고서 그 안에 손을 집어넣어 오징어를 잡고자 하였다. 그런데 그 손이 바위에서 빠지지 않았다. 순식간에 바닷물이 밀려와서 빠져 죽을 지경에 이르렀다. 다행히도 가미야니야토쿠(神谷仁屋德)[103]가 바다에서 해변으로 돌아오다가 이 모습을 보았다. 그가 말하기를 "당신은 지금 빠져죽을 지경인데 만일 내 청을 들어준다면 당신 목숨을 구해주겠소."라고 했다. 도사는 "당신이 내 목숨을 구해준다면 무슨 일이든 당신 뜻에 따라 보답하겠소." 라고 대답했다. 가미야니야토쿠가 다시 말하기를 "네 아내를 나에게 양보하면 네 목숨을 구해주겠다."라고 했다. 도사는 "지금 내가 죽을 지경인데 어쩔 도리가 없다. 그저 당신 말을 따를 수밖에."라고 승낙했다. 가미야니야토쿠는 굳게 약속하고서 목숨을 구해주었다.

이후에 도사는 가미야니야토쿠와 함께 집으로 돌아왔다. 도사는 곧바로 그 아내에게 자초지종을 이야기했다. 아내가 한

101) 역주 93)을 참조.

102) 역주 94)를 참조.

103) 인명. 니야(仁屋)란 신분을 나타내는 칭호이다.

번 웃고서 말하기를 "목숨을 구해 받은 은혜가 매우 큰데 어찌 약속을 어기겠습니까? 그렇지만 혼인이란 간단한 것이 아니니 반드시 길일을 택해서 혼례를 올리고자 합니다."라고 하였다. 가미야니야토쿠도 그 말이 타당하다고 여겼다. 몇 달이 지나갔다.

하루는 아내가 신주(神酒)와 음식을 장만하고서 가미야니야토쿠를 집으로 초대하여 말하기를 "다른 사람의 아내를 취하는 것은 좋은 일이 아닙니다. 그저 일시적인 쾌락일 뿐이지요. 약속을 어기는 것도 또한 좋은 일은 아닙니다. 그러므로 단지 부부가 되기로 언약하고 부부가 되었다는 노래를 지어 멀리 사방으로 들려준다면 약속을 어긴 것이 아닐 것이오. 그러면 우리 부부도 변함없이 해로하고 천수를 다할 때까지 부부가 이별하지 않을 것입니다."라고 하였다. 가미야니야토쿠는 그 말에 따라서 노래를 지어 불러 멀리 사방에 퍼지게 하였다. 부부도 또한 해로하여 모두가 만족할 수 있었다.

往古之時宮古山伊良部西村有登佐者娶得一妻容姿美麗巧謀甚妙一日登佐漁出海濱尋到礁穴插手其中搜取蛸魚而其手不能抽去焉須臾之間海潮漸漲及將湮死時幸有神谷仁屋德還來此濱偶然見之曰汝將湮沒若許予之願志可以救汝身命登佐曰汝得救予命不論事之大小與難易准依汝志以報萬涓神谷德曰汝妻讓授於予予以救命登佐曰今將湮死無力可施只命惟從神谷德深蒙許約以爲撈救由此登佐與德一齊歸家直向其妻細告救命授妻之事妻一笑曰救活身命慈恩甚隆

豈敢違約乎然而婚姻非輕必擇吉辰以完婚禮乎德然其言延至數月一日妻備神酒竝餠等招德于家日娶人之妻非爲善行惟此一時之樂耳今違約信亦非爲善行也惟作契爲夫婦之歌遠聞四鄰則不違約信之言矣而予等夫婦仍舊偕老以終天年則不妨夫婦之別矣德服其言即唱其歌遠傳四境夫婦亦偕老以得兼全之美也

39. 시오카와 읍(塩川邑)의 호국비민(護國庇民) 신의 유래

옛날에 미야코야마(宮古山)[104]의 시오카와 읍(塩川邑)에 사는 하리마 다마차라(張間玉茶良)가 하루는 가미나마(神名真)에 가서 논밭을 갈고 있을 때에, 그의 땅으로 갑자기 큰 바위 두 개가 날아오는 것이 보였다. 다마차라는 이를 매우 기이하게 여겨서, 마을 사람들과 상의하여 바위 주변에 사방으로 대나무를 심고 사람들이 이를 함부로 범하지 못하도록 하였다. 후에 영신(靈神)이 바위 위에 출현하여 호국비민(護國庇民)의 신이 되었다. 이로 인해 후에 마을 사람들이 반드시 해마다 첫 수확한 오곡을 바치고 제사를 지냈다.

往古之世宮古山塩川邑之民張間玉茶良一日往神名眞地耕耘田野之時忽看二塊大石飛來張間之地玉茶良深奇異之遂與邑人相共商議四圍栽植竹木不使人漫涜之也後有靈神出現于此石上以爲護國庇民之神自此之後邑中之人每年必薦五穀之初以行拜禮焉

104) 역주 93)을 참조.

40. 다라마지마(多良間島)의 신무(神舞)

옛날에 다라마지마(多良間島)[105]가 아직 미야코(宮古)[106]의 관할 지역이 아니었을 때에 미네마(嶺間)라는 아지(按司)[107]가 살았다. 미야코야마(宮古山)의 도유미야(豊見親)[108] 휘하에 속해 있어 때때로 예물을 갖추고 미야코야마를 방문하였다.

자년(子年) 10월에 이르러 미야코야마에서 고향으로 돌아가던 도중에 갑자기 역풍을 만났다. 배가 풍랑에 떠밀려서 어느 한 곳에 도착하여 갯벌에 박혔다. 그런데 그 지역 이름을 알 수 없었다. 갑자기 남녀가 몰려들어서 해안에 천막을 치고 사흘 밤낮으로 춤추고 노는 것을 보았다. 모두들 사람 모습이 아니라 신선 모습을 하고 있었다. 배에 있던 모든 사람들이 해안을 향해서 절을 하고 복을 빌며 말하기를 "배가 걱정 없이 본국으로 돌아간다면 신들이 뛰노는 것을 본받아 해마다 제사를 올리겠습니다."라고 하였다. 말이 끝나자 신의 비호를 받아서 갑자기 순풍이 불어 닥치고 조수가 밀려와서 배가 저절로 떠올랐다. 즉시 배를 출발시켜 사흘이 지나자 바로 다라마(多良間)에 도착하였다. 사람들이 크게 기뻐하고 신의 은혜에 감사

---

105) 지명. 오키나와의 미야코지마(宮古島)와 이시가키지마(石垣島)의 중간에 위치해 있다.

106) 역주 93)을 참조.

107) 역주 48)을 참조.

108) 도유미야(トゥユミヤ)란 고대 미야코지마(宮古島)에서 부르던 수장(首長)의 존칭이다. 지배자 중에서도 명성이 높은 인물을 부르는 호칭이다.

했다. 이 일이 있은 후에 신무(神舞)를 추어 신에게 봉납하고자 하였으나 유감스럽게도 신무를 출 도구(道具)가 없었다. 아지가 사람들을 이끌고 해변으로 나와서 다시 소원을 빌었다. 며칠이 지나지 않아 독수리의 꼬리털, 오색구슬, 반짝이는 빗, 화고(花鼓) 등이 가미다나사키(神棚崎)로 떠내려 왔다. 이 물건들을 거두어들여 신무를 추며 놀았다.

이후에 자(子)·축(丑)·인(寅)해가 될 때마다 반드시 10월 중에 길일을 택하여 13일 밤낮으로 정성껏 제물을 마련하고 춤을 추며 놀았다. 남자 20 명은 파초로 짠 실(芭蕉糸)로 백발 및 수염을 만들고 백의를 걸쳤으며, 허리에는 띠를 묶고 남은 부분은 앞으로 늘어뜨렸는데, 그 길이가 수 척(尺)이나 되었으며 신의 모습으로 가장(假粧)하였다. 그리고 탁자를 정중앙에 놓고 쓰카사(神司)[109]가 그 탁자 위에 올라서서 북쪽에 앉아 남쪽을 향해 신가(神歌)[110]를 불렀다. 나머지 사람들은 쓰카사를 둘러서서 빠짐없이 박자를 맞추고 신가에 화답하였다. 여자 열 명은 모두 흰옷을 걸치고 머리를 묶고 남은 머리는 뒤로 길게 늘어뜨렸다. 쓰카사가 정중앙에 서서 머리에 오색 빗을 꽂고 목에는 오색구슬 장식을 걸고 오른손에 독수리 날개털을 들고 왼손에는 지팡이를 들었다. 이와 같이 13일 밤낮으로 남녀가 각각 그 자리를 바꾸어가며 서로 신가를 주고받으며 제사를 지냈다.

---

109) 역주 86)을 참조.

110) 오키나와어로 아야구(アヤグ)라 부른다. 미야코(宮古) 지역의 방언으로는 아구(アーグ)라고 한다. 미야코 제도에 전해지는 가요의 일종이다. 역주 11)을 함께 참조.

往古之時多良間島未爲宮古轄地之時有嶺間按司者歸服宮古山豐見親時到宮古山以爲聘問當子年十月之間自宮古山歸回故鄉行至半途陡遭逆風任風隨浪漂到一處船衝沙泥而不知其國名忽見岸上張蓋布屋男女聚會三晝夜之間以爲躍遊皆非人姿似乎仙神即船上之人皆向岸上拜禮祈福曰船隻無恙歸至本國即倣神躍舞每年必爲祭禮拜禮言畢恭蒙神庇順風忽起潮水滿漲船隻自浮即刻開船歷閱三日早到多良間衆人大欣深謝神恩且要以似神舞惜乎無神舞之具按司率衆人出至海濱亦爲許願未經數日有鷲鳥尾羽五色珠玉及彩櫛竝花鼓等漂來神棚崎即獲此物件以爲神舞之遊自此之後每當子丑寅年必也十月之間遴擇吉辰十三晝夜恭備祭品男人二十名將芭蕉絲作白髮竝鬚穿白衣結大帶其結帶之餘前垂數尺假粧神貌而放在棹几於座之正中神司竪其棹上坐北向南高唱神歌其餘之人圍竪神司悉皆打節以和神歌女人十名皆穿白衣髮根結束頭頂而其餘垂後又帶白巾於頭上而長垂後神司亦竪其正中而髮着五色櫛頸帶五色珠右手持鷲羽而左手帶一杖藜既而十三晝夜男女各別其座相與唱和神歌以爲祭祀焉

41. 운구스쿠(運城)와 도마루(泊)의 우타키(御嶽) 유래

옛날에 미야코야마(宮古山)[111] 나카스지 촌(仲筋村)의 촌장으로 히야니시(平屋西)라는 사람이 살았다. 아들을 한 명 두었는데 이름을 오소로(折曾盧)라 불렀다. 그 아들은 선천적으로 성품이 정직하고 성실하였다. 어릴 때부터 하늘을 받들고 해를 향해서 조석(朝夕)으로 배례(拜禮)하였다. 성장함에 따라 제신(諸神)을 숭신하기를 조금도 게을리 하지 않고 향을 피워 배례하였다. 마침내 운구스쿠(運城)[112] 및 도마루(泊)[113]에 대나무를 심고 우타키(御嶽)[114]를 조성하였다. 그리고 21일 동안 두 곳의 우타키에 가서 목욕재계하고서, 아침부터 밤까지 공손하게 제물을 차려놓고, 향을 피워 배례하며 천신이 나타나서 영험함을 보여줄 것을 간청하였다. 그러자 지극한 정성이 하늘을 감동시켜 곧바로 영험함이 있어서 호국비민(護國庇民)의 신이 운구스쿠에 출현하였다.

또한 바다를 지키고 배를 수호하는 신이 도마루에 출현하였다. 이 일이 있은 후에 마을 사람들이 모두 신을 받들어 매년 첫 수확한 오곡을 신에게 바치고 제사지냈다.

---

111) 역주 93)을 참조.

112) 지명.

113) 지명.

114) 역주 42)를 참조.

往古之世宮古山仲筋村主有平屋西者生得一男名曰折曾盧其爲人也生質正直心操誠實自幼稚時仰天向日朝夕拜禮已及成長愈以尊信諸神焚香拜禮不稍閒斷遂運城及泊地栽植竹樹以爲神嶽而三七日搬在彼二嶽沐浴齊戒自朝至晩恭供祭品焚香拜禮請招天神出現以示靈效即誠心感天靈驗最速有護國庇民之神出現于運城嶽亦管海守船之神出現于泊嶽自此之後邑中之人皆以尊信每年薦祭五穀之初焉

42. 요쿠쓰나 오야코(善縄大屋子)가 살던 집에 우타키(御嶽)를 세우다.

옛날에 하에바루(南風原)115) 마기리(間切)116) 미야히라 촌(宮平村)117)에 요쿠쓰나 오야코(善縄大屋子)118)라는 사람이 살았다. 사는 곳을 마을 밖으로 옮기고 큰 집을 짓고 살았다. 평소에 고기 잡는 일을 생업으로 삼았다.

하루는 니시하라 군(西原郡) 가자(我謝) 해변으로 가서 대나무를 엮은 목책(木柵)을 세워 물살을 막고 고기를 잡았다. 그 때 갑자기 커다란 거북이 한 마리가 바다 속에서 뛰쳐나오는 모습이 보였다. 또한 한 여자가 같이 나타났다. 그 여자가 오야코를 향해 "내가 이 거북이를 당신에게 줄테니 빨리 짊어지고 집으로 돌아가시오."라고 말하였다. 오야코는 크게 기뻐하며 거북이를 등에 짊어지고 집으로 돌아갔다. 도중에 거북이가 오야코의 목을 물어뜯어, 결국 거북이에게 물어뜯긴 상처 때문에 혼절하여 죽고 말았다. 사람들이 불쌍케 여겨 매장해 주었다.

사흘 후에 집안사람들이 풍속에 따라 무덤에 가서 보았더니,

---

115) 지명. 현재 오키나와 현 시마지리 군(島尻郡)에 속해 있다.

116) '구획을 나눈다'라는 뜻으로 오키나와의 옛 행정구획을 나타내는 말이다. 몇 개의 촌(村)으로 이루어지며 이른바 류큐처분(琉球処分, 1879년) 이후에도 행정구획을 나타내는 말로 존속하다가 1907년에 정식으로 폐지되었다.

117) 지명. 하에바루(南風原)에 속해 있다.

118) 오야코(大屋子)에 관해서는 역주 12)를 참조.

관속에 시체가 없고 그저 빈 관만이 놓여 있었다. 사람들이 이를 보고 놀라는 사이에 공중에서 "오야코는 죽어서 사라진 것이 아니라 기라이카나이(儀来河内)[119]에 머물고 있다."라는 목소리가 들렸다. 사람들이 크게 놀라는 모습이 마치 꿈에서 깨어난 듯했으며 취기가 깨어난 듯했다. 이 때 갑자기 스스키(薄茅)[120]・마니(真根)[121]・구바(胡葉)[122]가 오야코가 살던 옛집에 돋아났다. 이를 보고 사람들이 그 곳에 우타키(御嶽)를 세우고 숭신하였다.[신명은 가미쓰카사가미후치이베(嘉美司嘉美淵威部)이다]

昔南風原間切宮平村有善縄大屋子者卜地于邑外大闕家宅而栖居焉常以漁爲業一日往西原郡我謝海濱編竹爲柵絕流捕魚時忽見一大龜從海中躍出頃間有一女亦出來乃向大屋子曰我賜汝此大龜也早負而回家大屋子大喜悅之即把龜負

119) 여기서 말하는 기라이카나이(儀来河内)란 니라이카나이(ニライカナイ)를 가리킨다. 니라이카나이란 바다 건너편 혹은 바다 밑에 존재한다는 인간세계와는 다른 별세계로 오키나와의 민속문화에서 매우 중층적인 의미를 지니고 있다. 즉 사람이 죽어서 건너가는 유토피아적 사후세계이기도 하고, 인간세계에 내왕하는 신들이 거처하는 신들의 세계이기도 하다. 이 니라이카나이 관념은 오키나와의 민속종교 및 민간설화 속에서 중심적인 위치를 차지하며 오키나와인들의 삶 속에 깊숙이 뿌리내리고 있다.

120) 식물이름이다.

121) 식물이름이다.

122) 식물이름이다. 비로(ビロウ)라 부르기도 한다. 야자과에 속하는 키가 큰 상록수이다. 이 구바의 잎으로 엮어 만든 구바가사(クバガサ)라는 삿갓이 유명하다.

背而去行至半途大龜咬傷其首遂爲龜所害氣絕而死焉村人哀之已致埋葬後三日家人皆循俗習往墓視之棺中已無屍骸唯餘空棺耳家人驚疑之間只聞空中有一聲曰他大屋子非死而去也往遊儀來河内也家人大怪如夢初覺似醉方醒忽有薄茅眞根胡葉盡生于其舊宅由是後人尊信爲嶽(神名嘉美司喜美淵威部)

43. 굶어죽은 부부의 무덤

옛날에 한 부부가 살았다. 살림이 빈궁하여 하루 하루를 보내기가 힘들었다. 그 해에는 흉년을 만나 먹고살기가 힘들었다. 부부가 함께 오쿠무라(奥村)로 가서 구걸을 하며 연명코자 하였다. 오쿠무라로 가는 도중에 남편이 너무 허기진 나머지 갑자기 정신을 잃고 쓰러졌다. 아내가 크게 놀라서 오쿠무라로 달려가, 서둘러 죽을 얻어와 남편에게 먹이고자 하였다. 그런데 아내도 기력이 쇠진하여 남편이 있는 곳까지 이르지 못한 채 도중에 산길에서 아사(餓死)하고 말았다. 남편도 또한 아사하였다.[부부가 죽은 두 곳 사이의 거리는 300여 보(步) 정도이다]이를 보고서 지나가던 사람들이 모두 불쌍케 여겨 나뭇가지를 꺾어 그 시체들을 덮어주었다. 이런 연유로 지금도 사람들이 이 길을 지나갈 때에는 반드시 나뭇가지를 꺾어 그 무덤 위에 꽂아둔다.

往昔之世有一夫婦家道貧窘難以日度年遭凶荒飲食最絕夫婦共赴奥村要以討飯活命行到途中夫既餓極倏然跌倒失氣婦女大驚跑到奥村急討粥湯要進其夫而帶來婦女氣衰力疲而未能到夫所在之處餓死於山路中夫亦致餓死(夫婦隔死之地三百餘步)由是行路之人皆以憐憫之即折樹枝以覆其死骸焉而今之人往還此路必取樹枝以插其塚之上

44. 요나구니지마(与那國島) 미네사키(三根崎)의 신암(神岩)

요나구니지마(与那國島)[123]의 미네사키(三根崎) 밖에 높은 바위가 하나 있었다. 바위 이름을 돈암(頓岩)이라 불렀다. 바닷새가 늘 이곳에 와서 머물렀다.

옛날에 이 지역사람 두 명이 그 바위 위로 올라가서 새알을 훔치고자 하였다. 그런데 우뚝 솟은 높은 바위가 사면으로 절벽을 이루고 있어 내려오기가 힘들었다. 두 사람이 마주 앉아서 백방으로 내려갈 방도를 찾았으나 어찌할 수가 없었다. 한 사람이 힘을 내서 무리하게 내려가다가 밑으로 떨어져 죽었다. 나머지 한 사람이 이를 보고 더욱 놀라고 두려운 마음이 들어 손발이 떨렸다. 그리하여 하늘을 향해 통곡하고 땅을 향해 엎드려 간청하였다. 시간이 지나자 배가 고프고 기운이 다하여 잠깐 잠이 들었다. 꿈속에 보니 어느 사이에 자신의 몸뚱이가 미네사키에 와 있었다. 꿈에서 깨어나 보니 조금도 염려할 일이 없었다.

이 일이 있은 후에 사람들이 모두 그 바위를 숭신하여 신암(神岩)으로 삼았다. 오늘날에도 그 바위 앞을 지날 때면 반드시 건립(巾笠)을 벗고 지나간다.

---

123) 지명. 오키나와 현 야에야마 제도(八重山諸島)의 서부에 위치한 섬이다. 일본에서 가장 서쪽에 있는 섬으로 동경122도에 위치한다. 면적은 약 30 평방킬로미터이다.

與那國島三根崎之外有一高岩名呼頓岩常有海鳥投宿於此昔有土人二名攀登此岩收取卵蛋挺挺高巖四面絶峭難以下來二人對坐千慮百思無謀可施一人奮力發氣勉強下來時落地下而死焉一人見之愈驚愈懼手足陡戰即仰天泣哭俯地許願至于良久肚裏已餓氣亦疲悴暫時睡眠不覺夢中移身在三根崎至于醒來無有少恙人深拜謝之而回家焉從此之後人皆尊信之以爲神岩至于今世過頓石前必脱巾笠而往來焉

45. 오이시지마(大石嶼)와 히가시미사키(東美崎)에 날아온 바닷새

야에(八重)[야마(山)인가]시마(島)[124] 이시가키(石垣)[125] 히라구보자키(平久保崎)의 오이시지마(大石嶼) 및 요나구니(与那國)[126]의 히가시미사키(東美崎)에 해마다 가을이 되면 큰 바닷새가 이곳으로 날아와 알을 까고 새끼를 길렀다. 그 새는 생긴 것이 거위와 비슷하고 날개 길이가 9척(尺) 정도 되었다. 사람들이 아직까지 그 이름을 모른다. 그저 히라쿠보(平久保)의 큰새(大鳥)라고만 불렀다. 봄이 끝나갈 무렵에 새끼를 데리고 사라졌다. 이 새들이 산야를 날아다니다가 때때로 한 곳에 모여들어 둥근 원을 이루고 날았다. 그리고 그 원 가운데에 한 마리가 들어가고 나머지 새들이 일제히 날개짓을 하며 춤을 추었다.

八重島石垣平久保崎大石嶼及與那國東美崎每年節屆秋令有大海鳥飛來此兩處下卵養雛兒似乎鵞翼長九尺許人未知其名只呼平久保大鳥已至暮春皆帶小雛以便回去此鳥時時翔至山野聚集一處周圍如環其中站立一隻一齊打翼以致躍舞矣

---

124) 지명. 야에야마 제도(八重山諸島)를 가리킨다. 오키나와 현 남서부에 위치한 제도로 이시가키지마(石垣島), 이리오모테지마(西表島), 요나구니지마(与那国島) 등으로 이루어져 있다. 사탕수수와 파인애플이 생산된다.

125) 지명. 이시가키지마(石垣島)를 가리킨다. 앞의 역주 124)를 함께 참조.

126) 지명. 역주 123)을 참조.

46. 우자바루(宇座原)에 있는 별이 떨어진 구덩이(落星窊)

구니가미 군(國頭郡)[127]의 헤도 읍(辺戸邑) 북쪽에 우자바루(宇座原)라고 하는 곳이 있었다. 태고(太古)시대 어느날 밤에 별이 이곳으로 떨어져 구덩이가 움푹 파였다. 구덩이는 장원형(長圓形)으로 깊이가 7척(尺), 길이가 10 간(間), 그리고 넓이가 5 간(間)이었다. 오늘날 사람들이 이를 가리켜 별이 떨어진 구덩이(落星窊)라 부른다.

國頭郡邊戸邑之北名日宇座原地太古之世一夜星落于此以爲窊坎坎形長圓而深七尺長十間廣五間今世之人呼日落星窊

127) 지명. 역주 60)을 참조.

47. 이시키나와 아지(伊敷索按司)가 죽자 우타키(御嶽)를 세우다.

옛날에 이시키나와 아지(伊敷索按司)[128]가 살았다. 어느 집안의 후손인지는 모른다. 일찍이 구메지마(久米島)[129]의 우두머리였다. 네 아들을 낳아 길렀다. 장남은 이름을 가네구스쿠 오야코(兼城大屋子)[130]라 하고 일찍이 가네구스쿠 촌(兼城村)으로 옮겨 터를 잡고 살았다. 즉 지금의 구메지마 구라모토(蔵元)[131]가 위치한 곳이다. 차남은 이름을 나카구스쿠 아지(仲城按司)라 하고 일찍이 나카자토 구스쿠(仲里城)를 축성하여 살았다. 삼남은 이름을 구시카와 아지(具志川按司)라 하고 일찍이 구시카와 구스쿠(具志川城)의 성주가 되었다. 사남은 이름을 가사스와카차라(笠末若茶良)라 하고 일찍이 돈나하(登武那覇)에 살았다.

이들의 아버지인 이시키나와 아지는 주잔(中山)[132]에서 구메지마를 정벌할 때에 관군(官軍)들에게 죽임을 당했다. 그리하

---

128) 아지(按司)에 관해서는 역주 48)을 참조.

129) 오키나와 제도(沖縄諸島)의 서쪽에 위치한 화산도(火山島)이다. 옛날에는 구미(球美, くみ)라고 부르기도 했으며, 중국과의 교역에서 중심적인 위치에 있었다.

130) 오야코(大屋子)에 관해서는 역주 12)를 참조.

131) 구라모토(蔵元)란 근세에 미야코(宮古), 야에야마(八重山), 구메지마(久米島)에 설치되었던 관아(官衙)를 말한다. 한자로는 蔵許라 표기하기도 한다. 지방을 지배하는데 있어서 중요한 역할을 담당하였다.

132) 오키나와 본도의 중부지역을 가리키는 말로 주잔 왕(中山王)이 지배하던 지역이다. 여기서 산(山)은 섬(島)이란 의미이다. 역주 40)을 함께 참조.

여 이시키나와산(伊敷索山)에 장사지냈다. 후에 사람들이 이곳에 우타키(御嶽)[133]를 조성했다.

우타키에는 세 신을 모셨는데 한 신은 구메노 요노누시이베(久米之世主伊部)[134]라 하고 다른 한 신은 아후라이사스카사이베(阿武來指笠伊部)[135]라 했다. 그리고 나머지 한 신은 도요무스노키미이베(豊添之君伊部)[136]라 했다.

往昔之世有伊敷索按司者不知何人後裔也嘗爲久米島長而生育四子長名曰兼城大屋子嘗卜地兼城村而栖居焉即今久米島御藏之地也次名曰仲城按司嘗築仲里城而住居焉三名曰具志川按司嘗爲具志川城主也四名曰笠未若茶良嘗住居于登武那覇地其父伊敷索按司者中山征伐久米島時竟爲官軍所滅而葬之于伊敷索山後人尊信之爲神嶽嶽有三神一曰久米之世主伊部一曰阿武來指笠伊部一曰豐添之君伊部

133) 역주 42)를 참조.

134) 신명(神名)이다. 여기 나오는 요노누시(世主)란 아지(按司)와 같은 의미이다. 아지(按司)에 관해서는 역주 48)을 참조.

135) 신명(神名)이다.

136) 신명(神名)이다.

48. 나카구스쿠 아지(仲城按司)의 패망과 도노히야(堂之比屋)의 죽음

옛날에 구메지마(久米島)[137]의 기미 읍(儀間邑)에 나카구스쿠 아지(仲城按司)[138]가 살았다. 이 사람은 이시키나와 아지(伊敷索按司)의 차남이었다.

아직 아지가 되기 전에 오구스크산(大城山)에 성을 쌓기 위해서 바위를 운반하고 담을 둘렀다. 그때 갑자기 우타키(御嶽)[139]안에서 한 여자[이름을 오토치고하라(音知小原)라 한다. 도노히야(堂之比屋)[140]의 여종이다. 도망쳐 나와 숨어살았다]가 나타나서 아지에게 고하기를 "소녀가 이곳을 잘 살펴보니 나카구스쿠산(仲城山)만 못합니다. 나카구스쿠산은 높게 우뚝 솟아 있어 사방이 험준하고 지세가 깊으며, 감미로운 샘물이 늘 솟아나며 경치가 더할 나위 없습니다. 엎드려 청컨대 아지께서는 그 산에다 바위를 운반하고 담을 두르고서 성을 쌓는 것이 좋지 않겠습니까?"라고 하였다. 아지가 크게 기뻐하며 병졸들을 이끌고 산에 올라가 사방을 살펴보았다. 즉 활을 손에 쥐고 사방으로 화살을 쏘아 그 땅이 좋은 곳인가를 시험해보았다. 그리고 그 산에 사는 산신을 다른 곳으로 옮겨 모시고 성을 쌓

137) 역주 129)를 참조.

138) 아지(按司)에 관해서는 역주 48)을 참조.

139) 역주 42)를 참조.

140) 전설상의 인물이다. 중국으로 유학하여 양잠(養蚕) 기술을 배워 귀국했다고 전해진다.

고자 하였다. 그 때 홀연히 신이 나타나 탁선하여 말하기를 "나는 본래 높은 산에 사는 것이 익숙해진지 오래되었다. 청컨대 높은 곳으로 이주하여 편하게 지내고자 한다. 낮은 곳으로 옮기는 것은 내 뜻을 거스르는 것이다."라고 하였다. 아지가 산신의 뜻에 따라서 가미야(神谷) 해변으로 나아가, 그 신을 불러서 작은 배에 태우고 게로우치노토마리(計呂宇地泊)에 이르러 히가(比嘉) 우타키에 봉안하였다. 그리고 무쿠치타루카네(武久知樽金)에게 명하여 성벽을 새로 쌓도록 하였다. 그 공사가 끝나자 아지가 길일을 택하여 성을 옮겼다. 그리고 혼자서 마음껏 권력을 휘두르고 백성들 위에 군림하며 스스로 아지(按司)라 칭하였다.

이 때 주잔(中山)[141]에서 대군을 이끌고 구메지마로 쳐들어와 나카구스쿠(仲城)를 공략하였다. 아지는 성곽이 견고함을 믿고서 전혀 투항하지 않았다. 관군 쪽에서도 그 성을 공략하기가 어렵다는 것을 깨닫고, 병사를 수습하여 구시카와 구스쿠(具志川城)를 공략하였다. 서로 교전을 시작한지 며칠 지나지 않아 관군이 승리를 거두었다.

나카구스쿠의 아지는 이 소문을 듣고 크게 놀라서 아이 한 명을 도노히야(堂之比屋)에게 맡기고서 기시라시(喜志良思) 우타키 안으로 도망쳐 들어갔는데 그 소재를 알 수 없었다. 결국 그 성은 무너지고 말았다. 도노히야는 그 아이를 거두어 자기 집에서 길러, 그 아이로 하여금 아버지의 뒤를 잇도록 하고자 했다.

---

141) 역주 132)를 참조.

그런데 후에 왕이 아지의 아이를 내세워 성주로 삼고자 하였다. 도노히야는 불현듯 다른 마음을 품게 되었다. 그 아이를 불러 상투를 트는 것처럼 하다가 칼을 뽑아들고 아이의 목을 베었다. 그리고 말하기를 "아이가 갑자기 병이 들어 죽었다."고 소문을 퍼뜨려 주군을 살해한 오명에서 벗어나고자 했다. 히야(比屋)는 주잔의 궁전으로 들어가 청을 올려 나카구스쿠의 성주가 되었다.

히야가 귀향할 무렵이 되자, 많은 사람들이 마쟈 진(眞謝津)으로 나와서 그를 영접하였다. 히야는 자신의 위세를 믿고서 답례를 소홀히 하였다. 히야가 말에게 채찍을 가하며 달리다가 막 성문으로 들어설 때의 일이다. 뜻밖에도 그 말의 발이 넘어져서 쓰러졌다. 히야는 몸을 뒹굴며 낙마하던 중에 그가 차고 있던 칼에 찔려죽었다. 후세 사람들이 아지의 영골(靈骨)을 신으로 모시고 숭신(崇神)하였다.

往昔之世久米島儀間邑有仲城按司者此乃伊敷索按司第二子也未爲按司時將建城于大城山運石築垣時忽有一婦女(名日音知小堂之比屋婢女走逃而隱栖焉)自嶽中出來乃告按司日小婢熱視此地不如仲城山也他山巍巍高聳四圍嶮嶇地勢厚深能湧甘泉而光景無窮伏乞按司運石築垣建城于他山不亦可乎按司大喜率帶士卒登視其山即把弓箭四射試之知其善地將其山神移安於他而築城于此忽有神託宣日素住高山相慣已久請移徙高處以致安穩若移于卑處不中吾意按司遂依其言前往神谷濱乃請其神已駕小舟至計呂宇地泊奉移于

比嘉獄既而令武久知樽金創建城垣至厥工告竣之時按司擇吉遷城獨擅威權大莅百姓自稱按司此時中山發大兵來到久米島即攻仲城按司恃城郭堅固不敢投誠官軍亦以其城難攻拾收其兵前攻具志川城相戰不數日大獲勝捷仲城按司聞之大驚即寄一幼兒於堂之比屋逃入喜志良思嶽中不知其所之而城竟亦滅矣堂之比屋遂擧其幼子養育之于家中亦將此子繼父業其後王要立按司之子爲城主堂之比屋忽萌異心乃召其幼子詐爲結誓之狀即乘其時拔刀斬首日忽然染病而卒以避殺主之名而比屋入覲于中山請爲久米城主已當乞暇歸鄉時衆人皆出于眞謝津而迎接比屋焉比屋自恃威勢答禮甚疎即加鞭馳馬將入城門不想其所騎之馬脚跌撲地而倒比屋便翻身落馬遂爲其所帶之刀被刺而卒焉後世之人仍以按司靈骨爲神而崇信焉

49. 가사스와카차라(笠末若茶良)의 죽음과 우타키(御嶽)의 유래

옛날에 구메지마(久米島)[142]의 돈나하(登武那覇)[143]에 가사스와카차라(笠末若茶良)라는 사람이 살았다. 이 사람은 바로 이시키나와 아지(伊敷索按司)[144]의 넷째 아들이다. 그 사람 됨됨이가 도량이 넓고 보통사람과 달랐다. 그 행동거지가 인의(仁義)를 따르고 결코 난행을 부리지 않았다.

그 때 기미마모노(君真物)[145] 신이 출현하여 그의 행실을 크게 칭찬하였다. 그 아버지가 이 모습을 보고서 아들을 질투하는 마음이 생겨, 몰래 간계를 꾸며 아들을 주살(誅殺)하고자 하였다. 그 아내가 이를 보고서 여러 번에 걸쳐 "우리 아이는 죄가 없습니다. 무슨 이유로 해치고자 합니까?"하고 간곡하게 말렸다. 이에 이시키나와(伊敷索)는 크게 화를 내며 그 아내를 아구니지마(粟國島)[146]로 추방하였다. 그리고 이시키나와가 직접

---

142) 역주 129)를 참조.

143) 지명. 오키나와 현 시마지리 군(島尻郡)에 속해 있다.

144) 아지(按司)에 관해서는 역주 48)을 참조.

145) 긴마몬(キンマモン)이라 부르기도 한다. 오키나와의 민속종교에서 섬기는 신이다. 이 신은 바다 건너편에서 일정한 시기에 왕림하여 오키나와에서 가장 지위가 높은 신녀(神女)인 기코에오기미(聞得大君)에게 빙의(憑依)하는 신이다. 이 때문에 류큐신도(琉球神道)에서 가장 신격이 높은 신으로 여긴다. 기미마모노에 관해서는 『류큐신도기(琉球神道記)』(1605), 『류큐국유래기(琉球国由来記)』(1713)에도 관련 기록이 있다. 제121화에도 등장한다.

146) 지명. 오키나와 현 시마지리 군(島尻郡)에 속하는 섬이다. 나하 시(那覇

군대를 이끌고 돈나하로 진격하여 가지야마몬(梶山門)으로 쳐들어갔다. 와카차라(若茶良)는 뜻밖의 사태를 맞이하여 도저히 피할 수 없음을 깨닫고 칼을 들고 대적하였다. 와카차라가 일진(一陣)을 쳐부수고 밖으로 나왔다. 그런데 아버지는 병사들이 크게 패하는 것을 보고 말을 타고 도주하였다. 이미 데바루(平良原)를 지나다 갑자기 다테마스(立増)에 있는 논 속으로 떨어져, 방패로 얼굴을 가리고 숨어있었다. 와카차라는 말에서 내려 급히 달려와 그 아버지의 손을 잡고 진흙구덩이 속에서 구해주었다. 그리고 물을 길어 와서 아버지를 목욕시켰다. 이어서 아버지에게 말하기를 “아버지는 아들을 죽이려고 하였으나 저는 본래 아버지를 해칠 생각이 없었습니다. 제가 아버지의 병사들을 살해한 이유는 단지 그들의 창끝을 피하기 위함이었습니다.”하고서 이시키나와를 돌려보냈다.

하루는 와카차라가 어머니가 계신 곳에 가서 문안을 드리고자 작은 배에 올라타 아와구니지마로 향하였다. 배가 바다 가운에 이르렀을 때, 갑자기 역풍이 불어 오가미사키(拝崎)에 닿자마자 부서졌다. 하는 수 없이 배가 닿은 곳에 내려 잠시 머물렀다. 미야히라 촌(宮平村) 사람이 이를 목격하고 죽을 보내주어 목숨을 구했다.

이 때 헤도노히야(平度比屋)라는 사람이 있었다. 이 사람은 천성이 간교하고 거리낌 없이 악행을 일삼았다. 와카차라가 암초를 만나 배가 전복되고 잠시 배가 닿은 곳에서 머물고 있다는 소식을 듣고서는 그 아버지에게 고하기를 “이제 와카차라

市)에서 북서쪽으로 57킬로미터 떨어진 곳에 위치하며 면적은 7.62 평방킬로미터이다.

가 죽을 때가 되었습니다. 어찌 이 기회에 그를 없애지 않습니까?"라고 하였다. 아버지는 크게 기뻐하며 서둘러 정병(精兵)을 보내어 아들을 사로잡고자 하였다. 와카차라는 다시 아버지의 병사들과 싸워서 이루 헤아릴 수 없을 만큼 살해하였다. 와카차라는 마침내 대승을 거두었지만 자기 몸에 작은 도상(刀傷)을 입은 것을 부끄럽게 여겼다. 그리하여 하늘을 우러러 탄식하며 말하기를 "내 목숨을 구해준 것은 미야히라 촌 사람이다. 나를 죽음으로 몰아넣은 것은 헤도노히야이다. 바라옵건대 천지신명께서 두 사람의 옳고 그름을 가려서 상벌을 내리신다면 이 몸이 구천(九泉)에 가서도 유한(遺恨)이 없겠습니다."라고 기원하였다. 말을 마치고서 스스로 칼로 목을 베고 죽었다.

후에 두 사람의 자손들은 와카차라가 기원한대로 되었다. 미야히라 촌 사람의 자손은 번창하였으며 헤도노히야의 자손은 모두 병에 걸리거나 독사에 물려서 죽었다. 이런 연유로 사람들이 와카차라의 영골(靈骨)을 돈나하에 장사지냈다. 후세에 이르기까지 자주 영험이 끊이질 않았다. 마침내 우타키(御嶽)[147]를 세우고 그를 숭신하였다.

昔久米島登武那覇地有笠末若茶良者此乃伊敷索按司第四子也其爲人也器量宏深居動異常而其所爲者皆循仁義不敢亂行也故君眞物神時有出現深嘉其行其父見之心懷嫌嫉暗謀奸計欲誅殺之其妻諫之曰兒子既無罪何欲害之耶屡次固諫伊敷索大怒即逐妻于粟國島而伊敷索親率衆軍前往登武

147) 역주 42)를 참조.

那覇攻入梶山門焉若茶良以其事出于意外誠難逃去提刀拒戰要以殺退一陣出外逃去其父見兵勢敗績撥馬跑走已過平良原忽陷于立增田中以楯覆顔而隱居焉若茶良下馬急來自把父手扶出泥中即擔水來沐浴其父乃向父曰雖父欲殺子子素無害父之意今所殺衆卒只爲防其鋒也而送至伊敷索一日若茶良欲問候母親起居已駕小舟赴粟國島往抵中洋陡遭逆風漂至拜崎擱破船隻即到降口地而暫栖焉宮平村民見之送粥救命當此之時又有平度比屋者此人賦性奸險爲惡無忌爰聞若茶良衝礁覆舟暫住降口地乃告其父曰今若茶良死期已至矣何不乘此時而殺之父按司大喜急發精兵欲擒擄之若茶良復與他相戰殺盡兵卒不知其數若茶良雖已獲捷勝身以小受刀傷深致愧慚乃仰天發歎曰救我性命者宮平村人也使我致死者平度比屋也愿皇天后土實鑑二人之心賜善惡之報吾身雖至于九泉之下無有遺恨矣遂自刎而亡後二人子孫果有明驗而宮平邑人子孫繁衍平度比屋一族或染痢症或遭毒蛇焉故村人以若茶良靈骨葬于登武那覇至于後世靈驗屢現遂爲神嶽人皆崇信焉

50. 시키나 읍(識名邑)의 마카도(真嘉戸)가 왕의 후궁이 되다.

옛날에 마와시 군(真和志郡)[148] 시키나 읍(識名邑)에 한 우물이 있었다. 그 우물은 밑 부분까지 청결하고 물맛이 아주 좋았다. 이 우물의 북쪽에 한 여자가 살았는데 이름을 마카도(真嘉戸)라 불렀다. 자질이 총명하고 용모가 가히 경국지색이었다.

하루는 이 여자가 우물에 와서 물을 긷고 있을 때에, 우연히 왕이 이곳을 지나다가 여자를 보고서 깊이 사모하는 마음이 들어 내궁으로 불러들여 후궁으로 삼았다. 그 여자는 후에 왕의 총애를 입어 마카도다루 아지(真嘉戸樽按司)[149]라는 호를 하사받았다. 이런 까닭에 그 우물을 가리켜 마카도 우물이라 불렀다. 근세에 이르러 마카와(真川)로 이름을 고쳤다.

往昔之世眞和志郡識名邑有一泉之井清潔徹底水味最甘矣此井之北有一婦女名曰眞嘉戸質資聰明姿色傾國一日此女往井汲水時王偶過此地倏然見之深以思慕召入内宮爲妾後蒙寵愛賜號曰眞嘉戸樽按司因名其井曰眞嘉戸井至于近世改名眞川

---

148) 지명. 오키나와 현 나하 시(那覇市)의 중앙부에 위치했던 지역으로 일찍이 마와시 시(真和志市)였으나 1957년에 나하 시와 합병되어 현재는 별로 사용되지 않는 지명이다.

149) 아지(按司)에 관해서는 역주 48)을 참조.

51. 수확한 벼를 지넨구스쿠우치노돈(知念城内殿)에게 바치다.

상고시대에 아마미쿠(阿摩美久)[150]가 처음으로 땅에 볍씨를 파종할 때, 그 논을 가리켜서 다우치가와(田内川)[지넨 읍(知念邑)[151]에 있다]라 불렀다. 근세에 이르러 네히토(根人)[152]의 이름을 가와치(川内)라 불렀다. 지금은 고치(幸地)라고 잘못 부르고 있다. 지금 도수제(稲穗祭)[153]를 지낼 때에 네히토가 논으로

150) 아마미쿠(阿摩美久)는 아마미키요(アマミキヨ)라는 이름으로 더욱 널리 알려져 있다. 아마미(奄美)·오키나와 지역의 신화에 등장하는 창세신이다. 『류큐신도기(琉球神道記)』(1605)에 따르면, 남신 시네리큐(シネリキュ)와 여신 아마미큐(アマミキュ)가 하늘에서 내려와 섬을 정하고 바람으로 인해 아마미큐가 회임을 하여 세 자식을 낳았다고 한다.

151) 지명. 오키나와 현 시마지리 군(島尻郡)에 속했던 옛 지명이다. 현재 난조 시(南城市)의 동부가 여기에 해당된다.

152) 마을을 처음 세운 집안을 가리켜 니야(根家) 또는 니두쿠루(根所, ニードゥクル)라 부르고, 그 니야의 가장을 가리켜 네히토(根人)라 부른다. 네히토(根人)는 오키나와어로 닌추(ニーンチュ) 또는 닛추(ニッチュ)라 부르기도 한다. 그리고 여자 형제를 가리켜 니간(根神, ニーガン)이라 부른다. 니간은 남자 형제들을 수호하는 역할을 한다.

153) 오키나와에서는 보리농사 및 벼농사와 관련이 있는 네 가지 농경의례를 우마치(ウマチー)라 부른다. 『류큐국유래기(琉球国由来記)』(1713)에 따르면, 음력 2월의 맥수제(麥穗祭), 3월의 맥대제(麥大祭), 5월의 도수제(稲穗祭), 6월의 도대제(稲大祭)가 이에 해당한다. 오늘날에는 보리농사의 쇠퇴로 인해 대부분의 농촌에서 맥수제(麥穗祭)와 맥대제(麥大祭)는 폐지되고, 도수제(稲穗祭)를 가리켜 5월 우마치, 도대제(稲大祭)를 가리켜 6월 우마치라 부르고 의례를 행하는 곳이 많다. 도수제(稲穗祭)는 벼이삭이 잘 여물기를 기원하는 농경의례이다. 그리고 도대제(稲大祭)는 벼이삭이 잘 여문 것에 대해 감사를 드리는 농경의례이다.

나가 벼이삭을 수확하여 공손하게 지넨구스쿠 우치노톤(知念城內殿)에게 바쳤다. 그리고 그 쌀을 정미하여 물에 불렸다가 절반은 네가미(根神)[154] 및 가족들에게 먹이고, 나머지 절반은 밥을 지어서 신께 바치고 제사를 지냈다.

上古之世阿摩美久始播稻種于地時名此田曰田內川(在知念邑)迄于近世根人之名叫曰川內今誤呼幸地也而今稻穗祭時根人往其田地以取稻穗恭供知念城內殿既而研究其米浸和于水其半吃于根神竝家內人一半煮飯以獻神前祈祷而祭焉

154) 오키나와어로는 니간(ニーガン)이라 부른다. 니야(根家)의 제사를 관장하는 사람을 말한다. 앞의 역주 152)를 함께 참조.

52. 다와다이(多和田井) 우물과 도대제(稻大祭)를 지내지 않게 된 유래

사시키 군(佐敷郡)[155] 쓰하코 읍(津波古邑)에 한 우물이 있었다. 맑은 물이 솟아나고 물맛이 아주 좋았다. 그 우물 이름을 다와다이(多和田井)라 불렀다. 옛날에 늙은 여자가 이 우물에 가서 물을 긷고 있을 때, 어떤 사람이 우물 왼쪽의 바위 위에 서서 물을 마시게 해달라고 청하였다. 그러자 늙은 여자는 물을 뜨는 그릇의 한 쪽을 깨뜨려서 물을 떠주었다. 그 사람이 묻기를 "당신은 무슨 이유로 그릇 한 쪽을 깨서 물을 떠주는가?"라고 하였다. 늙은 여자가 대답하기를 "일찍이 아이들이 이 그릇으로 물을 떠서 마셨으므로 더러울까 염려되었기 때문입니다. 그 때문에 그릇을 깨서 깨끗하게 한 것 입니다. 청컨대 이 깨진 쪽으로 물을 드시기 바랍니다."라고 하였다. 그 사람이 물을 받아서 마시고나서 "살기 힘든 일은 없는가?"하고 물었다. 늙은 여자가 말하기를 "우리 마을에 두 가지 어려운 점이 있습니다. 한 가지는 도제(稻祭)[156]를 일 년에 두 번 지내기 때문에 농사에 방해가 됩니다. 또 한 가지는 벼가 익어서 베어낸 후에, 이를 말리고자 하면 갑자기 소나기가 쏟아져 곤란을 겪는다는 점입니다."라고 하였다. 그 사람이 "앞으로 이

155) 지명. 오키나와 현 시마지리 군(島尻郡)에 속했던 옛 지명이다. 지금의 난조 시(南城市) 북부에 해당한다.

156) 여기서 말하는 도제(稻祭)란 도수제(稻穗祭)와 도대제(稻大祭)를 의미한다. 일 년 중에 도수제(稻穗祭)와 도대제(稻大祭)를 두 번 지내기 때문에 농사에 방해가 된다는 뜻이다. 역주 153)을 참조.

마을에는 5, 6월 사이에 소나기가 내리지 않을 것이다. 또한 4, 5월 사이에는 도대제(稻大祭)[157]를 지내지 않도록 하여라."라고 말하였다.

이런 연유로 쓰하코 촌에서는 지금에 이르도록 4, 5월 사이에 도대제를 행하지 않는다.

佐敷郡津波古邑有一井湧出清水味極甘美名曰多和田井昔日老女往此井汲水時有人站立井左之石求水請飮老女即捝缺碗口端汲水以進彼人曰汝何缺碗端以爲汲水乎老人答曰小童嘗用此碗飮水恐有污穢故此缺以使潔也請自缺處用水彼人受而飮水曰民有不便否老女曰此村有此二件妨害民業也而今有二次稻祭以妨農業者一不便也稻穀已熟莉得晒乾不時驟雨以妨晒乾者二不便也彼人曰自此之後此村之中五六月閒驟雨不降且四五月之閒稻大祭不可爲也由是津波古村至于今世不行稻大祭之禮也

157) 역주 153)을 참조.

53. 야시 읍(屋宜邑)에 사는 농민과 아사토 신사(安里神社)의 유래

옛날에 나카구스쿠 군(仲城郡)[158] 야시 읍(屋宜邑)에 한 농민이 살았다. 하루는 해변으로 고기잡이를 나갔다가 마침 아사토 항(安里港)[159]을 지나게 되었다. 뜻밖에 갑자기 동풍이 불어와서 파도가 높아져 배가 앞으로 나아갈 수가 없었다. 하는 수 없이 배를 아사토 항에 묶어두고 상륙하여 잠시 잠이 들었다. 그때 꿈을 꾸었는데 신령스런 바윗덩어리가 땅속에서 나타나서 "나는 권현(權現)이다. 네가 나를 땅속에서 꺼내어 신으로 모시기를 바란다. 그러하면 내가 반드시 너희 일가 모두의 병이 사라지고 만사가 잘 되도록 할 것이며, 소원을 빌면 모두 들어줄 것이다."라고 계시하였다. 그 농민이 꿈에서 깨어나 매우 기이하게 여기고 주변을 잘 둘러보았더니, 꿈속에서 본 것과 비슷한 바위가 땅속에 있었다. 돌아와서 점을 쳐보았더니, 권현이 나타나서 계시한 것이라는 점괘가 나왔다. 그곳으로 가서 바위를 캐보았더니 바위 세 개가 나왔다. 모두 생김새가 이상했다. 이 바위들을 신으로 받들어 모셨다.

후에 또 신령스런 바위 하나가 바다에서 떠밀려왔다. 사람

---

158) 지명. 역주 66)을 참조.

159) 아사토(安里)는 나카구스쿠(仲城)에 속한 지역 이름이다. 비주르(ビジュル)신앙으로 유명한 아사토 절(安里の寺)이 있다. 제53화에 기술된 아사토 신사(安里神社)가 바로 그 절이다. 비주르(ビジュル)란 오키나와에서 신앙하는 영석(靈石)의 일종으로 자연석으로 달마 모양을 한 바위가 많다. 제53화는 비주르에 관한 전승이다.

들이 이를 기이하게 여겨 같은 곳에 봉안하였다. 이를 계기로 마을 사람들이 작은 궁[이름을 아사토 신사(安里神社)[160]라 하고 속세에서는 절이라 불렀다]을 세우고, 그 바위를 봉안하여 복을 비는 곳으로 삼았다.

이후 그 농민 집안사람들은 모두 병에 걸리지 않고 집안이 부유해졌으며 자손이 번성하였다. 그 후 한 사내아이를 낳았는데 야기다마구스쿠(屋宜玉城)의 오야코(大屋子)[161]로 추대되었다. 지금에 이르기까지 마을 사람들이 그를 신으로 모시고 섬기며 항상 분향하고 치성을 드린다.[162]

往昔之日仲城郡屋宜邑有一百姓一日嘗出漁海濱路過安里港不料東風驟起江波洶洶舟不能行即繫舟于安里港上岸暫睡時忽有夢見一塊靈石出于土中曰我乃權現也汝須掘出我于土中以爲崇信我必使汝一家老幼男女百病已消萬事吉利而其所願者皆無不稱于心百姓大奇異之醒覺擧目徧視江邊恰如靈夢似乎地中有靈石即回占卦占卦曰亦權現之告語也即往其地掘出視之果有三塊之石皆以形貌異常尊信爲神後亦有一靈石浮海而來人亦奇異之安之于其地於是乎邑中人民創建小宮(名曰安里神社俗叫寺)奉之于其中爲祈福之處也自是他家之人百病不起家道殷富子孫蕃衍厥後有生一男孫擧爲屋宜玉城之大屋子至今之世村人亦尊信爲神常以焚香祈祷焉

160) 앞의 역주를 참조.

161) 역주 12)를 참조.

162) 제53화는 뒤에 나오는 제99화와 중복된다. 제99화를 함께 참조.

54. 우치마 오오야(内間大親)와 요리아게모리(寄明森)

옛날 우라소에 군(浦添郡)[163] 아쟈 읍(安謝邑)에 우치마 오오야(内間大親)[164]라는 사람이 살았다. 천성이 돈후(敦厚)하고 심성이 성실하여 항상 신을 섬기고 가호를 빌었다. 하루는 요리아게모리(寄明森)[165]에 가서 직접 작은 소나무 세 그루를 심고 경건하게 "저의 정성을 돌보셔서 소원을 들어주신다면 자자손손 영원토록 숭신하여 그 큰 은혜에 보답코자 합니다."라고 빌었다. 그 후 복성(福星)이 비추어 자손이 번성하고 소원을 빌면 이루어지지 않는 일이 없었다.

이런 연유로 들판을 지날 때마다 반드시 이곳에 와서 분향하고 절을 한 후에 밭을 갈았다. 이후부터 마을 사람들이 모두 그 소문을 듣고 더욱 숭신하게 되었다.

昔浦添郡安謝邑有内間大親者生質敦厚心志誠實常崇神靈祈求洪庇一日往寄明森手植小松三根虔誠告祷曰鑑此誠愨賜給情願則子子孫孫永爲崇信以答鴻恩祈畢厥後福星臨照子孫繁昌其所情願者無不稱心由是每往還田野必到于此而焚香拜祈以爲耕耘自茲之後村中之人僉聞其事愈加尊信焉

---

163) 지명. 역주 19)를 참조.

164) 오오야(大親)는 오키나와어로 '우후야(ウフヤ)'라고 하고 본가(本家)를 의미한다. 특히 분가(分家)에서 본가를 부를 때에 사용되는 경우가 많다.

165) 우타키(御嶽)의 이름이다. 우타키(御嶽)에 관해서는 역주 42)를 참조.

55. 아카노시(安嘉之子)의 저주

중고 시대에 우라소에 군(浦添郡)[166]의 나카마 읍(仲間邑) 사람이 삼가 길일을 택하여 볍씨를 파종하였다. 그때 아카노시(安嘉之子)라는 사람이 먼 곳에서 찾아왔다. 해는 서산으로 지고 하늘은 황혼으로 물들었다. 그 때문에 나카마 마을에 와서 집을 빌려 자고자 하였다. 집주인이 말하기를 "이 마을에서는 볍씨를 파종하는 날에는 함부로 다른 사람을 재우지 않습니다. 청컨대 다른 곳으로 가서 자기 바라오."라고 했다. 아카노시가 크게 화를 내며 "우라소에 군 일대에서 자(子)·축(丑)일에 볍씨를 파종하면 반드시 새들이 무리지어 와서 남김없이 먹어치울 것이다."라고 저주했다. 저주가 끝나자 그는 어딘가로 사라졌다.

이후부터 만약 자·축일에 벼를 파종하면 즉시 새가 무리지어 나타나 남김없이 먹어치웠다. 그 사람이 저주한대로 실현된 것이다. 이로 인하여 자·축일에는 감히 벼를 파종하지 않았다.

中古之世浦添郡仲間邑人謹擇吉日已播稻種時有安嘉之子者自遠路來日落西山天色已昏遂赴此村要借家投宿家主曰此村種稻之日不敢與人借宿乞往他家以爲投宿安嘉之子大怒曰浦添郡中子丑日播植稻種必令群鳥盡食之罵言已畢退走而去自此之後子丑日若播稻種則群鳥飛來聚會盡食果如其言屢有效驗焉由是子丑日不敢播稻種也

---

166) 지명. 역주 19)를 참조.

56. 무루치(無漏溪) 연못의 큰 뱀

자탄 군(北谷郡)[167] 야라 읍(屋良邑) 동쪽은 산림이 매우 울창하고 암석이 매우 험준하였다. 그런데 그 계곡에 연못이 하나 있었다. 바닥까지 물이 맑고 매우 깊었다. 연못의 이름은 무루치(無漏溪)[168][일명 보계(寶溪)라 부른다]라 불렀다.

옛날에 이 연못에 큰 뱀이 살았다. 때때로 파도를 일으켜 날뛰고 울려 퍼질 만큼 큰 소리를 내었다. 혹은 연못가로 올라와 소와 싸웠으며, 몸뚱이의 절반은 파도에 감추고 나머지 절반은 구름 속에 감추었다. 사람들이 그 뱀의 길이를 알지 못했다. 지금에 이르기까지 연못의 물결이 동해(東海)와 같이 파도치고 큰 소리가 울려 퍼지면, 반드시 며칠이 지나지 않아 풍우가 몰아친다고 전해진다.

北谷郡屋良邑之東山林尤深遠岩石甚巍峩内有一溪潭清澄徹底深淵萬仞名曰無漏溪(一名曰寶溪)昔有一大蛇時時翻波湧瀾放聲响喨或出來上岸與牛相鬪或半藏波裏半現雲間人不知其長也至于今世每値風雨將起時潭波湧出怒聲大起轉與東海共合响響必也不閲數日風雨忽起云爾

167) 지명. 오키나와 현 나카가미 군(中頭郡)에 속한 지역 이름이다. 오키나와 본도 중부의 서해안에 위치하며, 현재 지역의 절반 이상을 미군기지가 차지하고 있다.

168) 무루치(無漏溪)란 지역의 방언이다.

57. 보타락승(補陀落僧)과 요자 노로(与喜屋祝女)의 죽음

옛날에 나카구스쿠 군(仲城郡)[169] 쓰하 촌(津波村)에 한 승려가 살았다. 그 이름은 알 수 없었다. 그저 보타락승(補陀落僧)[170]이라 불렀다. 항상 요자 노로(与喜屋祝女)[171]와 친하게 지냈다.

하루는 보타락승이 우연히 노로(祝女)의 집을 찾아왔다. 노로는 다른 사람을 물리치고 그를 방으로 맞아들여 차를 대접했다. 그때 여덟 살 된 여자아이가 얇은 치마를 걸치고 몸을 드러내고서 자리에 나타나서 승려 앞에서 장난을 쳤다. 노로가 이를 보고 "너는 무엇 때문에 무례하게도 이 자리에 나와서 장난을 치느냐. 즉시 밖으로 나가 사라지거라."하고 야단을 쳤다. 여자아이는 원망하면서 밖으로 나가다 밖에서 돌아오는 아버지와 마주쳤다. 그 아버지에게 조금 전의 일을 고하였다. 아버지가 그 말을 듣고 심히 의심하는 마음이 들었다. 아내를 책망하여 묻기를 "너는 못된 중놈과 사통(私通)을 하였구나. 무슨 까닭으로 아이를 밖으로 내쫓았는가?"라고 하였다. 노로가 대답하기를 "저는 지금 노로가 되어 신을 모시는 몸입니다. 어찌

---

169) 지명. 역주 66)을 참조.

170) 보타락(補陀落)은 일본어로 '후다라쿠'로 읽는다. 범어 Potalaka의 음역이다. 뜻으로는 광명산(光明山), 해도산(海島山), 소화수산(小花樹山) 등으로 번역한다. 인도 남단의 해안에 있는 관음보살이 살고 있다는 팔각형으로 된 산이다. 일본에서도 관음보살과 인연이 있는 영지(霊地)에는 후다라쿠라는 이름이 붙여진 곳이 많다.

171) 노로(祝女)에 관해서는 역주 14)를 참조.

다른 사람과 사통을 할 리가 있겠습니까? 그저 어린 아이의 고자질을 믿고서 저를 욕되게 하고 능멸하십니까? 앞으로 무슨 면목으로 다른 사람들 앞에 나설 수 있겠습니까?"라고 끊임없이 저주하였다. 마침내 스스로 젖가슴을 물어뜯고 죽었다.

승려도 또한 오명을 뒤집어쓴 것을 부끄럽게 여겼다. 즉시 본사(本寺)로 돌아와서 황금을 남김없이 모아 쓰하(津灞)·이토카마(糸蒲)에 있는 우타키(御嶽)[172] 안에 매장하고 궤짝 속으로 뛰어 들어갔다. 그러자 시간이 얼마 지나지 않아 절에 불이 났다. 어린 중들이 이를 보고 서둘러 절 안으로 들어가 그 궤짝을 짊어지고 나왔다. 궤짝 뚜껑을 열어보았더니, 시체는 보이지 않고 그저 텅 비어 있을 뿐이었다.

昔日仲城郡津波村有一個知尚不和其名但叫補陀落僧也恆與與喜屋祝女嘗爲知友一日偶訪祝女家祝女延他入座奉茶時八歲女子有穿薄裙露出身體出於座中遊戲僧前祝女見之曰汝何以無禮出戲此座耶即驅出去外女子憤恨出去適値父自外回來遂將前事說知父親父親聞之心甚有疑深鞫之曰汝與惡僧私通耶何故小女逐出于外祝女答曰妾今爲祝女能司神祀安有與人私通之理但聽幼女之讒言辱罵賤妾更有何面目立於人世乎罵不絕口遂自囓乳而死焉他僧亦愧蒙汚穢之名即歸本寺盡發所有黃金埋藏于津灞糸蒲之嶽中躍入櫃中未移時刻寺中火起小僧等見之急進寺內擔其櫃出于外開蓋視之不見屍骨唯餘空櫃而已

172) 역주 42)를 참조.

58. 아이가 태어나면 이마에 냄비 그을음을 묻히게 된 유래

옛날에 미야코지마(宮古島)[173] 노자키 촌(野崎村)에 한 사냥꾼이 살았다. 늘 나카이(仲井) 지역에 살았다. 하루는 야산을 헤매며 사냥을 하다가 밤이 이슥하고 심신이 지쳐서 집에 돌아갈 수가 없었다. 그 때 마을 남쪽 앞에 있는 섬의 해변으로 큰 나무 하나가 파도에 떠밀려 왔다. 사냥꾼은 그 나무 옆으로 다가가 쉬다가 어느 틈에 잠이 들었다.

삼경(三更) 무렵에 갑자기 "후치(不知)"[174]하고 부르는 소리가 들리더니, 옆쪽에서 대답하는 소리가 들렸다. 사냥꾼은 크게 놀라 사방을 둘러보았으나 황량한 들판에는 사람 그림자도 보이지 않았다. 이어서 다시 "오늘밤에 노자키 나카이 마을에 사내아이와 여자아이가 태어날 것이네. 내가 자네하고 그 집에 가서 그 아이들의 운명을 정하고자 하네"하는 목소리가 들렸다. 그러자 옆쪽에서 대답하기를 "내가 자네를 따라 가고 싶은데 마침 손님이 와서 가기가 어렵겠네. 자네가 잘 다녀오게나." 라고 하였다. 그리고는 소리가 끊겼다.

잠시 후에 다시 소리가 들리기를 "내가 가서 두 아이의 운명을 정했다네. 여자아이는 이마에 냄비 그을음을 묻혀두었네. 따라서 하루에 양식이 일곱 되 생기는 운을 타고났지. 그런데

---

173) 지명. 역주 93)을 참조.

174) 후치(不知)는 노인의 존칭이다. 오키나와어로는 우후치(ウフチ)라고 발음한다.

남자아이는 음식을 구걸하며 살아가야 할 운이라네."라고 말하였다. 사냥꾼은 너무 의아해서 밤새도록 잠을 이룰 수가 없었다.

날이 밝자 집으로 돌아와서 확인했더니 사냥꾼의 아내는 남자아이를 낳고 이웃집 아내는 여자아이를 낳았다. 사냥꾼이 이웃집으로 가서 서로 출산을 축하하면서 여자아이의 이마를 쳐다보았더니 냄비 그을음이 보였다. 어젯밤 들은 말과 조금도 다르지 않았다. 사냥꾼은 이를 보고서 앞으로 여자아이에게 큰 행운이 따를 것으로 짐작하고 돌아왔다.

세월이 흘러 두 아이의 나이가 17, 8세가 되었다. 사냥꾼은 이웃집 사람과 의논하여 혼인을 맺기로 하고 두 아이를 부부로 만들었다. 두 집안의 부모들이 죽은 후에 가업이 나날이 번창하여 큰 부자가 되었다.

어느 날 첫 수확한 보리를 종조(宗祖)에게 올리는 제사 때가 되어 아내가 보릿가루를 종조에게 올린 후에 남편에게 차려주었다. 그러자 남편은 크게 화를 내며 "첫 수확한 보리를 올리는 제사는 일 년에 단 한 번뿐이오. 그런데 지금 신주(神酒)와 제물도 갖추지 않고서 그저 보릿가루만을 올리는 것은 조상을 모독하는 셈이지 않느냐."하면서 그 아내에게 욕을 퍼부으며 음식을 정원으로 내던졌다. 그 일로 인해 부부는 사이가 멀어지고 헤어지게 되었다. 아내는 그저 의지할 곳도 없이 집을 나와 창고에 들어가서 잠시 눈을 붙이다가 꿈을 꾸었다. 꿈에 고하기를 "너의 복신(福神)이 니시메 촌(西銘村) 가바니야(嘉波仁屋) 집으로 옮겨갔으니 그 집을 찾아가 잘 따르도록 하거라."

하고 여러 번 일러주었다. 아내가 꿈에서 일러준대로 니시메 촌에 가서 보았더니, 마을 밖의 황량한 곳에 초암(草庵)이 한 채 보였으며 그 지붕 위에 덩굴이 뻗어 있었다. 가바니야 집을 물어 찾아갔더니 한 노인네가 살고 있었다. 공손하게 신명(神命)을 받들어 혼인하고서 부부가 되었다.

이후에 아내는 다시 거부가 되었다. 그런데 전 남편은 갈수록 가산이 기울고 빈곤해졌다. 마침내 의지할 곳 없이 날마다 밖을 떠돌며, 남이 먹다 남은 음식을 구걸하며 연명하였다. 이로 인해서 지금 사람들이 아이가 처음 태어났을 때에, 그 아이의 이마에 냄비 그을음을 묻히기 시작했다고 한다.[175]

往古之世宮古島野崎村有一獵夫常住仲井地一日遍巡山野以爲田獵至夜已昏昧身倦氣疲不能回家時邑南前嶼之濱有隨波漂來一大木倚其木傍暫時歇息不覺睡去焉三更之時忽聞有呼不知之聲一傍有應答之聲獵夫大驚四顧荒野無有人影亦有一聲曰今夜野崎仲井里之人有産一男一女予與吾子往至他家定他二子之運一傍答曰予要隨汝而往偶有客訪來難以出行吾子宜以往去旣而無有聲音暫時之閒亦來告曰予往定二子之運而女兒額有點鍋炲故此定他運命日給七升之食男兒不然但定此運命爲討飯食之人獵夫大疑徹夜不眠已

175) 이 민속을 가리켜서 나베스미(鍋墨)라고 부른다. 출산 직후에 태어난 아이의 이마에 바르는 냄비 그을음 및 그 민속행사를 가리키는 말이다. 예를 들면 오키나와 야에야마(八重山)의 가와히라(川平)에서는 장수를 기원하는 의미에서 '퍄쿠(百歲)'라고 외치면서 이마에 두 번 냄비 그을음을 칠했다.

至曉天而回家見之獵夫之妻產生一男亦有鄰家養生一女獵夫即往鄰家以爲相賀時看女兒之額有一鍋炲與前夜之語果然而不稍異焉由是獵夫深知女兒之福運而回來荏苒之間二子之年當十七八歲獵夫與鄰家相議定親結爲夫婦二家父母已故之後家業日隆已致殷富他日當麥初穗祭之時妻一麥粉以薦祖宗後進其夫夫大怒日麥初穗祭者一年之一次也而今無備神酒竝餚等但備麥粉以致薦祭似乎漫浣先祖甚罵其妻擲饌於庭他夫婦相以怒恨遂致離別此時妻無所倚歸之處徒出居于藏中而暫睡之時忽有夢見告日汝福神移在西銘村嘉波仁屋之宅宜尋到他宅以爲跟隨再三明告即到西銘邑但看村外荒野之中有一茅菴蔓蘿于屋上行訪嘉波宅在一貧翁而住居焉恭遵神命結爲夫婦自此之後亦致巨富舊夫日衰遂爲貧困無所倚告日出于外討餕飯而吃之以過光陰由是今世之人始生子時即默鍋炲于其額自此而始也歟

59. 10월 길일에 천신(天神)이 시리마다케(尻間嶽)에 출현하다.

옛날에 미야코야마(宮古山)[176]에서는 10월 길일에 천신(天神)이 시리마다케(尻間嶽)[177][○읍 ○지 동쪽에 있다]에 출현하여 친족끼리 화목하지 않는 자를 꾸짖고 제사를 소홀히 하는 자에게는 반드시 신검(神劍)을 휘둘러 벌을 내렸다. 이로써 윤리를 돈독히 하고 본분을 다하는 도리를 가르쳤다.

이후 12년에 한 번씩 10월 길일을 택하여 17일 동안 두 명[네도코로(根所)[178]의 우두머리 한 명, 쓰카사(神司)[179] 한 명]이 흰옷을 걸치고 목욕재계한 후에 쓰카사의 자손 한 명과 네도코로의 자손 여섯 명을 이끌고서 신상(神像)과 비슷하게 분장하였다. 그리고 아침저녁으로 네도코로의 처마 밑에 늘어서서 목도(木刀)를 휘두르며 친족끼리 화목하게 지내는 법과 종조(宗祖)를 제사 지내는 법을 가르친 후에 제사를 지냈다. 그 나머지 사람들은 말석에 함께 앉아 배례(拜禮)하였다.

往昔之世宮古山十月之間吉旦良辰天神出現尻間嶽(在○邑

---

176) 지명. 역주 93)을 참조.

177) 여기서 다케(嶽)란 우타키(尻間御嶽)를 의미한다. 우타키에 관해서는 역주 42)를 참조.

178) 마을을 처음 세운 집안을 가리키는 말이다. 니야(根家) 또는 니두쿠루(根所, ニードゥクル)라 부르고, 그 니야의 가장을 가리켜 네히토(根人)라 부른다.

179) 역주 86)을 참조.

◯地東)深責親族不睦且怠慢祭祀者必揮神劒訓迪敦倫務本之道自此之後十二年一次十月之間必擇吉辰一七日間有男人二名(根所主一名神司一名)穿著白衣齊戒沐浴率領神司子孫一名及根所子孫六名裝似神像朝晩列立根所屋檐之下指揮木刀深敎親族和睦祭祀祖宗以致祭祀其餘人民亦列坐末席以致拜禮

60. 미야코야마(宮古山)의 네마이카리(禰間伊嘉利)와 고네리사이(鼓練祭)

옛날에 미야코야마(宮古山)[180]에 네마이카리(禰間伊嘉利)라는 사람이 살았다. 이 사람은 마쓰노요나하 도노(眞角與那盤殿)의 차남이었다. 그 사람 됨됨이 천성이 돈후(敦厚)하고 효심이 지극했다. 그 아버지가 병으로 죽자 아침저녁으로 아버지 묘를 찾아가 매우 슬프게 통곡하였다. 그 효심에 하늘이 감동하였다.

하루는 밤에 꿈을 꾸었더니 아버지가 아마가와사키(天川崎)[하리미즈(漲水)[181]에 있다]에 살아 있었다. 이카리가 의아하게 생각했으나 꿈이 너무도 선명하였다. 서둘러 그 곳으로 가보았으나 아버지의 모습은 보이지 않았다. 단지 머리채가 세 다발 물가에 놓여 있었다. 그 머리채는 길이가 칠팔 척(尺) 정도 되었다. 이카리가 매우 기이하게 여기고 그 머리채를 거두어 들이고 있는데, 한 미녀가 나타나 말을 걸었다. "내가 어젯밤에 이곳에서 놀다가 머리채(髢)를 잃어버렸습니다. 혹시 당신이 그것을 갖고 있다면 돌려주기를 청합니다. 그람 그 은혜에 보답하지요."라고 말하였다. 이카리는 이 말을 듣고 머리채를 돌려주었다. 미녀는 이를 받아들고 바다 속으로 들어갔다. 이카리는 크게 놀라 집으로 돌아왔다. 다음날 다시 아마가와사키를

180) 지명. 역주 93)을 참조.

181) 지명. 오키나와 현 미야코지마(宮古山)의 히라라(平良)에 있다. 하리미즈 우타키(漲水御嶽)가 유명하다.

지나는데 그 미녀가 다시 나타나서 "당신의 효심은 용궁까지 알려졌습니다. 용왕께서 당신의 소문을 듣고 상을 내리고자 특별히 소녀를 보냈습니다. 당신을 용궁으로 초대하여 효제(孝祭)[182]를 지내고자 합니다."라고 말하였다. 이카리는 절을 하며 감사드렸다. 바다 속으로 함께 들어가 일각(一刻)이 지나지 않아 어떤 곳에 도착하였다. 금은으로 치장한 궁전이 우뚝 솟아 있는 모습이 보는 이로 하여금 눈이 휘둥그레지게 하였다. 그 궁전 안으로 들어갔더니, 잔치를 베풀고 고네리사이(鼓練祭)[183]를 정성껏 지내주었다. 그리고 또 가르침을 주기를 "요즈음 보건대 풍속이 퇴폐하고 인심이 야박해져서 친족끼리 화목하지 않고 부형(父兄)들의 사이도 돈독하지 못하다. 그리고 종조(宗祖)의 제사를 소홀히 하는 자들이 너무 많다. 반드시 12년에 한 번씩 9월 사이에 길일을 택하여 고네리사이를 지내며 공손하게 종조의 제사를 모시고 효순(孝順)하는 도리를 받든다면, 천제께서 반드시 너의 효순함을 포상하고 보우(保佑)하셔서 자손이 번성하고 오곡이 풍년들 것이니라."라고 하였다. 이어서 "그렇게 하면 조상신들이 천상으로 올라가 영화를 누리지 않겠는가."라고 말하였다. 이카리는 그곳에서 사흘을 지낸 후에 절을 올리고 감사한 후 그 미녀와 함께 돌아왔다. 그랬더니 삼년이란 세월이 지났다. 마치 꿈에서 깨어난 듯 했다. 친척들이 이 소식을 듣고 몰려들어 축하하였다.

이후 12년에 한 번씩 9월 사이에 길일을 택하여 신인(神人)

---

182) 뒤에 나오는 고네리사이(鼓練祭)를 의미한다.

183) 고네리사이(鼓練祭)란 조상들에게 효성을 다하기 위해서 북(太鼓)을 치며 올리는 제사를 말한다.

5명이 네도코로(根所)[184]에 모이고, 이카리는 흰 독수리 털을 모아서 꼬챙이에 꿴 관(冠)을 만들어 쓰고 흰옷을 걸친 후에 한 가운데 자리에 앉아, 서쪽을 향해서 노래[속칭 나구라소시(名藏双紙)[185]라 부른다]를 불렀다. 나머지 24명은 닭털로 만든 관을 쓰고 사방에서 이카리를 둘러싸고 박자에 맞추어 북을 두드리며 노래에 화답하였다. 이로써 종조를 제사지내는 본보기로 삼아 부모에게 효순하는 도리를 가르쳤다. 제사는 13일 동안을 치른 후에 멈추었다. 부기 : 그 제사 기간이 다가올 때마다 반드시 흰 독수리의 꼬리털[길이 1척]이 파도에 실려 시라카와하마(白川浜)로 표류해 왔다고 한다.

往古之世宮古山有禰閒伊嘉利者乃眞角與那盤殿二男也其爲人也賦性敦厚善行孝養至父病卒朝夜居父之墓哭慟甚極其孝心感天一夜見夢父在天川崎(在漲水)伊嘉利大疑夢告分明早到彼地未曾父在但有頭髮三筋在于水涯其髮長七八尺許伊嘉利大奇異之而獲收之閒忽有一美女曰吾昨夕遨遊此地遺失一髢若有汝收獲之請乞垂恩還給伊嘉利送還之美女受之即入海中伊嘉利驚而歸去翌日再過天川崎亦有美女出現曰汝有孝心聞于龍宮界今龍王深褒奬之特遣妾催至龍宮要授孝祭伊嘉利深拜謝之伴入海中未一刻時到來一處有金銀宮殿巍峩燦瑯炫驚人目進入其内蒙賜盛宴悉授鼓練祭

184) 역주 178)을 참조.

185) 아야구(あやぐ)의 일종이다. 아야구란 오키나와 현 미야코 제도(宮古諸島)에 전해지는 가요 전체를 가리키는 말이다. 좁은 의미로는 민요를 의미한다. 역주 110)을 함께 참조.

既而又告敎曰近見風俗澆漓人心刻薄親族未曾和睦父兄未肯敦厚而怠慢祖宗祭祀者甚多十二年一次九月之間必擇吉辰將其鼓練恭祭祖宗以爲勸導孝順之道則天帝褒嘉汝孝順必以祐之子孫繁昌五穀豐饒況復祖宗靈神陟在上天終承榮華伊嘉利閱乎三日拜謝之與彼美女一同歸來果然經歷三年恰似夢中初醒親族聞之集聚來賀自此之後十二年一次九月之間必擇吉日神人五名聚會根所伊嘉利拾取白鷺尾串連爲冠穿白衣帶此冠坐正中棹上向西唱歌(俗曰名藏双紙)其餘二十四人着鶏尾冠四面圍繞伊嘉利每節打鼓而答受其曲詞以致祭祀祖宗之典而訓迪孝順父母之道已歷十三日而止焉

附記　每當其祭之期必有白鷺尾羽(長一尺)隨波漂來白川濱云爾

61. 마카나스(眞嘉那志)의 수태(受胎)와 우타키(御嶽)의 유래

옛날에 미야코야마(宮古山)[186] 가와미쓰 읍(川滿邑)에 천상의 신녀(神女)가 스미야모리(偶宮森)[마을 동쪽에 있다]에 나타났다. 신녀의 이름은 데니야 오쓰카사(天仁屋大司)[187]라고 했다. 메리마 아지(目利眞按司)[188]에게 시집가서 부부가 되었다. 1남 3녀[장녀는 마카모이(眞嘉美)라 하고 차녀는 마헤치(眞平知)라 하고 삼녀는 마카나스(眞嘉那志)라 한다. 그리고 남자아이는 마타네 와카아지(眞多根若按司)라고 한다]를 낳았다. 아버지인 오아지(大按司)는 일찍 세상을 뜨고 1남 3녀가 모두 어릴 적부터 어머니를 의지하며 외롭게 성장하였다.

그런데 삼녀인 마카나스가 13살 되던 해에 갑자기 임신을 하였다. 삼녀의 사람 됨됨이가 조용하고 정숙하였으며 더없이 효순(孝順)하여 잠시라도 어머니 곁을 떠나지 않았는데 어이없게도 수태(受胎)를 하였다. 집안사람들이 크게 놀라며 괴이하게 생각했다. 13개월이 지나자 사내아이를 한 명 낳았다. 머리에 뿔이 두 개 달렸으며 눈은 둥글고 손발은 기러기발을 닮아서, 그 못생긴 용모가 사람 모습이 아니었다. 이로 인해 그 이름을 메리마쓰노카와라(目利眞角嘉和良)라고 불렀다. 나이 14살이 되자 할머니 데니야와 어머니 마카나스를 따라서 함께 흰

---

186) 지명. 역주 93)을 참조.

187) 쓰카사(司)에 관해서는 역주 86)을 참조.

188) 아지(按司)에 관해서는 역주 48)을 참조.

구름을 타고 벽천(碧天)으로 올라갔다. 후에 이르러 여러 차례 메리마산(目利眞山)에 출현하여 영험함을 보여주었다. 마을사람들이 이를 숭신하여 우타키(御嶽)[189]를 세웠다.

往古之世宮古川滿邑有天神女現來偶宮森(在邑之東)神女名曰天仁屋大司遂嫁于目利眞按司以爲夫婦生得三女一男(一女曰眞嘉美二女曰眞平知三女曰眞嘉那志一男曰眞多根若按司)父大按司蚤已棄世他三女一男倶幼稚孤身惟依母而長育之惟三女眞嘉那志年十三歲忽倏懷胎而其爲人也幽閑貞淑善盡孝順頃刻之閒不離母之膝下却今受胎家人大驚且怪之歷閱十三月生下一男頭生雙角眼如懸環手足似鴈足容貌非人形故名之曰目利眞角嘉和良年十四歲之時相隨祖母天仁屋及母眞嘉那志倶乘白雲而升碧天至于後年屢次出現于目利眞山以示靈驗邑人尊信之以爲神嶽焉

---

189) 역주 42)를 참조.

62. 사네 오지(佐禰大翁)가 용궁 여자와 살게 되다.

태고(太古) 시대에 미야코야마(宮古山)[190]의 스나가와 읍(砂川邑)에 한 부부가 살았다. 항상 우에히야(上平屋) 지역에 거주했다. 그 남편 이름은 덴테쿠고(天文子)라 하고 아내 이름은 덴노부자라(天保那佐良)라 했다. 사내아이를 한 명 낳았는데 이름을 사네 오지(佐禰大翁)라 불렀다.

아이의 나이가 7세가 되자 특별히 아버지의 명을 받들어 바깥세상으로 나갔다. 이 때 바닷물이 범람하여 인가를 덮쳐 마을 모두가 황폐해지고 광야로 변하였다. 사네가 집으로 돌아와 보니 집은 이미 황폐해지고 부모의 모습이 보이지 않았다. 그리하여 어린 사네는 의지할 곳도 없이 주야로 통곡하며 마을을 배회하였다. 기사마 아지(喜佐真按司)[191]가 이 모습을 보고 매우 불쌍하게 여겨 거두어서 양육하였다.

사네의 나이 15세 때에 미나코자(美名草) 해변에 이르러 바다 경치를 즐기고 있었다. 그 때 한 신녀(神女)가 있었는데 용모가 미려하기를 구슬과 같고 꽃과 같았다. 그 신녀가 홀로 작은 배를 타고 이 해변으로 다가왔다. 사네를 향하여 말하기를 "소녀는 이름을 무마노 아지(武麻按司)라고 합니다. 마침 용궁에서 당신이 매우 성실하다는 소문을 듣고서 당신이 외톨이인

190) 지명. 역주 93)을 참조.

191) 아지(按司)에 관해서는 역주 48)을 참조.

것을 측은하게 여겨 일부러 소녀를 이곳으로 보내 당신의 아내가 되도록 하였습니다."라고 하였다. 사네는 크게 놀라며 "나는 가난하고 천한 신분으로 부모가 모두 돌아가신 외톨이입니다. 그대는 신녀인데 어찌 아내로 맞이하여 부부가 될 수 있겠습니까?"라고 사양하였다. 신녀가 다시 말하기를 "소녀는 명을 받고 왔습니다. 사양치 마시고 거두어주시기 바랍니다."라고 여러 번에 걸쳐 청을 하였다. 사네는 더 이상 사양키가 어려워 그저 명에 따라 깊이 감사드리고 부부의 인연을 맺었다. 그리고 옛집을 찾아가 돌아가신 부모님께 제사를 올렸다.

슬하에 7남 7녀를 두었다. 아이들이 모두 성장하기에 이르자 신녀가 말하기를 "소녀는 당신을 돕기 위해서 일부러 이곳으로 왔습니다. 이제 어린 아이들이 모두 성장하였으니 고향으로 돌아가고자 합니다."라고 밝혔다. 그리고 바다와 육지의 경계를 분명하게 구분하여 해일을 막는 방법을 가르쳐준 후에 마침내 바닷물로 뛰어들었다. 신녀가 간 곳을 알 수 없었다.

이후 이런 연유로 매년 3월 유(酉)일이 되면 부녀들이 모두 흰옷을 걸치고 다이쿠(太伊久)[192]를 꺾어 해변에 꽂아두고서 파도를 막았다. 남자들도 모두 흰옷을 걸치고 배를 젓는 흉내를 내며, 마치 신녀가 오는 것처럼 꾸미고 제사를 지냈다.

太古之世宮古山砂川邑有一夫婦恆居上平屋地也其夫名曰天文子婦名曰天保那佐良出産一男名曰佐禰大翁年七歳之時特承父命出行于外此時海水氾濫捲流人家一村荒茫以爲

192) 대나무와 비슷한 식물이다.

曠野佐禰歸來之時家宅已荒父母亦不在而佐禰幼稚無所倚告晝夜哭啼徘徊村落喜佐眞按司見之深爲哀恤招來養育佐禰年十五歲之時到美名草濱玩樂海景時有一神女容貌美麗如玉如花獨坐小舟涉來此濱向佐禰曰妾名叫武麻按司今龍宮深聞汝誠實而哀汝孤鰥特遣妾此處以歛枕箄佐禰大驚固辭曰余貧賤孤寡父母雙亡卿乃神女也不宜娶爲夫婦神女曰妾承命特來以要救助不可退辭再三勸之難以固辭只以從命深爲拜謝結爲夫妻而往到舊宅弔祭姑舅遂生下七男七女俱至成長時神女曰妾爲助汝特來於此今兒嬰已長要歸故鄕遂敎以分海山之限之法飛入海中不知其所去自此之後每年三月酉日婦女皆穿白衣取太伊久竹揷于海濱以防海浪男亦皆着白衣爲船漕之貌似乎神女涉來以爲祭祀焉

63. 가니쿠(兼久)가 아버지의 복수를 하다.

옛날에 미야코야마(宮古山)[193]에 형제 두 사람이 살았다. 형의 이름은 가가라 아지(加賀良按司)[194]라 했다. 그는 일찍이 화살을 맞아 한쪽 눈을 다쳤다. 동생은 이름을 우라시마 오타테오토노(浦島大立大展)라 했다. 형제 모두가 성의 성주가 되었는데 두 성의 거리가 가까웠다.

하루는 동생 오타테오토노가 형인 가가라 아지를 초대하여 공손하게 성찬을 대접하였다. 그런데 마침 흥이 나서 서로 장난을 치다가, 동생이 형의 다친 눈 쪽을 향해서 음식을 권하였다. 형은 크게 격노하여 그 동생을 모살하고자 몰래 정원에 함정을 파두고서, 밤이 되어 어두워지기를 기다렸다가 급히 동생을 불렀다. 동생은 그 모략을 모른 채 허겁지겁 달려오다가 파놓은 함정에 빠져 죽었다.

동생에게는 아들이 한 명 있었는데 이름을 가니쿠(兼久)라 했다. 나이가 조금 들자 아버지의 원수를 갚고자 하였으나 어리고 혼자라서 그 뜻을 이룰 수가 없었다. 그저 큰아버지를 받들면서 통곡하며 때를 기다렸다.

어느 덧 세월이 흘러 가니쿠의 나이가 열 살이 되었다. 이때 구리마지마(來間島)[195]에 오호후리(大保普利)라는 사람이 살

193) 지명. 역주 93)을 참조.

194) 아지(按司)에 관해서는 역주 48)을 참조.

았는데 마을사람들을 불러서 잔치를 벌였다. 가니쿠의 큰아버지도 또한 그 잔치에 참석하였다. 가니쿠는 큰아버지를 따라서 잔치가 열리는 섬으로 갔다. 잔치 도중에 큰아버지가 가니쿠에게 "네가 이 흥겨운 분위기를 살려서 노래를 지어 부르도록 해라."하고 명하였다. 가니쿠는 큰아버지의 명에 따라서, 아버지의 복수를 의미하는 노래 한 곡[속칭 아야구(安也苦)[196]라 부른다]을 큰 소리로 불렀다. 그러자 큰아버지는 그 노래 속에 원한이 담겨있음을 알아차리고 후환을 두려워하여 가니쿠를 모살할 생각을 하였다. 그 때 구리마(來間) 사람들이 잔치 모임에서 돌아가다 아래쪽에 이르자, 앞에서 그물을 치고 고기를 잡으면서 큰아버지가 와서 구경할 것을 청했다. 큰아버지는 크게 기뻐하였다. 왜냐하면 가니쿠로 하여금 바다에 들어가 고기를 잡도록 하여 그 틈에 가니쿠를 살해하고자 했기 때문이다.

가니쿠는 큰아버지가 자신을 죽이고자 한다는 사실을 알아차렸다. 바다 밑으로 십 간(間) 정도 잠수했다가 물 위로 다시 떠올랐다. 그리고 거짓으로 고하기를 "저 곳에 큰 구멍이 하나 있는데 대어(大魚)가 매우 많습니다. 그런데 제가 너무 어리고 힘이 없어서 잡을 수가 없습니다. 청컨대 큰아버지께서 바다 속으로 친히 들어가 대어를 잡고 체면을 세우시기 바랍니다."라고 말하였다. 큰아버지는 그 말을 믿고 서둘러 바다 속으로 들어갔다. 그러자 가니쿠는 큰아버지를 창으로 찔러 죽여 아버지의 원수를 갚고 후세에 그 이름을 떨쳤다고 한다.

---

195) 지명. 오키나와 현 미야코지마 시(宮古島市)에 속한다.

196) 역주 110) 및 역주 185)를 참조.

往古之時宮古山有兄弟二人兄名曰加賀良按司嘗受人之弓箭瞎盲一眼弟名曰浦島大立大殿兄弟皆爲一城之主隔地相近一日弟大立大殿請招兄加賀良按司恭進盛饌時乘興相戲密進餚於兄自其瞎眼之傍大按司大挾怒恨要以謀殺其弟暗構阱坎于庭俟夜之昏暗急招大殿大殿不知其謀跑走而來即陷阱中而卒大殿有一男名曰兼久年方數歲要以報父仇幼稚孤身不能遂其志但奉供伯父哭痛俟時荏苒之間兼久至年甫十歲此時來間島有大保普利者邑中之人聚會賀宴按司亦以來會其宴兼久跟隨其按司涉至此山及相賀之半按司囑兼久曰汝乘今之興作歌以唱兼久從命高唱一曲(俗曰安也苦)以述報讐之志按司聞歌含怨又恐有後災有謀殺兼久之志此時來間人民自會歸來至下地之前張網漁魚招按司請看按司大喜即令兼久入海揪魚要以害殺之兼久深知伯父要殺己即入海底潛行拾間餘而浮水出來騙告曰彼處有一大穴大魚甚多奈幼而無力不能揪捉請伯父親臨海水以揪大魚以振其功乎按司亦信其言忙入海中兼久即執鋒刺殺以報父仇垂名于後世云爾

64. 곡식의 신 히케타루(比計樽)

태고(太古) 시대에 미야코야마(宮古山)[197]에는 군주가 없었다. 그래서 사람들이 모두 자신의 용맹만을 믿고 무력에 의지해 스스로 군주라 칭하였다. 그런데 히케타루(比計樽)라고 하는 사람이 있었다. 그는 세상 사람들이 오로지 권력을 탐하여 자웅을 겨루고 병란이 끊이지 않는 데에 염증을 느껴 세상을 등지고 히라야쿠미네(平屋久峰)에서 살았다. 논밭을 갈아 오곡이 풍년이 들었다. 후세 사람들이 그를 존신(尊信)하여 곡식의 신으로 받들고 항상 제사를 지냈다.

이 권은 정(鄭)[198]이 기록했다.

太古之世宮古山無有主君人皆恃勇專力自立爲君獨有比計樽者厭看世上之人專權爭雄干戈不息而退辭此世栖居平屋久峯以耕田畝而五穀豐登矣後世之人遂尊信之以爲稷神常以祭祀焉 此卷俱鄭

197) 지명. 역주 93)을 참조.

198) 편자 중의 한 사람인 정병철(鄭秉哲)이다.

PART 02

구양(球陽) 외권(外卷) 이(二)

65. 가데나 읍(嘉手納邑)의 동굴과 말 발자국

자탄 군(北谷郡)[199] 가데나 읍(嘉手納邑)[200]에 오래된 동굴[그 높이가 3척] 하나가 있었다. 동굴 안에 기이한 바위 하나를 봉안해 두었다. 사람들이 모두 이 바위를 영험한 신으로 모셨다.

옛날부터 동굴 안에 말 발자국이 있었으며 동굴 밖에 발자국이 생기기도 했다. 그런데 동굴 밖에 말 발자국이 생기면 마을의 말들이 반드시 병에 걸려 쓰러졌다. 이로 인해 매년 6월과 9월 사이에 마을 사람들이 빠짐없이 동굴 앞에 모여 제물을 차려놓고 노로(覡女)[201] 한 사람으로 하여금 치성을 드리도록 했다.

北谷郡嘉手納邑有一古洞(其高三尺)洞內奉安一塊奇石人皆崇信以爲靈神自往古時洞中或有馬蹄跡洞外或有馬蹄跡而馬蹄發現洞外則村中馬匹必有疾病而斃矣由是每年六月九月之閒村中之人盡到洞門謹供祭品令覡女一人爲許愿焉

---

199) 지명. 역주 167)을 참조.

200) 지명. 오키나와 현 나카가미 군(中頭郡)에 속해 있다. 대부분의 지역을 미군 공군기지가 차지하고 있다.

201) 여기서 말하는 노로(覡女)란 노로(祝女)를 의미한다. 역주 14)를 참조.

66. 기코에오키미도노(聞得大君殿)의 태마(駄馬) 기보웃치(儀保掟)

옛날에 가쓰렌 군(勝連郡)[202] 기보웃치(儀保掟)[203]가 직접 길일을 택하여 사흘 전에 반드시 기코에오키미도노(聞得大君殿)[204]에게 가서 제사 준비가 다 되었음을 고하였다. 그리고 사흘 전부터 말을 먹이며 제삿날을 기다렸다. 제사 당일이 되면 슈리(首里)로 가서 공손하게 대군(大君) 가나시(加那志)[205]가 타는 말의 고삐를 잡고 각처를 돌아다니며 제사를 올렸다. 이런 까닭에 세상에서 그를 가리켜 태마(駄馬)[206]라 불렀다. 지금에 이르도록 반드시 그 기보웃치(儀保掟)의 자손이 이 직책을 물려

202) 지명. 오키나와 현 나카가미 군(中頭郡)에 속했던 옛 지명이다. 현재의 우루마 시(うるま市)의 남동부에 해당하는 지역이다. 가쓰렌구스쿠아토(勝連城跡)로 유명하다.

203) 웃치(掟)란 역사적으로 오키나와에서 마기리(間切)·무라(村)의 행정책임자를 가리키는 말이다. 여기서 마기리(間切)란 '구획을 나눈다'라는 뜻으로 오키나와의 옛 행정구획을 나타내는 말이다. 마기리에 관해서는 역주 116)를 참조. 웃치에는 아지웃치(按司掟), 오웃치(大掟), 하에웃치(南風掟), 니시웃치(西掟), 무라웃치(村掟) 등이 있었다.

204) 류큐왕국 시대에 가장 높은 직위에 있던 여성 사제를 말한다. 사료로 확인되는 최초의 기록은 다마우둔의 비문(玉御殿の碑文, 1501)에 적힌 상진왕(尚眞王)의 자매에 관한 기록이다. 이후 왕녀, 왕의 여자조카, 왕비 등이 직위를 계승하였다. 미혼인 경우도 있었지만 대부분 기혼 여성이었다.

205) 가나시(加那志)란 여성을 높여 부르는 호칭이다. 여기서는 앞서 나온 기코에오키미(聞得大君)를 가리킨다.

206) 태마(駄馬)란 짐을 싣고 운반하는 말을 말한다. 일본어로는 '바다(駄馬)'로 읽는다.

받아서 제사를 지낸다.

往昔之世勝連郡儀保掟自撰吉日前三日必進□聞得大君殿奏聞御神事將屆而自前三日飼馬以俟其日也已當其御神事之日進至首里恭取□大君加那志所騎馬口行幸各處以爲祭祀也因之俗日馬駄至于今世彼掟孫子必爲此職也

67. 하니지 노로(羽地祝女)와 구주타키(古重嶽)의 유래

옛날에 우라소에 군(浦添郡)[207] 구스쿠마 읍(城間邑)에 하니지 노로(羽地祝女)[208]가 살았다. 그 노로는 나하(那覇)에서 배를 타고 고향으로 돌아가다가 바다 가운데서 갑자기 역풍을 만나 배가 부서져 익사하였다. 근처 사람들이 이를 보고 매우 측은하게 여겨 그 유골을 수습하여 구주타키(古重嶽)[209][신명(神名)을 하니지코이치코이초 가나시(羽地郡筑用加那志)[210]라 부른다]에 매장하였다. 후일에 이르러 자주 영감(靈感)이 있었고 기도를 드리면 응하지 않는 경우가 없었다. 마침내 신으로 모시고 치성을 드리게 되었다.

往昔之世浦添郡城間邑有羽地祝女者自那覇坐船歸鄕行到洋中陡遭逆風擱破船隻祝女溺死近處之人深哀恤之收其死骨葬之于古重嶽(神名曰羽地郡筑用加那志)至于後日屢見靈感無祷不應遂爲崇信而祈祷焉

---

207) 지명. 역주 19)를 참조.

208) 노로(祝女)에 관해서는 역주 14)를 참조.

209) 여기서 타키(嶽)란 우타키(尻間御嶽)를 의미한다. 우타키에 관해서는 역주 42)를 참조.

210) 가나시(加那志)란 여성을 높여 부르는 호칭이다.

68. 밤에 딸을 찾아오는 구렁이(大蛇)와 하리미즈 우타키(漲水御嶽)

태고(太古) 시대에 미야코지마(宮古島)[211]는 망망한 광야로 아직 사람이 살고 있지 않았고 초목도 나지 않았다. 그 때 남신과 여신 한 명이 각각 히라라(平良)의 하리미즈(漲水)[212] 땅에 강림하여 비로소 사람이 살게 되었다. 남자 이름은 연각(戀角)이라 하고 여자 이름은 연옥(戀玉)이라 했다. 이후 만물이 골고루 생겨나고 사람들이 많이 살게 되었다. 두 사람은 청풍(淸風)을 타고 사라졌다.

수 백 년이 지난 후에 다이라스미야(平良偶屋)지방에 대부호가 살았다. 대부호였지만 아직 슬하에 사내아이만 두고 여자아이가 없었다. 늘 신에게 빌고 하늘에 치성을 드리며 여자아이가 생기기를 바랐다. 다행히 여자아이 한 명이 태어났다. 이 여자아이는 천성이 지혜롭고 미모가 뛰어나 마을사람들 중에 칭찬하지 않는 자가 없었다. 부모가 아이를 마치 보옥(寶玉)처럼 소중하게 여겼다. 아이의 혼처를 정해서 뒤를 잇게 하고자 하였다. 혼처가 많았지만 쉽사리 허락하지 않았다. 여자아이는 항상 몸을 진중하게 하고 규방에 머물며 함부로 밖에 나오지 않았다.

딸의 나이 15세 때에 뜻밖에도 요망한 뱀에게 홀려서 임신을 하게 되었다. 부모가 이를 보고 놀라서 "너는 아직 시집도 가지 않았는데 어찌 임신을 하게 되었느냐?"라고 놀라서 물었

211) 지명. 역주 93)을 참조.

212) 지명. 역주 181)을 참조.

다. 딸이 그 어머니의 소매를 붙들고 말하기를 "실은 괴상한 일이 한 가지 있었습니다. 밤이 이슥하여 잠을 청하고자 누워 있는데 침실에 향기가 가득하더니 한 소년이 희미한 모습으로 나타났습니다. 얼굴이 희고 눈이 수려하며 몸에 채의(彩衣)를 걸치고 손에는 주머니 하나를 들고 있었어요. 그러더니 그 소년이 몰래 규방을 침범하여 제 잠자리로 들어왔습니다. 그러자 정신이 혼미해지고 아무것도 생각할 수 없게 되더니 임신을 하고 말았습니다. 치욕스럽고 나쁜 소문이 온 세상에 퍼지게 되었으니, 제가 무슨 면목으로 사람들 앞에 나설 수가 있을까요? 저는 깊은 연못에 몸이라도 던져 치욕을 씻고 싶지만 부모님이 연로해서 부모님보다 앞서 죽으면 큰 죄를 짓게 될까 두렵습니다. 그래서 이러지도 저러지도 못하고 주저하고 있을 뿐입니다."하며 눈물을 비 오듯이 흘리며 통곡하였다. 부모들이 딸을 위로하여 말하기를 "한 가지 계책이 있으니 너무 상심하지 말거라. 그 남자의 정체를 밝혀서 너의 오명을 씻기로 하자."하였다. 그리고 바늘에다 수천 장(丈) 정도 되는 실을 꿰어 딸에게 건네주며 "그 소년이 침실로 들어오기를 기다렸다가 머리에 바늘을 꽂아두어라."하고 몇 번이고 당부했다. 딸은 부모의 명을 받들고 물러났다.

그날 밤이 되자 또 소년이 나타났다. 딸은 어머니가 일러준 대로 바늘을 소년의 머리에 꽂아두었다. 소년은 바늘을 꽂은 채로 사라졌다. 날이 밝자 즉시 부모가 딸을 데리고 그 실이 이어진 곳을 따라가 하리미즈에 이르게 되었다. 그리고 석굴 안에 구렁이(大蛇) 한 마리가 똬리를 틀고 있었다. 멀리서 보니 구렁이의 머리 위에 바늘이 꽂혀 있었다. 부모가 이를 보고 크게 탄식하며 "남녀가 혼인을 맺는 것이 사람의 도리일진대 요망스런 뱀에게 홀려서 임신을 하였으니 어찌 오명이 남지 않겠는가?"라고 말하였다. 어머니는 그 딸과 함께 통곡하고서 자결하고자 하였다.

그 날 밤 딸의 꿈속에 구렁이가 머리맡에 나타나 말하기를 "나는 그 옛날에 이 섬을 창건한 연각(戀角)의 후손이다. 천신인데 뱀의 모습으로 변하여 나타난 것이다. 단지 이곳에 호국신을 모시도록 하기 위하여 지금 왔다. 앞으로 반드시 여자아이를 세 명 낳을 것이니, 나이가 세 살이 되거든 그 아이들을 안고 반드시 하리미즈(漲水)로 데려오도록 하여라."라고 말하였다. 꿈에서 깨어보니 사방이 적막하고 아무것도 보이지 않았다. 딸은 꿈속의 일을 부모에게 상세하게 고하였다. 부모들이 그 말을 듣고서 말하기를 "실로 괴이한 일이로구나. 만약 꿈에 말한 대로 아이를 세 명 낳는다면 이는 불행 중 다행일터이니 상심할 일이 아니다."라고 하였다.

어느 덧 세월이 흘러 10개월이 지나자 과연 꿈에 일러준대로 세 여자아이가 태어났다. 모두 자질이 뛰어나고 용모가 범상치 않았다. 아이들의 나이가 세 살이 되자 어머니는 세 아이를 데리고 하리미즈로 갔다. 그러자 우타키(御嶽)[213] 안에서 구렁이가 나오길래 바라보았더니, 그 머리는 창고의 담장에 가로놓여 있고 꼬리는 하리미즈 우타키 위에 걸쳐 있었다. 눈은 반짝이는 별과 같고 이는 날카로운 칼과 같았다. 입을 내밀어 혀를 날름거리고 춤을 추듯이 몸을 비틀었다. 그 어머니는 심

---

213) 하리미즈 우타키(漲水御嶽)를 말한다. 우타키(御嶽)에 관해서는 역주 42)를 참조.

신이 떨리고 간담이 서늘해졌다. 마침내 세 아이를 내버려둔 채 집으로 도망쳐 왔다.

그런데 세 여자아이는 모두 조금도 두려워하는 기색이 없었다. 구렁이를 올라타고서 머리를 붙들거나 꼬리를 만지며 잠시도 떨어지려 하지 않았다. 그러자 구렁이가 혀로 아이들을 핥으며 서로 잘 어울렸다. 구렁이는 세 아이들을 데리고 우타키 안으로 들어가 사라져 수호신이 되었다. 구렁이는 마침내 구름을 일으키고 안개 속을 달리며 빛을 발하고서 하늘로 올라갔다. 이로 인해 사람들은 모두 이를 우타키로써 존신(尊信)하였다.

홍치(弘治)[214] 연간에 나카소네 도유미야(仲宗根豊見親)[215]가 대장군 오자토(大里) 등을 따라서 야에야마(八重山)[216]에 이르러 혼가와라 아카하치(保武川赤蜂)[217]의 반란을 토벌할 때이다.

---

214) 홍치(弘治)는 중국 명나라 시대의 연호로 1488년부터 1505년까지이다. 제10대 황제인 효종의 재위 중에 사용되었다. 오키나와에서는 상진왕(尙眞王) 11년에서 27년까지가 이에 해당한다.

215) 언제 태어나고 죽었는지는 자세히 알려지지 않았다. 15세기 중엽에 태어나 16세기 중엽에 죽었다고만 전해진다. 오키나와의 미야코지마(宮古島)의 수장으로 도유미야(豊見親)는 존칭이다. 소라비(空広)라고 부르기도 한다. 15세기말 무렵에 미야코지마의 지배자가 되어 슈리(首里)왕부에 복종했다고 한다. 야에야마(八重山)에서 혼가와라 아카하치(ホンガワラアカハチ)의 난(1500)이 발발하자 국왕 편에 가세하여 공을 세우고 미야코지마의 초대 가시라(頭)로 임명되었다.

216) 지명. 역주 124)를 참조.

217) 한국에서는 홍길동과 관련이 있는 인물이라 해서 잘 알려져 있다. 언제 태어나고 죽었는지는 자세히 알려지지 않았다. 일반적으로 오야케 아카하치(オヤケ　アカハチ)라고 부른다. 15세기말에 야에야마(八重山)에서 세력을 떨쳐 미야코지마((宮古島)의 세력과 대립하였으며, 슈리(首里)왕부에 반기를 들어 역도로 몰려 왕부 토벌군에게 주살되었다고 전해진다. 앞의 역주 215)를 함께 참조.

도유미야가 친히 하리미즈 우타키에 참배를 가서 경건한 마음으로 빌기를 “지금 제가 대장군을 따라서 야에야마를 정벌코자 합니다. 엎드려 바라건대 신께서 저의 뜻을 살피셔서 제가 큰 공을 세우도록 해주소서.”라고 하였다. 그리고 전선(戰船)을 타고 야에야마로 직행하여 별다른 힘을 들이지 않고서도 대승을 거두고 개선하였다. 도유미야는 우타키의 사방에 돌담을 두르고는 안에 나무를 심고 감사드렸다. 후에 배전(拜殿)을 세우니 우타키가 장관을 이루었다.[218)]

太古之世宮古島茫茫曠野人物未始生草木亦未畢出時有一男一女之神降下于平良漲水地而人物生于此島也男名曰戀角女名曰戀玉自此之後萬象畢成人物繁顆遂乘清風而去焉既而經數百年平良隅屋地有大姓家富貴甚殷未嘗生男育女常祈神拜天許愿求子幸生一女此女賦性敏慧姿色絕倫鄉人見之無不稱羨父母深珍愛之如玉如寶常思擇他佳配以爲嗣子時人多有媒求而不輕與于人女子常重其身深在香閨不敢出外年十五歲不想爲妖蛇所魅忽得懷妊父母見之驚問曰汝未嫁于人何以懷妊耶女子把母衣袖潸然流淚曰有一怪事當夜深時就寢而寐香氣馥馥繞滿寢室幻有一少年白面秀眼身穿彩衣手携一囊潛入閨中如臨枕邊神魂昏迷不省人事却得懷妊而汚辱惡名流于萬世今有何面目立于人世乎我欲投身于深淵以洗汚穢之名奈父母

218) 제68화에서 밤에 딸의 처소로 찾아오는 남자의 정체를 확인하기 위해서 바늘을 꽂아두는 대목은, 『삼국유사』에 수록된 견훤설화와 매우 유사하다는 것을 알 수 있다. 일본의 『고사기(古事記)』에도 미와야마(三輪山) 전설라 부르는 비슷한 이야기가 수록되어 있어서 주목된다.

俱老若我先親而死缺少孝養獲罪極大則進退兩難躊躇未決者也哭淚如雨未敢稍息父母慰之曰汝勿深憂能有一計知其男情繇以洒其污名哉即針穿線條數千丈許給與其女子再三囑令曰必俟少年入寢把針刺其首女子領令而退當此夕也果有少年亦來女子即如母命將針刺首少年受針線而去已至天明則父母携女子尋求其線所逝之處往至漲水地石洞之中有一大蛇蜒蟠而臥遙看其首上果在針尖父母大嘆曰男娶女嫁人道之宜也今夕爲妖蛇所誣而得妊孕者豈非遺辱名者也乎母與女子相共哭慟決要縊死其夜女子夢見大蛇臨枕邊亦來曰我是往古之世創建此島之戀角後身天神再生變爲此身也只欲立護國之神今來於此地與汝交媾想必生三女年及三歲好抱此子携來漲水醒覺視之四壁寥條竝無一物由是女子細將此事說知父母父母聞之曰眞奇怪事也若夢有靈驗生得三女此之愁中喜事何足憂焉荏苒閒日往月來已滿十个月果生三女俱是生質俊爽容貌異常已及三歲時其母携三女往于漲水忽見大蛇自嶽中出來首橫在于公藏之垣尾掛在于漲水嶽之上眼如皎星牙似利劍張口掉舌翻身騰躍其母肉戰心裂魂不附體遂抛棄三女走去回家三女俱無懼色急攀大蛇取首撫尾不敢少離大蛇以舌舐子兩情相浹既而大蛇帶三女飛入嶽中以爲護守神而消滅焉大蛇終起雲馳霧放光上天由是人皆尊信之以爲神嶽弘治年閒仲宗根豐見親跟隨大將軍大里等往到八重山誅討保武川赤蜂之罪豐見親親詣漲水嶽虔誠告祷曰吾今隨大將軍征伐八重山伏祈神鑒此誠心賜我捷功既撥戰船直到八重山略不費力大獲勝功奏凱而回始築四圍石垣內植樹木以爲還愿後建拜殿以備海島壯觀

69. 요나하 세도(與那覇勢頭)가 주잔(中山)에 조공(租貢)을 바치다.

옛날에 미야코야마(宮古山)[219]에 한 신녀(神女)가 살고 있었다. 때때로 히로세산(廣瀨山)에 나타나서 섬에 사는 백성들을 가르쳤다. 요나하세도 도유미야(與那覇勢頭豊見親)[220]가 신녀를 따르고 섬기는 마음에서 최초로 우타키(御嶽)[221]를 세웠다.

요나하 세도가 사는 섬은 바다 가운데 위치한 작은 섬이라서 밭을 갈기 위한 농기구가 부족하였으므로 대국(大國)에 조공(租貢)을 바치고 구하고자 하였다. 어느 날 밤에 시라카와하마(白川浜)에 이르러 모래밭에 단을 쌓고 공손하게 제물을 마련하고, 길이가 여러 장(丈)되는 장대를 세워 오색 깃발을 매달고 신중(神衆)들게 빌기를, "저는 작은 섬에 태어나서 깊이 대국의 문화를 흠모하면서도 아직 대국이 어디 있는지조차 알지를 못합니다. 엎드려 바라옵건대 천지신명(天地神明)께서 이 섬을 불쌍히 여시고 굽어 살피셔서 대국이 있는 곳을 가르쳐 주십시오."라고 했다. 말이 채 끝나기도 전에 동쪽이 밝아지고 장대 끝의 깃발들이 모두 북쪽을 향해서 움직였다. 잘 살펴보았더니 밝은 별빛 아래 파도 사이로 대국의 모습이 어른거리다가 인(寅) 방향에 뚜렷하게 나타났다. 도유미야는 동쪽에 좋은 나라가 있음을 알아차리고, 히로세 우타키(廣瀨嶽)에 가서

219) 지명. 역주 93)을 참조.

220) 도유미야(豊見親)는 존칭이다. 역주 108)을 함께 참조.

221) 역주 42)를 참조.

참배하고 경건하게 치성을 드렸다. 그리고 배를 타고 바다로 나가 주잔(中山)에 조공을 바쳤다. 이후로 바닷길이 평안하여 어려움 없이 왕래할 수가 있었다.

이런 연유로 지금 사람들이 더욱 존신(尊信)하며, 항해를 할 때에는 반드시 이 우타키에 와서 복을 빌었다.

往古之世宮古山有一神女時時出現廣瀨山以敎本島人民與那覇勢頭豐見親始尊信之以爲神嶽與那覇勢頭本島以彈丸海島耕器缺乏要納款大國給足資用一夜往臨白川濱築壇于沙恭備祭品并竪數丈竿繫五色線告禱衆神曰予生乎小島深慕大國之化未知其所在之處伏祈天神地祇寔鑒此心垂憫海島賜敎大國所在言未畢東方將明竿頭線條皆向北而動且見啓明星下波濤之間有大國影形挺出寅方位豐見親則知東有善國詣廣瀨嶽虔誠許愿坐駕海船入貢中山自此之後一路平安自得往還焉由是今世之人愈加尊信航海之時必至此嶽以致祈福也

70. 가리마타(狩俣)의 한 남자 아이와 신기한 바위

옛날에 미야코야마(宮古山)[222]에 한 남신[신명을 아카사라노 아카쓰보노 마누시(赤皿赤臺眞主)라 한다]과 한 여신[신명을 하마노사토누시(濱之里主)라 한다]이 있었다. 나카마 우타키(仲間嶽)[223]에 강림해서 "나는 바다를 항해하는 배를 수호하는 신이다."라고 말했다.

그 후 가리마타(狩俣)[224]에 한 남자 아이가 태어났다. 4, 5세부터 늘 작은 배를 만들어 가지고 놀았다. 12, 13세 때에 그 아버지가 양식을 실은 배의 뱃사람이 되어 주잔(中山)[225]에 가 있었다. 하루는 이 아이가 아버지가 보고 싶어서 이소쓰(磯津)에 가서, 멀리 바다 경치를 바라보며 아버지를 그리워하는 마음을 달랬다. 이때 나카마 우타키에서 이상한 돌을 발견하고서 배에 싣고는 돛을 높이 올리고 해변에서 가까운 바다를 왕래하며 가지고 놀았다. 그런데 갑자기 남풍이 불어와서 순식간에 배가 화살처럼 달려 먼 바다로 나아갔다. 남자 아이는 옷을 벗어던지고 벌거벗은 몸으로 바다로 뛰어 들어가 배를 건져오고자 했으나 허사였다. 아이는 섬으로 다시 돌아오려 했으나 역

222) 지명. 역주 93)을 참조.
223) 여기서 말하는 다키(嶽)란 우타키(御嶽)를 의미한다. 우타키(御嶽)에 관해서는 역주 42)를 참조.
224) 지명. 오키나와 현 미야코지마 시(宮古島市)에 속한 지역 이름이다.
225) 역주 40) 및 역주 132)를 참조.

풍이 불어와 해안으로 올라오지 못하고 파도에 휩쓸리다가 밤이 되었다. 시간이 많이 지나자 기력이 다하여 마침내 익사하였다.

그러자 작은 배는 파도에 실려서 나하(那覇)[226]항에 도착하였다. 이 때 그 아버지가 해변을 거닐고 있었다. 그 배를 보고서 "이 배는 우리 아이가 늘 가지고 놀던 것이다. 무슨 까닭에 이곳에 있는 걸까? 생각건대 우리 아이는 바다 속에 빠져 죽었음이 분명하다. 그 때문에 이 배가 바람을 뚫고 파도를 헤치고서 여기까지 왔을 것이다. 그 때문에 이 배가 바람을 뚫고 파도를 헤치고서 여기까지 왔을 것이다. 실로 괴상한 일이로구나."하고 생각했다. 급히 배를 건져 올려서 해안에 보관하였다. 그리고 그 배를 끌고 다니다 배에 있는 바위를 우타키 안에 봉안하였다.

이후에 본도(本島) 사람들이 모두 그 이야기를 듣고서 바위를 존신(尊信)하였다. 바다를 건널 때에는 반드시 그 우타키에 가서 안에 봉안해 둔 바위를 꺼내어 붉은 줄로 묶어서 상자 안에 넣어서 배에 싣고 출항하곤 했다.

往昔之世宮古山有一男一女之神(一神名曰赤皿赤臺眞主一神名曰濱之里主)現降于仲間嶽曰吾守護海船之神也其後狩俣有一男兒自四五歲常造小舟以供玩賞十二三歲時其父爲粮船水梢往在中山一日此兒憶父已甚往到磯津遙眺海景而慰想父之情時見此嶽一奇石即取以載舟高揚錦帆往來海濱

226) 지명. 역주 26)을 참조.

以爲玩樂一瞬之間南風驟起舟走如箭往到外洋男兒脫衣裸身浮水趕去而不能往撈男兒指島歸來風已逆吹難以上岸沈浮波面至于晩天時刻遠久氣力已竭遂致溺死而小舟隨波走去漂至那覇港此時父亦往海邊而遊焉忽然見之曰吾看此舟兒子所常玩者也何故至此想必我兒已死于海中者也哉而小舟衝風凌濤來于此地誠是奇事也急撈而藏之於岸遂帶回此舟奉還其石于嶽中自玆之後本島之人僉聞其事愈尊信之每過海洋必詣此嶽取嶽中之石紅線纏縛之藏諸箱中開船出洋矣

71. 미야코야마(宮古山) 철기의 유래와 후나다치산(船立山)의 우타키(御嶽)

옛날에 구메지마(姑米島)227)에 한 아지(按司)228)가 살았다. 아지에게 여자 아이가 한 명 태어났는데, 이 아이는 총명할 뿐 아니라 재주와 미모를 겸비하였다. 늘 해와 달을 섬기고 신불(佛神)을 섬겼으며, 모든 일의 길흉을 예지할 수 있었다.

이 때 올케 언니가 그 재주를 질투하여 모함하였다. 즉 시아버지에게 이르기를 "시아버님이 잠자리에 드시면 어떤 남자가 밤이 깊어지기를 기다렸다가 몰래 시누이의 규방으로 들어가 사통(私通)을 합니다."라고 모함하였다. 아버지는 그 말을 곧이곧대로 믿고서 크게 화를 내며, 그 딸을 붙잡아 작은 배에 태우고 먼 바다로 떠내려가게 했다. 그리고 말하기를 "만약 너에게 죄가 없다면 좋은 곳으로 갈 것이다. 그러나 만약 죄가 있다면 반드시 귀계(鬼界)에 이르러서 큰 어려움을 겪을 것이다."라고 했다.

오빠가 이 모습을 보고서 아버지에게 간하기를 "동생은 몸가짐을 바로 했기 때문에 조그마한 허물도 없습니다. 어찌 한낱 여인네가 헐뜯는 말을 믿고서 동생을 내쫓으려 하십니까?"라고 말렸다. 그러나 아버지는 잠자코 아무런 대답도 하지 않았다. 오빠는 하는 수 없이 아버지 앞에서 물러나와 "나와 동

227) 지명. 구메지마(久米島)를 가리킨다. 역주 129)를 참조.

228) 역주 48)을 참조.

생은 혈육지간이다. 어찌 동생을 버리고 혼자 살아갈 수 있겠는가?"하고 한탄하였다. 그리고 바다 속으로 뛰어 들어가 배를 붙잡고는 배 안으로 들어가 동생과 함께 크게 목 놓아 울었다.

배는 떠올랐다 가라앉았다 하면서 파도에 밀려서 미야코(宮古)[229]의 하리미즈(漲水) 해안에 표착하였다. 오누이는 손을 잡고 해안으로 올라가 영산(霊山)의 우타키(御嶽)[230]에 치성을 드렸다. 그날 밤 꿈에 "너희들은 아무런 잘못도 없는데 이 섬으로 흘러들어왔으니 불쌍키가 그지없구나. 동쪽 나카소네(仲宗根)에 후나다치(船立)라는 땅이 있다. 그 곳으로 가서 살도록 하여라."라는 신의 계시가 있었다. 오누이가 꿈에서 깨어보니 두 사람이 같은 꿈을 꾸었다. 두 사람은 깊이 감사드리고 바로 후나다치 땅을 찾아갔다. 가서 보니 과연 좋은 땅이었다. 마침내 초가집을 짓고 살았다. 두 사람은 늘 마을사람들을 위해서 나무를 하고 물을 길어왔으며 허드렛일을 하며 생활하였다.

그런데 스미야(隅屋) 마을의 가니쿠 요노누시(兼久世主)[231]가 그 여동생의 재주와 미모를 깊이 사모하여 중매장이를 통해 청혼을 하고 부부의 인연을 맺었다. 아들 아홉 명을 두었는데 모두 천성이 돈후(敦厚)하고 용모가 준수하였다. 아들들이 성장함에 따라 외조부를 그리워하였고 마침내 배 한 척을 마련하여 그 부모를 재촉하여 구메지마에 이르렀다. 외조부의 집을 찾아가 인사드리고 함께 두터운 정을 나누었다. 외조부는 손자

229) 지명. 역주 93)을 참조.

230) 역주 42)를 참조.

231) 요노누시(世主)란 아지(按司)와 같은 의미이다. 아지(按司)에 관해서는 역주 48)을 참조.

들의 정에 감동하여 예전처럼 극진히 대하였다. 헤어질 때가 되자 외조부는 쇠를 담금질하는 방법이 적힌 비서(秘書)를 그들에게 주어 돌려보냈다.

미야코야마에는 원래 쇠가 나지 않았다. 그저 소와 말의 뼈로 농기구를 만들었기 때문에 오곡이 제대로 열리지 못하고 자주 기근이 발생했다. 이들은 쇠를 가지고 돌아가 농기구를 만들어서 농민들에게 나누어주었다. 농민들은 농사일에 진력하였고 오곡이 풍년이 들어 기쁨을 누렸다. 그들이 병들어 죽게 되자, 마을 사람들 모두 남매의 은혜에 감사하는 마음으로 후나다치산(船立山)에 장사를 지내고 우타키를 세워 존신(尊信)하게 되었다.

昔姑米島有一按司産下一女此女聰明敏捷才貌兼美自年七歲常拜日月崇信佛神萬般吉凶盡皆預知時有一嫂常嫉其才要以謀害乃愬之于岳父曰岳父就寢俟更深夜靜時即有少年潛入內房與令女私通其父深信之大怒大罵急把女子坐駕小舟流去大海曰汝若無過罪漂乎善地若已有過行必至鬼界以受勞苦其兄見之乃諫父曰小妹謹愼深戒無有小罪何聽譖婦之言輕易流放耶其父聞之默然不答其兄既退而出自忖曰吾與小妹誠此骨肉之親也豈忍棄他獨生耶即投于水中扯住小舟跳入其中便與小妹放聲大哭載沈載浮隨浪凌濤漂至宮古漲水津兄妹携手上岸祈靈山嶽此夜果見夢告曰汝等已無小過而流於此島甚憐恤之今東仲宗根有船立地早去其地以爲

居住焉二人醒覺夢告不相異焉二人深拜謝之即尋船立地而往視之果善地也遂結草屋而栖居焉恆爲村民採薪挑水傭工自食一旦隅屋里秉久世主深慕其女才貌秉美媒妁已通結爲夫婦生産九男俱是賦性敦厚容貌美麗年稍成長憶起外祖遂僱船隻催母與父同到於姑米島尋求祖父之家奉敘闊情祖父感其情意相待如故已臨別時祖父將鐵鋼竝鐵匠秘書給與于他而摘回焉宮古山素無鐵鋼但用牛馬之骨以爲耕器五穀未登屢致饑饉此人得鐵而歸精造農器以授百姓百姓盡力田畝五穀豐饒民人樂業至乎彼人病死村民皆感兄妹之恩葬之于船立山遂尊信之以爲神嶽

72. 미야코야마(宮古山)의 남자와 신녀(神女)의 혼인

옛날에 미야코야마(宮古山)[232] 도모리 촌(友利村)[233] 히라야(平地)에 한 남자아이가 살았다. 천성이 민첩하고 지혜로우며 마음이 정직하였다. 어린 시절에 양친을 모두 잃고, 집은 다 무너지고 현제들이 한 명도 없어 몸을 의탁할 곳이 없었다. 어느 때는 바위 동굴 속에 살기도 하고 어느 때는 나무 그늘 밑에서 자면서, 항상 마을 사람들을 위해서 나무를 하고 물을 긷고 고기 잡는 일을 도왔다. 그런 가운데서도 효심은 더욱 깊어져 제삿날을 게을리 하지 않았다.

하루는 우연히 미나코자(螺草) 포구에 가서 낚싯대를 늘어뜨리고 고기를 잡고 있을 때, 홀연히 신녀(神女)[이름을 우타하루(歌張)라고 한다]가 작은 배를 타고 나타나 말을 했다. "소첩은 당신의 아내가 되기를 원합니다." 남자가 말하기를, "나는 어려서 부모를 잃고 외톨이가 되어 의지할 곳도 없는데, 어찌 아내를 얻을 생각을 하겠는가." 신녀가 말하기를 "소첩은 당신이 외톨이인 것을 알고 가엾게 여겨 일부러 와서 청혼을 하는 것입니다." 남자는 굳이 사양하였으나 신녀는 자꾸 강하게 청을 하였다. 남자는 더 이상 거절할 수가 없어서 부부의 인연을 맺고 함께 옛 집터가 있던 곳으로 가서[야마다치다케(山立嵩)에 있다] 집을 짓고 거기서 살고자 하였다. 그래서 하룻밤 만에

232) 지명. 역주 93)을 참조.

233) 지명. 미야코지마 시(宮古島市)에 속한다.

허술한 집을 지었다.

신녀는 포대 하나를 지니고 있었는데 그것을 깊이 감추고 사람들에게 보여주지 않았다. 오직 그 포대에서 쌀을 꺼내어 밥을 지어 먹으면서 살아갔다. 어느 덧 세월이 훌쩍 지나가 몇 년이 흐르자 한 여자아이를 얻었다. 이름을 오타하라(應田原)라 불렀는데 이미 성장하여 다른 사람의 아내가 되었다. 그러자 신녀는 남편과 함께 그 포대를 지고 미나코자 포구에 이르러 즉시 큰 물고기로 변하여 바닷속으로 들어갔다.

그 딸은 많은 손자를 낳았고 자손들이 번창하였다. 이미 백발이 되었는데도 안색이 변하지 않았으나 병으로 죽자 야마다치다케에 장사지냈다. 후에 그 관을 열어보니 시신이 없었다. 때문에 사람들이 그를 숭신하여 우타키(神嶽)[234]를 세웠다. 이로 인해 사람들이 바다를 오갈 때나 혹은 치성을 드리고자 하는 사람들은 반드시 여기 와서 기원하였다.

昔宮古山友利村平屋地有一男童賦性敏慧存心正直幼時俱喪雙親屋廬壞敗第宅荒涼身無所依或住于岩洞之中或宿于樹蔭之下常爲村民採薪挑水釣漁度日然而孝心愈深祭祀匪懈一日偶往螺草浦垂釣漁魚時忽有神女(名稱歌張)駕小舟而來曰妾求爲君妻男童曰吾幼失父母已爲孤身無所依告何想娶妻耶神女曰妾憐君孤身特來求配男童固辭神女強請頻勸男童無言可辭結爲夫婦俱到舊宅(在山立嵩)結構茆舍以

234) 역주 42)를 참조.

爲栖居而茆舍不終夜而成神女有一布袋深藏掩之不與人看只米自袋摸出炊食度日不覺光陰易過日月疾走歷乎數年生得一女名叫應田原年已成長嫁乎他人即神女與夫共荷其布袋往到螺草浦即化巨魚入于海中矣其女子多生孫子孫子繁昌已到白髮顏色不衰至其病故葬之于山立嶽後亦開棺視之竟無屍骨故人崇信之以爲神嶽而往來海洋及求祈者必到于此而祈祷焉

73. 구다카지마(久高島)의 유래와 방귀를 뀐 오미타루(思樽)

옛날에 다마구스쿠 군(玉城郡)[235] 햐쿠나 읍(百名邑)에 한 남자가 살았다. 어릴 때 이름은 시라타루(白樽)였다. 천성이 효성이 지극하고 조신하였다. 어질고 의로웠으며 늘 좋은 일을 하고 함부로 나쁜 짓을 하지 않았다. 다마구스쿠의 아지(按司)[236]가 그를 매우 칭찬하며 장남인 멘톤(免武登能) 아지의 딸을 그와 결혼시켰다.

하루는 시라타루 부부가 함께 들판에 나가 산을 오르며 경치를 즐기고 있었다. 그러자 문득, 동해 가운데 한 작은 섬이 파도 사이에 있는 것을 보았다. 시라타루는 이를 매우 괴이하게 여기고 때때로 그 들판으로 나가서 주의 깊게 살펴보았다. 구름이 없는 맑은 날에 바람이 잦아들고 파도가 잠잠해지면 섬이 뚜렷하게 보여서 섬까지의 거리가 가깝게 느껴졌다. 그런데 이 시대는 서로 세력을 다투어 전쟁이 끊이지 않았다. 시라타루는 세상의 변란에 깊이 염증을 느끼고 바다에 나타난 섬에서 은둔하고자 하였다. 부부가 함께 의논한 끝에 작은 배를 타고 동쪽으로 나아갔다. 잠깐 동안에 그 섬에 도착하였다. 배를 묶어두고 해안으로 올라가 곳곳을 돌아보니 우물물이 감미롭고 땅은 비옥하였으며 들판이 넓고 산이 낮아서 집을 짓고 마을을 이루어 살만 했다. 그렇지만 우선 먹을 것이 없어서 해

235) 지명. 오키나와 본도(沖縄本島)의 남부에 위치해 있다.

236) 역주 48)을 참조.

변으로 나가 조개류를 주워서 먹고 살았다.

이 때문에 부부가 함께 이시키도마리(伊敷泊)[237]로 가서 자손이 번영하고 식량이 풍족하게 해달라고 치성을 드렸다. 아직 치성이 다 끝나기도 전에 갑자기 흰 항아리 하나가 파도에 실려 떠밀려 왔다. 시라타루가 옷을 걷어 올리고 바다로 들어가 그 항아리를 건지려고 하자 항아리가 파도 속으로 사라져 보이지 않았다. 아내가 야쿠루카와(屋久留川)에 가서 목욕재계한 후에 단정하게 옷을 차려입고 다시 해변으로 가서 소매를 펼쳐 보이며 항아리가 나타나기를 기다렸다. 그러자 항아리가 저절로 소매 위에 와 있었다. 아내가 기뻐하며 그 항아리를 잡아 뚜껑을 열어보니 안에 세 종류의 보리[소맥, 하다카무기(葉多嘉麦)[238], 대맥], 세 종류의 조[사쿠와(佐久和), 모치야(餠也), 와사(和佐)][239], 그리고 한 종류의 콩[속칭 소두(小豆)라 한다]이 들어 있었다. 그리하여 그 종자를 후루마구치(古間口)[240]에 파종하였다. 정월이 되자 보리 이삭이 피었는데 다른 보리와는 매우 달랐다. 시라타루는 이를 매우 기이하게 여기고 그 보리이삭을 왕궁에 바쳤다. 2월이 되어 그 보리가 다 익자 길일을 택해서 공손하게 왕에게 다시 바쳤다. 왕이 매우 기뻐하며 술을 빚어 곳곳에 있는 우타키(御嶽)[241]에 바치도록 하고 여러 직인(職人)들에게 하사했다. 이후 오곡이 풍년들고 자손들이 번성

237) 지명. 본문에 나오는 구다카지마(久高島)에 속해 있다.

238) 일본어로 '무기(麥)'란 보리란 뜻이다. 상세히 알 수 없지만 보리의 일종인 듯하다.

239) 모두 조(粟)의 종류이다.

240) 지명이다.

241) 우타키(御嶽)에 관해서는 역주 42)를 참조.

하여 마침내 마을을 이루게 되었다. 그 마을을 가리켜서 구다카지마(久高島)[242]라고 불렀다.

장녀인 오토가네(於戸兼)는 노로(祝女)[243]의 직분에 전념하며 각 우타키의 제사를 관장하였다. 장남인 마니우시(眞仁牛)는 아버지의 가통을 이어받았다. 그 자손들이 뻗어나가서 오늘날에 이르기까지 호카마 네히토(外間根人)[244]를 맡았다. 차녀인 오미타루(思樽)는 무녀(巫女)[245]가 되어 마침내 왕궁의 무녀로 발탁되어 늘 궁 안에서 지내게 되었다. 그 사람 됨됨이가 정숙하고 용모가 미려하여 보통사람들과는 매우 달랐다. 왕이 오미타루를 내궁으로 불러들여 부인으로 삼았다. 오미타루는 왕의 총애를 받아 마침내 회임을 하게 되었다. 그러자 다른 여러 첩들이 이를 매우 시기하여 말을 건네지도 않았다. 하루는 오미타루 부인이 실수로 방귀를 뀌었다. 여러 첩들이 이 모습을 보고 매우 기뻐하며 그 실수를 비웃고 험담하였다. 오미타루 부인은 왕을 모시기가 어렵게 되어 마침내 고향으로 돌아갔다.

---

242) 지명. 오키나와 본도의 남부 지넨(知念) 곶(岬)에서 동쪽으로 5킬로미터 떨어진 바다에 위치해 있다. 나카구스쿠 만(中城湾)과 태평양의 경계가 되는 섬이다. 현재 오키나와 현 난조 시(南城市)에 속하며 면적은 1.37평방킬로미터이다. 특히 이 섬은 오키나와에서도 「신의 섬(神の島)」으로 알려져 있다. 이 섬에서 12년에 한 번씩 거행되는 「이자이호(イザイホー)라는 제례는 여자들만이 거행하는 고대제사로 유명하다. 현재는 1978년 이후부터 후계자 부족으로 거행되지 않고 있다. 구다카지마와 마주보고 있는 지넨반도(知念半島)에 위치한 세하우타키(斎場御嶽)는 오키나와에 산재한 전체 우타키 중에서도 중심적인 위치에 있다.

243) 역주 14)를 참조.

244) 네히토(根人)에 관해서는 역주 152)를 참조.

245) 여기서 말하는 무녀(巫女)란 노로(祝女)를 의미한다. 노로(祝女)에 관해서는 역주 14)를 참조.

잠깐 동안에 여러 달이 흘러 출산 날이 가까워졌다. 오미타루는 왕의 후손을 누추한 곳에서 낳는다면 죄를 면하기 어려울 것으로 생각하고, 별도로 산실을 마련하여 [지금까지도 호카마 네히토의 집에 그 산실이 있다] 사내아이를 낳았다. 이름을 가네마쓰가네(金松兼)라 불렀다. 아이가 성장하여 일곱 살이 되자 자주 어머니한테 아버지에 관해서 물었다. 오미타루 부인은 그저 "너는 아버지 없이 나 혼자서 낳은 자식이다."라고만 대답했다. 아이가 여덟 살이 되어 아버지에 관해서 더 자주 묻기를 "천지만물은 음양의 이치로 나고 자라고 하물며 사람은 모두 부모가 있는 법입니다. 어찌 소자만이 아버지가 없겠습니까? 엎드려 청하오니 아버지가 누군지 가르쳐 주십시오."라고 재촉했다. 오미타루 부인은 전과 같이 대답할 뿐이었다. 가네마쓰가네가 여러 번 강하게 청을 해도 오미타루 부인은 알려주지 않았다. 그러자 가네마쓰가네는 "사람이 아버지를 모르고서는 사람이라 할 수 없으며, 살았다고 할 수도 없습니다. 차라리 빨리 죽어버리는 편이 낫겠습니다."하고서 마침내 아침저녁으로 단식을 하며 통곡하였다. 오미타루 부인은 이 모습을 보고 불쌍히 여겨, 자신이 왕의 총애를 받다가 첩들에게 질투를 받은 일에 관해서 자초지종을 있는 그대로 상세하게 들려주었다. 이어서 "너는 원래 섬 태생으로 입고 있는 옷이나 용모가 왕성의 사람들과는 다르다. 왕을 뵙고자 할지라도 그 뜻을 이룰 수 없을 것이다. 그 때문에 네가 아버지를 물어봐도 일부러 알려주지 않은 것이다."라고 말하였다. 가네마쓰가네는 이 말을 듣고서 배소(排所)가 있는 이시키도마리에 이르러 동쪽을 향하여 "어머니는 왕을 모시다가 소자를 회임하였는데 작은 실수 때문에 병이라 칭하고 고향으로 돌아왔습니다. 저는 시골에서 성장하여 마음이 편치 않습니다. 천신지기(天神地祇)께 엎드려 바라오니 제 처지를 불쌍히 여기셔서 왕을 알현할 수 있도록 은혜를 베풀어 주소서."라고 매일 아침 치성 드리기를 게을리 하지 않았다. 그러자 7일 째 되는 새벽 맑은 날에 황금 덩어리 하나가 크게 빛을 발하며 파도에 실려 떠내려 왔다. 가네마쓰가네가 이를 괴상케 여기고 옷소매를 벌려 건져 올렸더니 황금으로 된 오이 씨앗이었다. 가네마쓰가네는 크게 기뻐하며 그 오이 씨앗을 품에 간직한 채 어머니에게 왕성에 다녀오겠다고 알렸다.

그는 즉각 왕성으로 가서 왕을 뵙고 싶다고 청하였다. 왕성의 관리가 가네마쓰가네의 머리카락이 붉고 입고 있는 옷이 남루한 것을 보고 비웃으며, 어떤 미친 아이가 함부로 왕궁으로 들어가고자 하느냐고 나무랐다. 가네마쓰가네는 용모가 활달하고 위풍당당하여 조금도 위축되지 않고 그저 왕을 뵙게 해달라고 청하였다. 여러 관리들이 이 모습을 보고 이상케 여겨 마침내 상전에게 보고를 하고 왕 앞에 나아갈 수 있도록 하였다. 가네마쓰가네는 곧장 품속에서 오이 씨앗을 꺼내어 왕에게 바치며 말하기를 "이 오이 씨앗은 나라의 보물입니다. 세계적으로 매우 진귀한 물건입니다. 그런데 때를 맞춰 비를 내리게 하여 비옥한 땅이 젖었을 때에, 아직까지 방귀를 뀐 적이 없는 여자로 하여금 씨앗을 파종토록 한다면 잘 자라서 열매를 많이 맺을 겁니다."라고 하였다. 왕이 이 말을 듣고 크게 웃으며 "이 세상에 태어나서 방귀를 뀌지 않은 사람이 어디에 있겠는가?"라고 물었다. 그러자 가네마쓰가네는 "그렇다면 사람이 방귀를 뀌었다고 어찌 책망할 수 있겠습니까?"하고 물었다. 왕은 그 말을 듣고 가네마쓰가네를 안으로 불러들여 가만히 그 연유를 물었다. 가네마쓰가네는 그의 어머니가 방귀를 뀐 것 때문에 고향으로 쫓겨나 자신을 낳게 된 경위를 남김없이 말씀드렸다. 왕이 그 사실을 듣고서 가네마쓰가네를 왕성에서 살도록 하고자 하였으나, 동해 작은 섬의 시골 출신인 아이를 곧장 왕자로 삼을 수는 없었다. 그래서 잠시 고향으로 돌아가 때를 기다리도록 하였다.

그 후 왕에게는 세자가 없었다. 마침내 가네마쓰가네를 불러들여 세자로 책봉하고 왕위를 잇도록 하였다. 이런 연유로 왕이 2년에 한 번씩 구다카지마로 행차하였다. 그리고 해마다 한 번씩 호카마 네히토와 노로가 어중문(御仲門)[246]로 들어가 공손하게 어류를 헌상하였다. 그러면 왕은 노로를 내원(內院)으로 불러들여 성대하게 잔치를 베풀고 차(茶)와 담배 등을 하사하였다. 또한 네히토에게도 관옥(貫玉) 한 쌍을 하사하였다. 강희(康熙) 경자(庚子)년[247]부터 어류를 헌상하는 일이 없어졌다고 전해진다.

往古之世玉城郡百名邑有一男人乳名白樽賦性至孝操心仁義恆爲善事不敢爲惡也玉城按司深褒美之遂以長男免武登能按司之女娶爲他妻一日夫婦一同出野登山玩樂光景忽看東溟之中有一小島隱見波濤之間白樽深奇且怪時時出行其野用心看

246) 내원(內院)으로 통하는 문을 말한다. 오키나와어로는 '우나카조'로 읽는다.

247) 서력으로는 1720년으로 상경왕(尙敬王) 8년에 해당된다.

之日晴雲散風和波静則現在一島隔海甚近此時威勢相競干戈未弭於是乎白樽深厭此世變亂要以遁去海島夫婦相共商議即乘小舟向東而行未一瞬息早至他島繫舟上岸遍巡四境泉甘土肥野曠山低宜設邑構家以爲栖居而今沒有食物日出海邊拾取螺貝以致日度由是夫婦共到伊敷泊以祈子孫繁衍食物豐饒未盡祈畢倏有一白壺隨波浮來白樽揭衣入海要撈其壺湮沒波閒不肯看見婦女至屋久留川沐浴其身改穿潔衣亦行他濱展開衣袖以俟白壺白壺自來袖上婦女喜執其壺控開其蓋内載麥三種(一小麥一葉多嘉麥一大麥)粟三種(佐久和餅也和佐)豆一種(俗叫小豆)即播其種于古閒口地節屆正月麥穗出發甚異常麥白樽深奇異之奉獻之於禁城至于二月其麥已熟恭擇吉旦奉獻其麥王深喜之而頂戴之即令人釀神酒以祭各處森嶽次賜百工從此之後五穀豐饒子孫繁衍遂以爲邑名之曰久高島其長女於戸兼專任祝女職掌各嶽祭祀長男眞仁牛襲父家統其子孫延至今世爲外閒根人二女思樽爲巫女遂擢禁城巫女日夜栖居城内其爲人也生質貞静容貌美麗迥異凡人□王召入内宮爲王夫人深蒙寵愛榮光已甚於是乎思樽懷胎由是諸妾嫉忌之不敢相交話一日思樽夫人謬致放屁諸妾欣欣然而喜之將其謬事時時相話以爲哂笑思樽夫人難侍御前遂告暇回鄕荏苒之閒歷閱數月已當臨盆月思樽意想□聖主後胤生産穢處恐有獲罪別設一座(至今外間根人家其産座猶存)降誕一男名曰金松兼長成七歲屢向母問父思樽兼夫人只答汝爲無父我一身而出耳年已八歲頻問父親曰天以陰陽而生育萬物者也況人皆有父母何以獨身

無父伏乞悉告愚父思樽夫人答說如前金松兼再三強問思樽夫人不敢告知思金松兼曰人不知父不得爲人活生無益何不早死哉遂朝夕絕食痛哭於是乎思樽夫人深憫其絕食細告蒙寵見嫉事自始至終說知一遍然汝素生海島衣服容貌不像京都雖有拜睹天顏之願不能遂志也故此前日問訊不敢告知也思金松兼聞之即到伊敷泊仰向東方曰母侍王側懷妊愚身倏有小過告病回鄉今予長成鄙邑心志不安伏祈天神地祇鑒此悃忱垂憫小幼得入朝聖主隆恩無旣每朝告祈不敢懈怠次至七日清晨有黃金一物發大光輝隨波浮來思金松兼深奇怪之亦展衣袖撈之即黃金瓜子也思金松兼大歡喜之即懷其瓜子告母赴京即刻起身入城請朝禁城役人或哂其髮赤衣粗或責癲童妄進城內思金松兼容貌躋躋威儀蕩蕩不稍驚惶之氣專請入覲題奏諸役人深奇怪之遂聞之於內院召入御前思金松兼直出其瓜子于懷內以爲獻上曰此之瓜種者國家至寶也世界罕有也蓋天降甘雨肥土已濕時特令未放屁之女播植此種則蕃衍茂盛結實甚夥□王大笑之曰人生此世誰不放屁哉思金松兼曰人有放屁何咎之有即王聽其言深至內院召入思金松兼密問其緣由思金松兼細奏其母放屁回鄉出產愚身之由王聞其事要以栖居城內然東海小島外夷孩童難以急陞爲男暫回故鄉以俟時候厥後王無有世子遂召思金松兼封爲世子即踐大位由是聖主二年一次親幸久高島且每年一次外間根人竝祝女由御仲門恭獻魚類數品則祝女召入內院恩賜盛宴及茶葉烟草等物根人亦賜御玉貫一雙康熙庚子裁去其獻物云爾

74. 마타네 와카아지(真種若葭)가 구슬을 지키다가 죽음을 당하다.

옛날 미야코야마(宮古山)[248]에 덴노 쓰카사(天之司)[249]라는 이름의 여신이 살았다. 그 여신은 손에 명주(明珠)를 들고 몸에는 비단옷을 걸쳤다. 마치 구슬과 같고 꽃과 같이 용모가 미려하였다. 홀연히 스미야모리(隅屋森)[가와미쓰 읍(川滿邑)의 동쪽 지역]라는 산에 강림하여 우연히 미리마시로돈(美理真白殿)[250]을 만나 부부의 인연을 맺고 한 아이를 낳아 길렀다.

그 아이의 이름은 마타네 와카아지(真種若葭)라 불렀다. 그 사람 됨됨이가 자질이 특출하고 기량이 매우 뛰어났다. 늘 도(道)를 중시하고 신을 섬겼으며, 노인을 공경하고 아이에게 자상했다. 마타네의 나이 15세 때에, 그의 어머니가 명주를 물려주고 청풍(淸風)으로 변하여 간 곳을 알 수 없게 되었다. 어느덧 부자(父子)가 어머니가 사라진 곳을 찾아다닌 지 삼년이 지났지만 종적을 알 수 없었다. 아버지는 밤낮으로 어머니를 생각하다가 병을 얻어 죽었다. 마타네는 아버지를 미리마산(美理間山)에 매장하였다.

이 때 우라시마(浦島)의 도주(島主)인 가나마노 아지(架那間葭)에게 딸이 한 명 있었는데 이름을 기사마 모리마라(嘉佐間森

---

248) 지명. 역주 93)을 참조.

249) 쓰카사(司)가 붙어 있지만 여기서는 여신의 이름이다. 쓰카사의 원래 의미에 관해서는 역주 86)을 참조.

250) 사람 이름이다.

間良)라 불렀다. 그 딸은 마타네 집에 아주 귀한 보물인 명주가 있어서 사방을 밝게 비추기가 명월 같다는 소문을 들었다. 자주 간계를 꾸며서 이를 빼앗고자 하였다. 마타네는 기둥을 뚫고 구멍을 만들어 명주를 깊이 감추어두고 결코 사람들에게 보여주지 않았다.

마침내 기사마모리마라는 급히 여자 십오륙 명을 불러들여서 남장을 하도록 하고, 어두운 밤중에 각각 몽둥이를 들고 마타네의 방으로 침입하여 그를 붙잡아 기사마산(喜佐眞山)으로 데려가게 했다. 마타네는 아무 죄도 없이 극심한 고문을 받고 고통스러워했다. 마타네는 '그 구슬은 어머니에게서 물려받은 집안의 보물인데 어찌 함부로 다른 사람에게 줄 수 있겠는가.' 하고 생각했다. 고문을 당한지 7일이 지났지만 결코 구슬을 감추어둔 곳을 말하지 않았다.

이 때 시모지(下地) 지방의 영주로 가와미쓰 오돈(川満大殿)이라는 사람이 살았다. 그는 마타네가 무고하게 죽을 처지에 놓였다는 소식을 듣고, 서둘러 그곳으로 가서 그를 대신하여 목숨을 애걸했다. 그러나 기사마모리마라는 청을 들어주지 않았다. 마타네가 가와미쓰 오돈을 향해서 눈물을 흘리고 통곡하며 말하기를 "제가 형님의 은혜를 입어 그 은혜를 갚고자 하나 제 목숨이 경각에 달렸으니 어찌할 수가 없군요. 제가 오늘 죽는다 할지라도 어찌 그 은혜를 잊을 수 있겠습니까? 우리 집안에 전해지는 명주를 기둥 속에 감추어 두었습니다. 청컨대 형님께서 그것을 꺼내어 기념으로 간직하기 바랍니다."라고 하였다. 그 후 기사마모리마라는 큰 바위를 마타네의 머리에 얹어 포구 근처에 있는 강에 내던졌다. 마을 사람들이 이 소식을 듣고 슬퍼하지 않는 사람이 없었다. 가와미쓰 오돈은 깊은 물 속으로 들어가 그의 시체를 건져 올리고 기사마산에 매장했다.

마타네를 죽인 자들이 그의 집으로 가서 구슬을 찾았다. 집을 허물고 땅을 파헤치며 샅샅이 뒤졌으나 결국 찾지 못했다. 가와미쓰 오돈이 혼자서 마타네의 집으로 가서 보니, 기둥 하나가 바로 서있지 않고 삐뚤어져 있었는데 밝은 빛이 하늘을 비추고 있었다. 가와미쓰 오돈이 이상케 여기고 기둥을 파보았더니 예상대로 구슬이 들어 있었다. 그 구슬을 갖고 집으로 돌아와 보물로 삼았다.

마침내 오돈은 하늘의 복을 받아 자손이 번성하고 거부가 되었다. 후에 그 구슬을 나카소네 도유미야(仲宗根豊見親)[251]에게 바쳤다. 도유미야는 이를 선왕(先王)인 상진왕(尙真王)에게 헌상했다. 하늘도 또한 마타네가 아무런 죄도 없이 죽은 것을 불쌍케 여겨 그를 섬의 수호신[이름을 마타네 와카아지(真種若葭)라 한다]으로 삼았다. 이런 연유로 마을 사람들이 치성을 드릴 때면 반드시 이 우타키(御嶽)[252]에 와서 빌었다.

昔宮古山有女神名曰天之司其神手持明珠身穿綵衣容貌美麗如玉如花忽降于隅屋森山(川滿邑東地)偶遇美理眞白殿結爲夫婦生養一兒名曰眞種若葭其爲人也質資異常器量超倫常重道崇神尊老慈幼年十五歲其母取出明珠授與眞種竟化清風而不知其所之之處則父子尋覓各處已經三年餘不見

251) 역주 215)를 참조.

252) 역주 42)를 참조.

其踪跡其夫朝夕思之却得病而卒焉即葬父于美理間山此時浦島主嘉那間葭有一女子名曰喜佐間森眞良此女一旦聞眞種家有明珠至寶至異光照四方恰如明月屡發奸計欲以劫奪之眞種鑿柱成坎深藏其珠不敢與人看之遂眞良急催婦女十五六人粧扮男状各持硬棒暗夜侵入他室擒獲眞種即往喜佐眞山拷問太極苦屈已甚眞種意想此珠母之所授與而傳家至寶者也豈可妄與人耶已經七日不敢告其所藏之處也時有下地主川滿大殿者聞眞種無辜致死急往其地代他哀乞眞良不肯貸饒眞種流涕大哭向大殿曰吾蒙兄厚恩今欲報謝奈我命在旦夕之際今日雖赴于九泉之下豈可忘銜結乎吾家有一明珠藏之于柱中請兄往取收之以爲表紀其後喜佐間森眞良等以大塊石加眞種之頭投他于浦小溝村人聞之無不哀悼大殿即臨深淵撈出其屍骨葬之于喜佐眞山此時賊輩亦往他宅壞墻屋掘土地遍求其珠竟不能尋得也大殿獨往其家只見一柱正竪不歪瑩光照天大殿大奇怪之穿柱見之果有一珠取而歸家以爲異寶大殿終享天祐之福子孫蕃盛家貲巨富矣後以此珠與仲宗根豐見親豐見親獻之于先王尚眞皇天亦憫眞種無罪致死令他爲護島之神(名曰眞種若葭)故村人求祈者必詣于此嶽而祈祷焉

75. 다마미가(玉美嘉)가 섬의 수호신이 되다.

옛날에 미야코야마(宮古山)[253]의 이라부 읍(伊良部邑)[254]에 한 사람이 살았다. 여자 아이를 한 명 낳았는데 이 아이는 천성이 총명하고 자색이 비할 바가 없었다. 부모가 그 아이를 진기한 보물처럼 깊이 사랑했다. 마을 사람들도 그 아이를 보고서 칭찬하지 않는 사람이 없었다. 이 때문에 이름을 다마미가(玉美嘉)라 불렀다.

나이가 열다섯 살이 되었을 때, 우연히 해변으로 바닷물을 길으러 갔다가 갑자기 신[신명을 다마미가(玉美嘉)라 부른다]으로 변하여 결국 돌아오지 않았다. 부모가 크게 놀라 각처를 빠짐없이 찾아다녔으나 그 종적을 알 수 없었다.

석 달이 지난 후에 그 딸이 노리세 다케(乘瀨嶽)[255] 밑에 나타났다. 부모가 이 모습을 보고 더할 나위 없이 기뻐하며 비틀거리며 딸을 안으려 하였다. 그러자 딸은 그 붙잡힌 소매를 뿌리치며 일어나 말하기를 "나는 이미 섬의 수호신이 되었다. 따라서 잠시도 머무를 수 없다."고 했다. 그리고 그 우타키(御嶽) 안으로 날아 들어갔다. 부모가 이를 보고 목 놓아 크게 울고서 마침내 소매를 뿌리칠 때 남겨진 소매 깃을 우타키에 봉안했

253) 지명. 역주 93)을 참조.

254) 지명. 역주 94)를 참조.

255) 여기서 다케(嶽)란 우타키(御嶽)를 의미한다. 우타키(御嶽)에 관해서는 역주 42)를 참조.

다. 사람들이 이 우타키를 노리세 우타키라고 불렀다. 지금도 복을 비는 사람들이 반드시 이곳에 와서 제사를 지낸다.

昔宮古山伊良部邑有一人氏產下一女子此女生質敏捷姿色無比父母深愛惜之如珍如寶鄕人見之皆無不稱贊故稱之曰玉美嘉年至十五歲偶往海邊汲潮水時忽化爲神(神名曰玉美嘉)竟不見回來父母大驚徧往各處尋之問之而不獲其踪跡已歷三个月出現乘瀨嶽下父母見之歡喜無極忙跑抱之神女斷袖而起曰吾已爲護島之神不可以暫住也即飛入其嶽父母覩之放聲大哭遂將其所斷之袖收于此嶽時人聞之以爲神嶽而今祈福者必詣于此以致祭祀焉

76. 도유미야(豊見親)가 성질이 못된 상어를 퇴치하다.

옛날에 미야코야마(宮古山)[256]의 이라부 촌(伊良部村)[257]을 다스리던 도유미야(豊見親)[258]는 체격이 우람하고 용력(勇力)이 더할 나위 없어 수만 명이 덤벼도 두려움을 몰랐다.

이 때 하리미즈 진(漲水津)[259]에 커다란 상어 한 마리가 살았다.[260] 때때로 나타나서 지나가는 배들을 덮치고 인육(人肉)을 먹었다. 사람들이 이를 두려워하며 감히 그 곳을 지나가지 못해 고통을 받았다. 도유미야가 이 소식을 듣고 탄식하여 말하기를 "하늘의 이치 중에서 사람이 가장 존귀한 법이다. 하물며 저 상어는 바다 속에 사는 미천한 물고기이다. 무슨 연유로 하늘을 거역하고 사람들에게 해를 끼친다는 말인가. 나는 저 상어가 사람들을 해치는 것을 앉아서 보고만 있을 수가 없다. 내가 사람들을 해치지 못하도록 하여 그들을 편하게 만들겠다."라고 장담하였다. 그리하여 길일을 택해 하늘에 맹세하며 축원하기를 "제가 신명을 다해 바다 밑으로 들어가 만인의 피해를 제거하고자 합니다. 엎드려 바라옵건대 천신지기께서 제

256) 지명. 역주 93)을 참조.
257) 지명. 역주 94)를 참조.
258) 도유미야(豊見親)는 존칭이다.
259) 지명. 하리미즈(漲水)에 관해서는 역주 181)을 참조.
260) 원문에는 鯖魚로 표기되어 있다. 미야코지마(宮古島) 지역에서는 일본어로 후카(鱶), 즉 상어를 가리켜서 鯖으로 표기하는 경우가 많다. 제36화를 함께 참조.

마음을 헤아려 못된 고기를 없애고 사람들이 편히 살 수 있도록 도와주소서. 청컨대 만약 제가 잘못되어 고기밥이 될지라도 제 자손들이 크게 번성토록 해주신다면 더 바랄 바가 없사옵니다."라고 하였다. 그리고 손에 칼을 쥐고 작은 배에 올라 하리미즈 진으로 나아갔다. 그랬더니 갑자기 커다란 상어가 파도를 일으키고 몸을 날뛰며 나타났다. 상어는 한 입에 배를 집어삼켰다. 도유미야는 상어의 뱃속으로 들어가 종횡으로 칼질을 했다. 그러자 바다가 온통 붉은 색으로 물들었다. 하늘이 어두워질 무렵에 상어의 배를 가르고 밖으로 나왔다. 도유미야는 혼신의 힘을 다한지라, 지친 나머지 히야지(比屋地) 해변으로 떠내려갔다. 그 마을 사람들이 이를 보고 급히 달려가서 부축하였다. 여러 번에 거쳐 치료를 하였지만 조금도 효험이 없었다. 마침내 몇 번 소리를 지르다가 죽고 말았다.

후대 사람들이 못된 고기를 물리쳐 준 은혜에 감사하는 마음에서 그를 존신(尊信)하고 신[이름을 도요무즈노슈(豊見氏親)[261]라 한다]으로 모셨다. 이 후에 무언가 치성을 드리고자 하는 사람들은 반드시 이곳에 와서 빌었다.

往昔之世宮古山伊良部村主豐見親體貌雄偉勇力無比雖數萬人無所畏懼時漲水津有大鯖魚時時出來屢害諸船以吃人肉民人畏之不敢往來致民困苦豐見親聞之嘆之意想天以生

261) 오키나와어로 보통 도요무즈노슈(とよむぅずのしゅ)로 읽으며 현재 이라부(伊良部)에 그를 기리는 석비가 세워져 있다. 제76화와 같은 관련 전설이 전해지고 있다.

物爲心而人以爲貴況彼鯖魚海中至賤者也何以違天害人耶我不忍坐視人受鯖害何不除之害致民安乎即擇吉籲天告誓日今欲棄我身命往至海底除萬民之害伏愿皇天后土實鑒此心賜除惡魚以安人民若我遇其害弔魚腹中請使我子孫大致蕃盛予願已足矣于是手提寶刀坐駕小舟往漲水津忽見大鯖翻波起濤躍出而來一口呑下連船豊見親在鯖腹中縱橫割破血染海面盡成紅色已抵暮天自其腹中割出于外此時豊見親渾身盡爛無力可泗漂至比屋地濱村人見之急往撈揚扶救頻加調理竝無效驗遂叫數聲而死後人感其除惡魚之恩即尊信之以爲靈神(名日豊見氏親)自此之後有求祈者必詣于此而祷焉

77. 오소로(遠曾呂)가 하리마니키야 모야(張間仁喜也毛屋)를 퇴치하다.

옛날에 미야코야마(宮古山)[262]의 다라마지마(多良間島)[263]에 한 부부가 살았다. 남편 이름은 이치노아지(伊知乃薼), 아내 이름은 호나마야(保那末屋)라고 했다. 부부 모두 마음이 정직하고 돈후(敦厚)한 성품에다 성실하였다. 항상 도(道)를 중시하고 유(儒)를 섬기며, 부모에게 효도하고 형제들과 화목하였다. 즐겨 은휼(恩恤)을 베풀고 결코 나쁜 짓을 하지 않았다.

하루는 그 부부가 수십 명과 함께 미네마(嶺間)에 가서 밭을 갈고 있었다. 이때 바닷물이 넘치고 파도가 밀려와서 같이 갔던 사람들이 모두 파도에 휩쓸려 바다 속으로 빠지고 말았다. 오직 그 부부만이 하늘의 도움으로 재난을 벗어나 목숨을 건질 수 있었다.

후에 1남 2녀를 낳았다. 남자 아이 이름은 쓰치마루 오토노(土原大殿)라 했다. 두 딸[이름 불명]은 천성이 총명하고 용모가 뛰어났는데, 이 세상 사람처럼 보이지 않을 정도였다. 때문에 마을 사람들이 이 두 딸을 보고서 칭찬하지 않는 사람이 없었다. 장녀는 다라마(多良間)를 다스리던 하리마 오토노(張真大殿)에게 시집가고 차녀는 오소로(遠曾呂)[민나지마(水納島)[264]의

262) 지명. 역주 93)을 참조.

263) 지명. 역주 105)를 참조.

264) 지명. 오키나와 현 미야코지마(宮古島郡)의 다라마(多良間)에서 북쪽으로 2킬로미터 떨어진 섬이다.

요노누시쓰치바루 오토노(世農主土原大殿)의 손자]에게 시집갔다.

오소로는 어릴 때부터 노인을 공경하고 아이에게 자상했으며, 밤낮으로 하늘에 절을 하고 신을 섬겼다. 하루는 문 밖에서 놀고 있는데 홀연히 한 신이 나타났다. 큰 광채를 발하며 하늘에서 내려와 운조(運城)[265]와 도마리다케(泊嶽)[266]에 나타났다. 오소로는 이 모습을 보고 기뻐하며 밖으로 나가 머리를 조아리고 엎드렸다.

이 때 시오카와 촌(塩川村)에 하리마니키야모야(張間仁喜也毛屋)라는 사람이 살았다. 그는 오만하기 그지없고 극악무도했다. 오소로의 재덕이 발군함을 질투하여 몰래 장사들을 불러들여 해치고자 하였다. 오소로는 그 소문을 듣고, 하리마니키야모야의 장사 중에 강한 자들이 많음을 두려워하여 운조·도마리다케로 가서 목욕재계 하고 신의 가호를 빌었다. 그러자 신이 일곱 살 된 아이[이름을 오라치토노마시라베(遠良知殿真志良栄)라고 한다]에게 접신하여 말하기를 "니키야모야의 병력이 많아도 두려워할 것이 없느니라. 오소로는 늘 정성껏 신을 섬겼다. 내가 반드시 그를 도와 큰 공을 세우도록 하겠다."라고 했다. 오소로는 신의 말을 듣고 크게 기뻐하며 안심하였다. 니키야모야는 몸소 병력을 이끌고 요시카(吉加)마을을 지나서 오소로를 치고자 하였다. 그러자 요시카 마을 사람들이 격노하여 서둘러 민병(民兵)을 조직하여 사면을 포위하고 싸웠다. 오소로도 뒤를 따라 공격해 들어갔다. 니키야모야는 양쪽에서 공격

---

265) 지명이다.

266) 여기서 다케(嶽)란 우타키(御嶽)를 의미한다. 우타키(御嶽)에 관해서는 역주 42)를 참조. 도마리는 지명이다.

을 받아 힘이 다하고 계략이 먹혀들지 않아 마침내 주살(誅殺)되었다. 그의 나머지 병졸들도 남김없이 목이 베였다.

이후 다라마지마의 사람들은 더욱 신심이 두터워져 무언가 치성을 드리고자 하는 사람은 반드시 이곳에 와서 빌었다.

昔宮古山多良間島有一夫婦夫名伊知乃蘆婦名姥保那末屋倶是存心正直敦厚誠實常重道崇儒孝養父母和睦昆弟好施恩恤不敢行惡一日他夫婦同數十餘人共往嶺間耕種田圃此時海水泛溢白浪滔天相隨之人盡爲浪所捲沈沒海中獨他夫婦得天之祐免此災殃以全性命後生一男二女男名土原大殿二女(名不詳)賦性敏慧容貌秀麗人中罕有世上尤稀故鄕人見之無不稱美長女適于多良間主張眞大殿次女適于遠曾呂(水納島世農主土原大殿之孫)遠曾呂自幼穉時尊老恤幼晨昏拜天崇神一日出門而遊忽有一神放光大輝自天而降出現于運城及泊嶽遠曾呂見之喜出望外頓首伏拜此時塩川村有張間仁喜也毛屋者驕傲已極惡逆無道深嫉遠曾呂才德拔人密催勇士將爲謀害遠曾呂聞得其事甚懼彼軍多彊到運城泊嶽齊戒沐浴求祈神庇即神托七歲幼童(名曰遠良知殿眞志良榮)曰仁喜也毛屋雖爲兵勢甚大不可畏懼遠曾呂恆崇神存誠吾必助彼軍以獲大功遠曾呂聞之大喜且安仁喜也毛屋親率衆軍侵過吉加里以伐遠曾呂吉加里人大怒急催民兵四面圍戰遠曾呂隨後攻來毛屋受他兩軍力盡計窮遂被誅討其餘兵卒盡斬于市自此之後本山人民愈加崇信而求祈者必到于此而祷焉

78. 자라테(茶良汀) 땅의 우타키(神嶽) 유래

옛날에 미야코야마(宮古山)[267] 다라마지마(多良間島)[268]의 가미나마(神那間) 땅에 큰 괴석(塊石) 두 개가 있었다. 그런데 홀연히 자라테(茶良汀) 땅으로 날아갔다. 이 때 하리마다마차(張間玉皿)라는 사람이 살았다. 자라테 땅을 돌아다니다 이 모습을 보고 크게 놀라고 괴이하게 여겨 "이것은 무거운 바위라서 움직일 수 없고 저절로 날지 못할 것이다. 무슨 연유로 잘 날아다니는 것일까? 이는 필시 영석(靈石)임이 분명하다."라고 말하고선 마침내 둘레에 나무를 심고 우타키(神嶽)[269]를 세웠다.

昔宮古山多良間島神那間地有二大塊石忽然飛移于茶良汀地此時有張間玉皿者歷行此地倐然見之大怪且驚自忖曰夫石之爲物也至重至静不自飛移何能飛去豈非靈石耶遂四面植樹以爲神嶽焉

267) 지명. 역주 93)을 참조.
268) 지명. 역주 105)를 참조.
269) 역주 42)를 참조.

79. 소나이도(祖納堂)의 요나구니(與那國) 정벌

옛날에 야에야마(八重山)[270]의 이리오모테 촌(西表村)[271]에 소나이도(祖納堂)라는 사람이 살았다. 이 사람은 천성이 강건하고 용맹했으며 여력(膂力)이 다른 사람보다 무척 뛰어났다. 키는 6척 정도였다. 일찍이 오하타케(遠波嵩)로 가서 초가를 짓고 살았다.

하루는 구름 한 점 없는 맑은 날에 혼자 높은 산에 올라가 멀리 바라보았다. 그러자 서해 쪽에 구름 같기도 하고 안개 같기도 한 작은 섬이 있어 파도 사이로 보였다. 소나이도는 뜻밖에 섬을 발견하고서 기뻐하였다. 서둘러 정병(精兵) 수십 명을 모아 배를 타고 가서 그 요나구니(與那國)[272]섬을 토벌하였다. 그는 큰 승리를 거두고 추장 두세 명을 포획하여 야에야마로 돌아왔다.

후에 야에야마는 주잔(中山)[273]에 충성을 맹세하게 되었다. 이 때 소나이도는 요나구니를 토벌한 일에 관해서 주잔에 상세히 보고하고, 마침내 요나구니를 주잔에서 관할하는 지역으로 삼게 하였다. 이후부터 요나구니의 선박이 야에야마를 왕래할 때에는 반드시 이리오모테지마(西表島)[274]에 선박을 묶어두

---

270) 지명. 역주 124)를 참조.

271) 지명. 이리오모테지마(西表島)를 말한다. 역주 124)를 참조.

272) 지명. 역주 123)을 참조.

273) 역주 40) 및 역주 132)를 참조.

고, 소나이도의 집에 들러 불신(火神)[신명은 오타이(遠他以)라고 한다]에게 배례하였다.

往古之世八重山西表村有祖納堂者此人生質剛勇膂力過人身長六尺餘嘗往遠波嵩結構草舍而栖居焉一日天氣晴明四顧雲散獨登高山遙望光景只見西海有一小島如雲如霧隱見波濤之閒祖納堂見之喜出望外急催精兵數十人坐駕戰船往討與那國大獲捷勝擒獲酋長二三人而回到八重山後八重山納款中山此時祖納堂細將此事具奏中山遂爲中山轄下之地矣自此而來與那國船舶往來八重山時必繫船于西表島必到祖納堂家而拜禮火神焉(神名曰遠他以)

274) 지명. 역주 124)를 참조.

80. 다케토미지마(武富島)의 시마나카(島仲)가 처음으로 배를 만들다.

옛날에 야에야마(八重山)[275]의 다케토미지마(武富島)[276]에 오누이가 살았다. 오빠 이름은 시마나카(島仲)라 하고 나이는 일곱 살이었다. 여동생의 이름은 아와레시(粟禮志)라 하고 나이가 다섯 살이었다.

하루는 오빠가 여동생을 데리고 후사키(福崎)[277]에 가서 놀고 있었다. 그러자 갑자기 한 물건이 바다에 떠내려 왔다. 그 생긴 것이 마치 반달과 같았다. 시마나카는 매우 이상케 생각하고 그 물건을 바다에서 건져냈다. 그리고 생각하는 바가 있어 도끼를 들고 산으로 가서 나무를 베고, 그 반달처럼 생긴 모양을 본따서 처음으로 배를 만들었다. 그 때 여동생이 식사를 준비해 왔다. 시마나카가 말하기를 "원컨대 여동생이 빨리 성장하여, 신께서 여동생을 통해 배 이름을 내려주시기 바랍니다."라고 하였다. 그러자 그 말이 끝나기도 전에 과연 신이 여동생에게 탁선하기를 "오빠가 만든 배는 매우 견고하여 충분히 바다를 건널 수 있다. 배 이름을 내려줄테니 이쓰토토미

---

275) 지명. 역주 124)를 참조.

276) 지명. 현재는 다케토미지마(竹富島)로 표기한다. 오키나와 현 야에야마제도(八重山諸島)에 속한 한 섬이다. 야에야마제도의 주된 섬인 이시가키지마(石垣島)에서 남서쪽으로 6.3킬로미터 떨어진 바다에 위치해 있다. 섬의 면적은 5.42 평방킬로미터이다. 역사적으로 야에야마의 행정기관인 구라모토(蔵元)가 설치되었던 곳으로 역사적인 유적이 많이 남아있다. 현재 오키나와에서 손꼽히는 관광지의 하나로 각광을 받고 있다.

277) 지명이다.

나나토토미(五包七包)라 부르도록 하여라."라고 알려주었다.

어느 때 시마나카가 그 배를 가까운 바다에 띄워놓고 놀고 있었다. 배는 생각지도 않게 파도에 떠밀리고 바람에 실려서 구로시마(黒島)[278]에 표착하였다. 그러자 구로시마 사람들이 모두 그 배를 본따서 배를 만들어 다케토미지마로 타고 갔다. 시마나카가 그 모습을 보고서 "무슨 까닭인지 내 배와 똑같이 생겼구나."라고 말하였다. 구로시마 사람들에게서 배를 만들게 된 경위를 듣고 나서야 자신의 배를 본따서 만들었다는 사실을 알게 되었다.

옛날에는 반드시 다케토미지마에서 배를 만들었다. 근세에 이르러 이시가키(石垣)[279]에서 배를 만들게 되었다.

往古之時八重山武富島有一兄一妹兄名日島仲年甫七歲妹名日粟禮志年甫五歲一日其兄携小妹往福崎而遊焉忽見一物浮海而來影形如半輪月島仲大怪而撈收之遂感之于心即以斧斤入山伐木傚習其制始以造船時小妹饋饁而來島仲日願汝早成長靈神托于汝身而請乞船號言未畢果神托小妹詑宣日兄所造之船牢實堅固誠堪涉海今賜船號日五包七包或時島仲泛此舟于海濱以爲娯樂不想隨波任風漂至黒島黒島之人悉倣其制亦造船隻駕至武富島仲見之日何與我船相似耶遂問造船緜情以知倣吾船而製造焉往昔之時必造船于武富邑至于近世亦改以造船于石垣也

---

278) 지명. 오키나와 현 야에야마제도(八重山諸島)의 주된 섬인 이시가키지마(石垣島)에서 남서쪽으로 20킬로미터 떨어진 곳에 위치한다. 면적은 10.02 평방킬로미터이다.

279) 지명. 이시가키지마(石垣島)를 말한다. 앞의 역주 124) 및 역주 278)을 함께 참조.

81. 세 명의 형제와 이시가키(石垣)·도노시로(登野城)가 생긴 유래

옛날에 야에야마(八重山)[280] 사람들이 비로소 사물의 이치를 알게 되고 그 사는 곳이 조금씩 정착되었다. 그렇지만 아직 신을 섬기는 법을 알지 못했다. 그저 무력을 지닌 자들이 그 무력만을 믿고서 다른 사람의 재물을 약탈하였다. 또한 권세가 있는 자들은 그 권세를 믿고서 다른 사람의 목숨을 해쳤으며, 노인을 속이고 약자를 능멸하기가 이루 말할 수 없었다.

그 때 세 명의 형제가 살고 있었다. 장남의 이름은 마타네마시즈(眞種增瑞), 차남의 이름은 나타하쓰(那他發), 그리고 삼남의 이름은 히라카와카와라(平川瓦)였다. 형제가 모두 성품이 착했다. 특히 장남 마타네마시즈는 이시스쿠야마(石城山)에 살면서 늘 신을 섬기고 결코 나쁜 짓을 하지 않았다.

하루는 인일(寅日) 오경(五更) 무렵에 홀연히 마사시모토타이(靈光泰) 신이 이시가키 읍(石垣邑)[281]의 미야토리야마(宮屋鳥山)에 나타났다. 그리고 마타네마시즈의 여동생에게 탁선하여 말하기를 "신은 사람들의 부모이고 사람은 신의 자식이니라. 그리고 사람들은 형제지간처럼 예를 갖추고 서로 친목해야할 것이다. 지금 내가 세상 사람들을 보건대, 항상 싸움을 즐겨하고 서로 상처를 입히며 목숨을 빼앗기가 마치 조수(鳥獸)를 죽이

---

280) 지명. 역주 124)를 참조.

281) 지명. 이시가키지마(石垣島)를 말한다. 앞의 역주 124)를 함께 참조.

듯 하는구나. 이는 실로 신이 꺼려하는 바이다. 왜 이 같은 짓을 하는지. 너는 홀로 선한 마음을 지니고 신을 섬기며 사람들을 사랑하니, 신의 뜻을 잘 받들고 있다. 내가 이 산에 있으면서 너를 평생토록 지켜주겠다."라고 하였다. 말이 끝나자 신은 청풍(淸風)으로 변하여 사라졌다.

마타네마시즈는 더욱 신을 섬기며 우타키(御嶽)[282][신명을 가미우리바나(神宇里花)라 한다. 또한 이비(威部)[283]가 한 곳 있었는데 이름을 도유미야다토라이(豐見親太登良伊)라 한다]를 세웠다. 마침내 그 산 옆에 초가를 짓고 신을 섬기면서 널리 사람들을 아꼈다. 형제자매가 모두 매우 화목하였으며 아직까지 다툰 적이 없었다. 이후 오곡이 풍년들고 집안이 부유해졌다. 다른 사람들이 흉년을 맞아 배고픔과 추위에 시달릴 때에도, 오직 이 형제자매만이 어려움을 겪지 않았다. 신을 잘 섬기고 형제간의 우애가 돈독한 덕분이 아니겠는가. 세상 사람들이 이 모습을 보고 그 공덕에 깊이 감동하여 모두 이곳으로 모여드니 한 읍촌을 이루었다. 지금의 이시가키(石垣)・도노시로(登野城)가 바로 그 곳이다.

昔八重山之人知機始闢居處稍定而未知崇信神明之事但有武勇者自恃其勇奪人財物有威權者自倚其威害人性命欺老

282) 여기 나오는 우타키의 이름은 미야토리 우타키(宮屋鳥御嶽)이다. 우타키(御嶽)에 관해서는 역주 42)를 참조.

283) 오키나와에서 우타키(御嶽) 안쪽을 말한다. 가장 신성한 공간으로 간주되며 남성의 출입이 금지되어 있다.이비에는 향로가 놓여 있으며 그 뒤쪽으로 구바(クバ) 등의 신목(神木)이 심어져 있다. 구바(クバ) 는 비로(ビロウ)라 부르기도 한다. 야자과에 속하는 키가 큰 상록수이다.

凌弱無所不至時有兄弟三人長名曰眞種增瑞次名曰那他發次名曰平川瓦兄弟俱善但眞種增瑞居于石城山常信神明不敢慢褻一日値寅日五更忽有靈光泰神出現于石垣邑宮屋鳥山托其妹曰神者人之父母也人者神之子也人與人者皆兄弟也恭禮親愛以宜和睦今視世人常好爭鬪交換略字傷人賊命如殺鳥獸是誠神明之所厭也何能如此耶汝獨存善心信神愛人能合于神明我在此山爲汝永守終身之事言畢遂化清風而去焉眞種增瑞愈尊信之以爲神嶽矣(神名曰神宇里花又有一威部名曰豐見親太登良伊)遂于此山側結草菴崇信神明汎愛衆人兄弟姉妹盡以和睦未嘗有鬧自此之後五穀豐登家貲日富故人有遭凶年不免于饑寒而他獨不受其苦焉豈非尊神明友兄弟之故者乎世人亦見之深感其德盡聚此地以爲邑村焉今之石垣登野城即是也

82. 삿슈(薩州)의 보노쓰(坊津)에서 철기를 가져오다.

옛날에 야에야마(八重山)[284] 오하마 촌(大濱村)의 농가에 형제 두 사람이 살았다. 형의 이름은 히루마쿠이(昼捲伊)라 하고 동생의 이름은 고치다마가네(幸地玉金)라 했다. 형제가 모두 농사짓는 일을 생업으로 삼아 농업에 진력코자 하였으나 어찌된 셈인지 이 섬에는 철기가 없었다.

하루는 형제가 "우리가 듣기에 동쪽나라에 쇠가 많다고 하는데 가서 구해오는 것이 어떨까?"하고 서로 의논하였다. 마침내 작은 배를 만들어 뱃사람 수십 명을 이끌고 돛을 올려 출항하였다. 삿슈(薩州)[285]의 보노쓰(坊津)[286]에 이르러 배를 묶어두고 상륙하여 철기를 구입코자 하였다.

그 때 백발노인이 나타나서 말하기를 "너희들은 어디에서 왔는가?"라고 물었다. 야에야마 사람으로 철기를 구하러 왔다고 대답하니, 노인이 다시 묻기를 "너희 섬에서는 신을 섬기느냐 그렇지 않느냐? 이곳에 영험한 신이 계시는데 너희 섬으로 보내드릴까 한다."라고 하였다. 형제가 "저희 섬에는 아직 영험한 신이 없습니다. 바라건대 신을 보내주십시오."라고 대답하였다.

---

284) 지명. 역주 124)를 참조.

285) 사쓰마(薩摩)의 다른 이름이다. 사쓰마는 지금의 가고시마현(鹿児島県) 서부에 해당되는 지역이다. 일찍이 오키나와와 교류가 많았으며, 1609년에 오키나와를 침입하였다.

286) 지명. 지금의 가고시마현(鹿児島県) 미나미사쓰마 시(南さつま市)에 속한다.

노인은 궤짝 하나를 주면서 당부하기를 "바다 가운데로 나아가면 이 궤짝에서 반드시 소리가 울릴 것이다. 그 울리는 소리를 따라서 배를 달린다면 바람과 파도를 전혀 염려하지 않아도 될 것이니라. 만약 그대들이 사는 섬으로 돌아가게 되면 아주머니나 누이들로 하여금 이 궤짝을 열어보도록 하여라."라고 말하였다. 형제가 기뻐하며 절을 하고 궤짝을 받았다.

그 궤짝을 배에다 싣고 노를 저어 나아가니 뒤쪽에서 순풍이 불고 파도가 잠잠했다. 마침내 닻줄을 풀고 바다 가운데에 이르자 노인이 말한 대로 궤짝이 울리기 시작했다. 형제가 서둘러 궤짝을 열어보니 그 안에는 아무것도 들어있지 않았다. 이때 바람이 서풍으로 바뀌어 반대쪽으로 심하게 불어 배가 다시 보노쓰로 되돌아갔다. 노인이 "너희들은 바다 가운데서 궤짝을 열어보았느냐?"라고 물었다. 형제들이 사실대로 고하였다. 노인이 궤짝을 받아서 굳게 봉한 후에 다시 내주며 "이 궤짝을 다시 열어보아서는 안 되느니라. 만약 다시 궤짝을 열어보았다가는 순풍이 불지 않을 것이다."라고 경고하였다. 형제는 명을 받들고 공손하게 물러나왔다. 그러자 생각지도 않게 갑자기 순풍이 불어오고 파도가 잠잠해졌다. 형제가 크게 기뻐하며 배를 띄우고 바다로 나아갔다. 며칠 걸리지 않아서 오하마 읍(大濱邑)의 사키하라 진(崎原津)으로 돌아왔다.

형제는 상륙하여 집으로 돌아가, 바로 아주머니와 누이를 불러 궤짝의 뚜껑을 열어보도록 했다. 그러자 신이 아주머니와 누이에게 탁선하여 말하기를 "나는 세상을 구제하고 백성들을 지켜주는 신[이름을 사키하라신(崎原神)이라 한다]이니라."라고 했다. 이로 인해서 형제가 그 신을 섬기고 처음으로 우타키(御

嶽)[287]를 세워 제사를 지냈다. 이 신을 가리켜 속칭 '새로운 신(新神)'이라 불렀다.

지금에 이르기까지 섬사람들이 공손하게 제물을 갖추어 결코 제사지내기를 게을리 하지 않는다. [야에야마에서는 대신(大神)을 모신 후에 이 신을 모신다. 때문에 세상에서 속칭 새로운 신(新神)이라 불렀다]

往古之世八重山大濱村農民之家有兄弟二人兄曰晝捲伊弟曰幸地玉金兄弟倶以農爲業欲盡力于田畝奈本島無鐵器一日兄弟相議曰吾聞東國多鐵何不往求哉遂造小舟率水梢數十人揚帆出洋行到薩州坊津即繫舟上岸買得鐵器時有白髮老人曰汝自何處來曰八重山之人也特爲買鐵器而來老人曰貴島信神否予有靈神以給送汝乎曰吾未有靈神願以送給焉老人送與一櫃即囑之曰此櫃於中洋必有聲響隨其響處開駕走去則無風濤之虞矣若歸貴島即令伯母小妹輩控開此櫃兄弟歡喜而拜受之裝載此櫃于船中將還棹時順風徐來水波亦静遂解纜開洋往抵中洋其櫃果響兄弟大忙開櫃視之竝無一物此時風轉西南逆吹甚猛舟復至坊津老人曰汝洋中開櫃否兄弟實以告訴老人又把櫃固封與之曰此封不可再開若再開櫃以看無有順風兄弟領命諾然而退不想忽倏順風吹起波濤亦静兄弟大喜開船出洋不數日回到大濱邑崎原津兄弟上岸歸家乃請伯母小妹來開櫃視之此時神托伯母妹等曰吾乃濟世庇民之神(名曰崎原神)也由是兄弟崇信其神始以爲嶽以行祭禮俗稱新神至于今世島中之人恭備祭品皆行其禮不敢懈怠焉(八重山崇信大神之後亦崇信此神故俗稱新神)

---

287) 역주 42)를 참조.

83. 이리카노라(西嘉和良)와 아리카노라(東加和良) 형제가 돌담을 쌓다.

옛날에 야에야마(八重山)[288]에 형제 두 사람이 살았다. 형은 이름을 이리카노라(西嘉和良)라 하고 동생은 이름을 아리카노라(東加和良)라 했다. 형제가 모두 천성이 온화하고 형제간에 우애하며, 사람들과 화목하고 집안에 질서가 있었다. 그 형제는 일찍이 미즈다키(水嵩)란 곳에서 살다가 나중에 후타라마(普太良間)로 이주하였다. 동생은 시라호(白保)로 이주하였다.

이 시대에 야에야마 사람들은 아직 거처가 정해지지 않았고 각처로 흩어져, 대부분이 싸움을 즐겼으며 약탈이 끊이질 않았다. 오직 이리카노라 형제만이 각자 초가를 짓고 즐거운 마음으로 유유히 세월을 보내고 있었다. 부근 사람들이 모두 그 소문을 듣고서 처자를 데리고 모여들어 두 마을이 생겨났다.

그러자 이리카노라 형제가 의논하기를 "이제 마을이 이루어졌지만 멧돼지가 출현하여 오곡을 먹어치우고, 소와 말이 달아나서 마을사람들의 피해가 크다. 담장을 쌓아서 금수의 피해를 막아야겠구나."라고 결정하였다. 마침내 시라호의 동쪽 가와지리(川尻)에서 시작하여 미야라(宮良)의 서쪽 높은 산지에 이르기까지 돌담을 쌓았다. 높이는 5 척(尺), 길이가 2 리(里) 정도 되었다. 이후 금수의 피해가 없어지고 오곡이 풍년이 들어 사람들이 편안하게 살 수 있었다.

---

288) 지명. 역주 124)를 참조.

往古之時八重山有兄弟二人兄曰西嘉和良弟曰東加和良兄弟俱是賦性温厚友兄愛弟和睦人民一家相齊兄弟嘗居于水嵩後遷于普太良閒已而兄移居宮良地弟移居白保地當此之時八重山之人居處未定散分各處多好爭鬪搶奪不弭獨西嘉和良兄弟各構草庵怡然自安以送光陰也隣境之人皆聞其雅風各携妻子而來遂聚爲二村于是乎西加和良兄弟相謂曰今村舍雖已成山猪時來牛馬逃去盡食五穀貽害人民不可築垣以防禽獸也哉遂自白保東表川尻起迄宮良西表高山地始築石爲垣高五尺長二里餘自此之後禽獸逃匿五穀豐登而民以安樂矣

84. 시키나 읍(識名邑)의 우오사게(魚提) 동굴의 유래

시키나 읍(識名邑)[289]의 서쪽에 큰 동굴이 하나 있었다. 입구가 슈리(首里)[290]를 향해 있어서 긴조(金城)[291]·슨가(寒水川)[292]에 큰 장애가 되었다. 읍 사람들이 모두 문서를 갖추어 왕궁에 진정하였다. 그래서 미야코(宮古)[293] 사람들로 하여금 그 동굴을 부수게 하여 피해를 막도록 하였다. 그런데 미야코 사람들이 배를 출항시킬 때에 이르러 자주 역풍이 불어와 배가 파손되었다. 미야코 사람들이 동굴이 있는 곳에 이르러 동굴 벽에 물고기 모양을 새기고 성대하게 신에게 제사지냈다.

이후 뱃길이 평안하고 바다를 지나는 배가 무사히 섬으로 돌아갈 수 있었다. 이런 연유로 동굴의 이름을 우오사게(魚提)라 부르게 되었다.

識名邑之西有一大洞口向首里甚忌金城寒水川邑人僉具呈文題奏□王庭即令宮古人剗破其洞以防其害忌宮古人當開

---

289) 지명. 오키나와 현 나하 시(那覇市)에 속해 있다. 특히 이 곳에 있는 시키나엔(識名園)이라는 오키나와 식의 정원이 유명하다.

290) 지명. 역주 24)를 참조.

291) 지명. 긴조(金城)에는 다리가 놓여 있는데 1677년에 돌다리로 개축되었다. 지금도 남아 있다.

292) 슨가(寒水川)는 오키나와어로 읽은 발음이다. 슈리(首里)에 있는 하천 이름으로 지금도 남아 있다.

293) 지명. 역주 93)을 참조.

船時屢遭逆風遂以破損於是乎宮古人亦至其地魚形刻於洞壁大祭其神以爲許願自此之後海船無恙一路平安以致歸島由是名呼魚提

85. 우라소에 군(浦添郡) 나카마 읍(仲間邑)의 대식가 분카쿠(文格)

옛날에 우라소에 군(浦添郡)[294]의 나카마 읍(仲間邑)에 분카쿠(文格)라는 사람이 살았다. 체격이 크고 여력(膂力)이 비할 데 없이 뛰어났다. 항상 여덟 사람 몫의 밥을 먹고 여덟 사람 몫의 일을 했다. 매일 밭에 나가서 밭을 갈고, 밤이 되면 밭을 갈던 쇠로 된 쟁기를 풀숲에 넣어두고 집으로 돌아갔다. 아직까지 쇠 쟁기를 들고 집으로 가는 모습을 본 적이 없었다. 사람들이 모두 이 모습을 보고 쇠 쟁기를 훔치려고 하였으나 무거워서 들 수가 없었다. 후에 슈리(首里)[295]에 있는 성에서 게라이아쿠가미(家來赤頭)[296]라는 낮은 직책을 맡았다. 그가 궁성에서 당직을 설 때에는 반드시 먼저 다섯 되 되는 양의 밥을 먹고 왕성에 가서 당직을 섰다. 그리고 나흘 밤낮 동안 조금도 밥을 먹지 않았다.

왕이 그 소문을 듣고 내전으로 불러들여 큰 그릇[속칭 오완부우(大碗保宇)라 부른다]에다 술을 담아 하사하여 마시도록 했다. 분카쿠는 먼저 돼지기름(猪油)을 마시고 술을 마시겠다고 청하였다. 그러자 왕이 큰 그릇에 기름을 담아서 하사했다. 분카쿠는 기름을 마신 후에 단숨에 그 술을 들이켰다. 분카쿠가 집으로 돌아갈 때가 되자 왕이 사람을 시켜서 그 뒤를 밟게 했

294) 지명. 역주 19)를 참조.

295) 지명. 역주 24)를 참조.

296) 신분이 매우 낮은 직책이다.

다. 분카쿠는 곧장 집으로 돌아가서 그 아내를 불러 “왕께서 술을 내려 주셨는데 아직 충분치 않으니 혹시 집에 술이 있으면 가지고 오시오.”라고 술을 청했다. 그러자 아내는 감주(甘酒)를 꺼내 와서 분카쿠에게 주며 위로하였다. 분카쿠는 감주를 두 잔[한 잔에 술 한 되가 들어간다] 더 마셨다.

往昔之世浦添郡仲間邑有文格者身體高昂膂力無倫常吃八人之食作八人之業況往至田畝以致耕耘至于晚天將其鐵钁打入草頭而歸家未嘗帶鐵钁以爲往來人皆看之要以盜取不能搖動而取焉後爲首里家來赤頭該班禁城時必一次吃五升之飯而進至王城以爲看守而四晝夜間未曾吃一點之飯也王聞其事招入御庭盛酒大碗(俗叫大碗保宇)而賜飲之文格奏請先賜猪油而後飲酒□王賜油一大碗文格飲油而一口飲盡其酒以備□聖覽當退歸時□王令人跟文格而行以覩其踪跡文格一直到家即呼妻囑之日□聖主賜酒而未嘗飲飽也若家有酒乞取來以飲即妻取出甘酒與他飲之以勞其勞文格亦飲甘酒二世直皿(每皿盛酒一升)

86. 후로쿠(普呂久) 노파와 신암(神岩)

옛날에 나카자토 군(仲里郡)[297]의 마자 읍(眞謝邑)에 사는 사스노 오야코(佐次大屋子)[298]의 비녀(婢女) 중에 후로쿠(普呂久)라는 노파가 있었다. 하루는 바다에 나가서 해조류를 따고 있는데 갑자기 비가 쏟아졌다. 이톤자(糸武謝)라는 곳으로 가서 바위 밑에서 비를 피했다. 후로쿠 노파가 바위 안쪽을 자세히 살펴보니 청결하게 잘 정리되어 있는 것이 마치 신이 살고 있을 법한 영지(靈地)로 보였다. 노파는 그 곳을 향해 "이곳에 혹시 신이 계신다면 저에게 신의 영험함을 보여주소서."라고 기원하였다. 그러자 그 말이 끝나기도 전에 불현듯 문어 여섯 마리가 파도에 떠밀려와 노파 앞에 모여들었다. 노파는 그 문어를 잡아 집으로 돌아가서 오야코에게 아뢰었다.

오야코는 매우 괴이하게 여겨 노파를 데리고 바로 그 바위가 있는 곳으로 가보았다. 가보니 노파가 말한 그대로였다. 오야코는 크게 기뻐하며 밤낮으로 그 바위 밑에 머물면서 꿈에 신이 나타나 계시하기를 기원했다. 그러자 그날 밤 꿈에 신이 나타나 "이곳에 권현신(權現神)이 계신다."라고 계시하였다. 오야코는 더욱 신심이 두터워져서 그 바위를 신암(神岩)으로 삼았다. 이후 두 군(郡)에 사는 사람들이 모두 이곳에 와서 복을

297) 지명. 오키나와 현 시마지리 군(島尻)에 속했던 옛 지명이다. 현재 구메지마(久米島)에 속해 있다.

298) 오야코(大屋子)에 관해서는 역주 12)를 참조.

빌었다. 지금에 이르기까지 오야코의 자손들이 대대로 하후리베(祝部)[299]가 되어 신에게 지내는 제사를 관장한다.

往昔之世仲里郡眞謝邑佐次大屋子婢女有普呂久姥者一日往海採漂藻時驟然雨降往至糸武謝避雨於其岩下普呂久姥熟看其岩内清潔幽雅嚴然靈地恰似神在即以祷之日若此地有神神之靈驗示給于吾祈言未畢忽有蛸魚六尾隨波漂來聚會姥前姥取得此魚歸告大屋子大屋子大奇怪之即携姥同往其岩而見之果與姥言不相異焉大屋子欣然而喜之日夜宿他岩下以祈夢告此夜果見夢告曰此處有權現神云爾大屋子愈致崇信以爲神岩自此之後兩郡人民皆至其地以致祈福至于今世大屋子之孫世爲祝部管其祭祀焉

299) 오키나와어로는 호이(ホーイ)라고도 한다. 신에게 자내는 제사를 관장하는 직종이다.

87. 이시토니(石塘根)의 신기한 샘물

옛날에 크게 가뭄이 들고 마실 물이 없어서 많은 사람들이 걱정하며 한탄했다. 하루는 가데카루 히야(嘉手苅比屋)라는 사람이 늘 기르던 소 한 마리가 매어 놓은 밧줄을 끊고 이시토니(石塘根)[300] 땅[나카자토 군(仲里郡)에 있다]으로 도망쳐 물을 마시며 갈증을 달랬다. 히야가 그 곳을 찾아가 보았더니 맑은 물이 솟아나고 물맛 또한 좋았다. 그가 생각하기를 '지금 극심한 가뭄이 오래되어 산과 들의 초목이 모두 말라 비틀어지고 물 한 방울 나지 않는데, 이곳만 맑은 물이 솟아나는 것을 보니 반드시 이곳에 신이 계실 것이다.'라고 짐작하였다. 그래서 성심껏 향을 피우고 비를 내려달라고 빌었다. 기도가 채 끝나기도 전에 즉시 큰 비가 내렸다.

이후부터 가뭄이 심하게 들 때마다 반드시 그 여동생 두 사람[한 사람은 기미세나이(喜美勢名意)라 하고 또 한 사람은 미쓰이다시(美津伊多姿)라 했다]을 청해 공손하게 제물을 바치고 향을 피워 비가 내리기를 빌었다. 그러면 반드시 비가 내렸다. 지금에 이르기까지 두 군(郡) 사람들은 반드시 이곳에 와서 비가 내리기를 빌었다.

---

300) 현재 구메지마(久米島) 병원의 동쪽에 전설과 관련된 관련 바위가 놓여 있으며 구메지마의 지정문화재로 지정되어 있다.

往昔之世天已大旱無有飮水人多愁嘆之一旦嘉手苅比屋恆所飼之一牛忽拉斷繩索逃至石塘根地(在仲里郡)飮水止渴比屋尋來其地而看之果然而有清水湧出味尤甘美比屋意想今旱魃甚久山野滿地草木枯槁無有一點之水而湧出清泉必也神在乎遂發誠實焚香祈雨言未畢即時大雨從此之後每逢天已旱魃必請其妹二人(一曰喜美勢名意一曰美津伊多姿)恭備祭品焚香祈雨無不必應至於今世兩郡人民必至於此而祈祷焉

88. 구메나카 구스쿠(久米仲城)의 관음상

옛날에 구메지마(久米島)[301]에 한 중이 살았다. 일찍이 일본에 유학하여 밀법(密法)을 전수받고 법인(法印)[302]이라는 지위에 임명되었다. 그런데 세월이 흘러 그 이름을 알지 못했다. 속세에서 말하기를 구메(久米) 법인이라 불렀다. 일찍이 고코쿠지(護國寺)[303]의 주지로 있다가 그 후 주지를 그만두고 고향으로 돌아갔다. 그 때 마자 읍(真謝邑)[304]에 법당을 세우고 관음상을 봉안하였다. 법인이 죽고 나서 사람들이 구메나카 구스쿠(久米仲城)에서 지세를 두루 살핀 후에, 성 밑에 궁을 세우고 관음상을 그 안에 안치하여 숭신(崇神)하였다.

往昔之世久米島有一僧嘗遊日本傳授密法封爲法印焉而歷年已久不知其名俗稱之曰久米法印曾住護國寺後辭其寺歸居故鄉時建堂于眞謝邑奉安觀音像法印遷化之後久米仲城遍相地勢亦建宮于城下移安觀音於其中以爲崇信焉

---

301) 지명. 역주 129)를 참조.

302) 일본어로는 호인(法印)이라 부른다. 「法印大和尚位」의 약칭으로 승려의 지위 중에서 가장 높다. 그 아래 지위로는 호겐(法眼), 홋쿄(法橋) 등이 있다.

303) 진언종(眞言宗) 계열의 절이다. 속칭 난민누티라(ナンミンヌティラ)라고 부른다. 현재 나하 시(那覇市) 와카사(若狭)에 소재하고 있다.

304) 지명. 구메지마(久米島)에 속해 있다.

89. 구메지마(久米島) 마자 읍(真謝邑)의 유래

옛날에 구메지마(久米島)[305]의 마자(眞謝)[306] 땅은 토지가 비옥하고 산야가 광활하였으며 물도 또한 감미로웠다. 이때 우후구미시(上宇根)[307]에 아카미네노시(赤嶺子)[오쿠로(大黒)의 아들이다], 다나하라(棚原)[308]에 아다니야노시(安谷屋子)[아카미네노시의 아들이다], 마자바루(眞謝原)[309]에 마자코(真謝子) 등 세 명이 살고 있었다. 세 명이 함께 산천을 두루 둘러보고 의논 끝에 마자 땅으로 옮겨 살았다. 아카미네(赤嶺)는 집을 오쿠미시(大米次)에 짓고 아다니야(安谷屋)는 집을 아다야(安谷屋)에 지었으며, 마자는 집을 우스쿠(宇曾久) 밑에 짓고 살았다.[310] 이후 사람들이 점점 이곳으로 모여들어서 마침내 마을을 이루었다. 마을 이름을 마자 읍이라 불렀다.

往昔之世久米島眞謝地土地肥滿山野廣闊水亦甘美此時有上宇根赤嶺子(大黒之子也)棚原安谷屋子(赤嶺子之子也)眞謝原眞謝子等三名遍相其山川共與商議搬居眞謝地赤嶺造家於大米次安谷屋構家于安谷屋眞謝結家于宇曾久下各以栖居焉自此之後漸漸人皆聚居於此遂爲村邑名日眞謝邑

305) 지명. 역주 129)를 참조.
306) 지명. 구메지마(久米島)에 속해 있다.
307) 지명. 마자(真謝)에 속해 있다.
308) 지명. 마자(真謝)에 속해 있다.
309) 지명. 마자(真謝)에 속해 있다.
310) 현재도 우후구미시(ウフグミシ). 아단나(アダンナ), 우스쿠(ウスク) 등의 옥호(屋号)가 남아 있다.

90. 메구로모리(目黑盛)가 미야코야마(宮古山)의 도주(島主)가 되다.

미야코야마(宮古山)[311]에 메구로모리(目黑盛)라는 사람이 살았다. 성격이 영웅처럼 호탕하고 무용(武勇)이 뛰어났다. 그런데 어릴 적에 일찍이 부모를 여의고 의지할 곳이 없었다. 그저 자형(姉兄)인 시모지 읍주(下地邑主)[이름을 우라테다(於良手多)라고 한다]에게 의탁하고 살았다.

메구로모리가 성장하자 그 누나가 몰래 "남편의 마음이 간교하고 바르지 못해서, 네가 이 집에 오랫동안 머물다가는 아마도 남편이 너의 무용을 시기해서 해치고자 할 것이다. 너는 빨리 이곳을 벗어나 화를 피하도록 해라. 돌아가신 아버지가 전답을 큰아버지인 이토카즈 오아지(系數大按司)[312]에게 맡겨 놓았으니, 너는 고향으로 돌아가 큰아버지 댁에 가서 그 전답을 돌려달라고 청하거라. 그 전답을 열심히 경작하여 생활하도록 해라."하고 일러주었다. 메구로모리는 이 말을 듣고 매우 놀랐다. 남매가 서로 껴안고 통곡하다가 헤어지고 히라라마(平良間)[313] 땅에 숨어 살았다.

마침내 메구로모리가 오아지의 집에 가서 부드러운 목소리와 표정을 지으며 전답을 돌려줄 것을 간청하였다. 그러나 오

311) 지명. 역주 93)을 참조.

312) 아지(按司)에 관해서는 역주 48)을 참조.

313) 지명. 히라라(平良)는 오키나와 현 미야코지마(宮古島)에 속해 있었던 지명이다. 현재 미야코지마시(宮古島市)로 통합되었다.

아지는 잠자코 대답하지 않았다. 오히려 메구로모리를 죽이고자 하는 기색이 엿보였다. 메구로모리는 결코 두려워하지 않고 여러 번에 걸쳐 청을 하였다. 오아지는 “그 전답은 나 한 사람 것이 아니라 일곱 명의 형제들에게 나누어 준 것이다. 너는 일곱 명 모두와 의논해서 찾아가도록 해라.”하고 말하였다. 메구로모리는 일곱 명의 형제들에게 전답을 돌려달라고 하였다. 그러자 그 일곱 명은 모두 대답하기를 “우리가 전답 있는 곳으로 가서 승부를 겨룬 후에 돌려줄 것을 결정하기로 하지.”하고 말하였다. 메구로모리는 하는 수 없이 승부를 겨룰 날을 택해서 일곱 명의 형제들과 그 곳으로 가서 싸웠다. 메구로모리는 용력을 발휘하여 그 일곱 명을 죽이고 전답을 되찾아 시라카와(白川)[314]로 돌아왔다. 그리고 무기를 우물 위에 꽂아놓고 우물 물로 목욕재계를 하여 부정함을 씻었다.

그 때 시라카시라톤(白兼白殿)이란 사람이 강변에 살았다. 시라카시라톤에게는 딸이 한 명 있었는데 재주가 매우 뛰어나고 미모가 경국지색이었다. 그 딸이 우연히 메구로모리가 지나가는 모습을 보고 곧장 아버지를 향해서 “지금 강 위쪽에 있는 사람은 용모가 비범하여 나중에 큰 복을 누리고 도주(島主)가 될 사람입니다.”라고 고하였다. 그 아버지는 어린 딸이 메구로모리에게 마음이 있어 그를 칭찬한다고 생각했다. 곧장 가서 살펴보았더니 과연 영웅답게 용모가 준수하고 기량이 뛰어나 보였다. 바로 집으로 불러들여서 여러 이야기를 나누다가 일곱

314) 원문에 그저 ‘白川’로만 되어 있어서 확인할 수 없으나, 문맥으로 추측할 때 우물 이름을 의미하는 듯하다. 이 점에 관해서는 제7화에서 ‘川’이 우물을 의미하는 데서 확인할 수 있다.

명을 죽였다는 이야기를 듣고 축하하였다. 극진히 환대하고 자기 딸을 메구로모리에게 시집보내고자 한다는 청을 했다. 메구로모리는 홍은(鴻恩)에 감사드렸다. 시라카시라톤은 길일을 택해서 혼인 비용을 마련하고 성대한 혼례를 올리고자 하였다. 메구로모리가 말하기를 "저는 조금 전에 일곱 명을 죽여서 몸이 많이 더러워졌습니다. 청컨대 흰 그릇을 사용해 혼례를 올리도록 해주십시오."라고 청하였다. 그리하여 흰 그릇을 사용하여 혼례를 올렸다. 후에 자손이 번성하고 딸이 예견한대로 도주(島主)가 되어 크게 부귀영화를 누렸다.

지금에 이르도록 혼례를 올릴 때에 반드시 흰 그릇을 사용하여 신주(神酒)를 담는 풍습은 이때 시작되었다.

宮古山有目黒盛者性質英雄武勇絕倫而幼稚之時父母蚤亡無所倚告但托姉夫下地邑主(名曰於良手多)以爲跟隨已及成長姉密囑之曰良夫之心横逆奸險汝久居此宅恐有良人妬汝武勇以爲謀害汝早去此處免乎他難且先父田地托在伯母夫糸數大按司汝歸家鄕則往至他宅請還其地盡力田畝以致日度目黒盛聽之驚之姉弟相共哭慟分散出行隱居平良開地遂往大按司宅和聲愉色懇請還給田畝大按司默然而不答而有將謀殺之氣目黒盛不敢畏懼再三強請大按司曰其田地者不托予一人實授七人兄弟也汝與七人相議以爲還收目黒盛即向他七人欲還收其田畝他七人皆答之曰吾等出其田地防戰勝負以決還給目黒盛無奈之何擇定日期與彼七人出戰於

其地目黒盛振勇勵力殺害其七人收其田地而歸來白川插立武器於井上臨水沐浴以除其汚穢時有白秉白殿者栖在川邊白殿只生一女才知超世麗色傾國此女忽看目黒盛往過此地直向父曰今在川上之人容貌非凡後承大福以爲島主也歟父想嬰女之心掛念他一男稱美云爾白殿早往見之果有一英雄士容貌高昂局量絕世即招入家宅相話古今以賀戰殺七人款待優厚遂請將一嬰嫁于目黒盛以結婚姻目黒盛深謝鴻恩白殿擇得吉辰預備婚費將爲完婚目黒盛曰今我討七人身蒙汚穢乞用白器以爲婚禮即作白器完竣合巹之禮後又子孫繁衍果爲島主大承富貴榮華焉至于今世行乎婚禮必用白器盛入神酒自此而始焉

91. 기마 촌(儀間村)의 루토나간(留戸長武)이 벼 종자를 퍼뜨리다.

옛날에 구메지마(久米島)[315]의 아라다키(安良嶽)[316][나카자토(仲里)의 마기리(間切)[317] 기마 촌(儀間村)에 있다] 밑에 갑자기 어린 모 두 그루가 생겨났다. 그 가지와 잎이 다른 것과 달랐다. 기마 촌의 루토나간(留戸長武)이 이를 보고서 매우 아끼면서 아침저녁으로 그 모를 지키며 다른 사람들이 꺾지 못하도록 하였다. 벼가 익을 때가 되자 이삭이 매우 많이 열리고 그 맛이 매우 좋았다. 루토나간은 이 벼를 심어 번식시켜 섬 전체로 퍼지게 했다. 주잔(中山)[318]사람들이 이 소문을 듣고 그 종자를 구하여 심었다.

往昔之時久米島安良嶽之下(在仲里間切儀間村)倏生稻秧二本枝葉異常儀間村留戸長武忽然而見之深奇愛之朝夕看守其稻秧不使人攀折之當已熟時結實甚多味亦甘美焉長武栽植此稻繁衍茂盛以擴島中矣中山之人亦聞此事皆要其稻種以致栽植焉

---

315) 지명. 역주 129)를 참조.

316) 여기서 다키(嶽)란 우타키(御嶽)를 의미한다. 우타키(御嶽)에 관해서는 역주 42)를 참조.

317) 역주 116)을 참조.

318) 역주 132)를 참조.

92. 지요가네마루(千代金丸) 신검(神劍)의 유래

옛날에 쇼하시(尙巴志)319)가 몸소 병사를 이끌고 호쿠잔(北山)320)의 성을 에워싸고 공격하였다. 호쿠잔의 왕은 성곽이 견고하고 지세가 사방으로 험준한 것을 믿고서, 스스로 평랑문(平郞門)[즉 정문]을 지키고 모토부 오하라(本部大原)라는 장수로 하여금 경간문(慶間門)[즉 후문]을 지키게 하였다. 서로 협력하여 병사를 독려하니 방비가 아주 튼튼하였다. 쇼하시는 병사를 독촉하여 성을 공략하였다. 모든 병사들이 앞 다투어 공격한지가 여러 날이 지났지만 성은 여전히 함락되지 않았다.

그러자 쇼하시는 폐백(幣帛)과 금옥(金玉)을 가지고 몰래 오하라(大原)에게 뇌물을 주고 성문을 열어 항복하도록 회유하였다. 오하라는 몰래 그 뇌물을 받고서 호쿠잔의 왕에게 성을 나가 싸울 것을 권하였다. 호쿠잔의 왕은 몸소 정병(精兵)을 이끌고 평랑문으로 나가 크게 용력(勇力)을 떨치며 싸워 적군을 절반 이상 죽였다. 이 틈을 타 오하라는 내궁의 비빈(妃嬪)들에게

---

319) 인명. (1372—1439). 처음으로 오키나와를 통일하여 류큐왕국(琉球王国)을 세운 인물이다. 신호(神号)는 세지타카마모노(は勢治高真物)라 한다. 사시키 아지(佐敷按司)에서 입신하여, 오키나와 본도 남부지역인 남잔(南山)의 동쪽 절반을 세력하에 두었던 우라소에오자토 아지(島添大里按司)를 물리치고 두각을 나타냈다. 1406년에 주잔(中山)의 부네오(武寧王)를 멸망시키고 아버지 쇼시쇼(尚思紹)를 주잔의 왕으로 세워 제일상씨왕조(第一尚氏王朝)의 초대 왕으로 옹립하였으며, 자신은 그 보좌역으로 오키나와 통일에 진력하였다.

320) 역주 40)을 참조.

왕이 적군에게 살해당했다고 거짓으로 아뢰었다. 왕의 비빈들은 이 말을 듣고서 모두 목을 매고 죽었다.

호쿠잔의 왕은 오랫동안 혼전(混戰)이 이어져 힘이 다해 지친 나머지, 돌아와서 내궁으로 들어가 잠시 앉아 쉰 후에 다시 성을 나가 싸우고자 했다. 그런데 비빈들이 모두 죽고 궁성이 텅 빈 것을 보고 크게 놀라 격노했다. 고코쿠샤(護國社)[321] 앞으로 나가서 신석(神石)[신명을 가나햐부(嘉那比武)라 한다. 지금도 그 돌이 있는데 단단하고 청색이다. 크기는 오 척 정도이다. 십자(十字) 모양으로 갈라져 있다]을 향해 꾸짖으며 "그대는 호국신이다. 항상 신으로 섬겼는데 무슨 연유로 우리를 지켜주지 않는가? 지금 나라가 금시라도 망할 지경이다. 그대 혼자서만 살고자 하는가?"하고 소리쳤다. 그리고 허리에 차고 있던 칼[지요가네마루(千代金丸)[322]라 부른다]을 뽑아 그 신석을 네 덩어리로 잘랐다. 이어서 그 칼을 들어 스스로 자결하고자 하였으나 신검(神劍)이 영험한지라 주인을 해치지 않았다. 즉 홀연히 둔검(鈍劍)으로 변하여 칼이 전혀 들지 않았다. 호쿠잔의 왕은 그 검을 시키마(志慶間) 계곡[성 뒤에 있다]에 던져버리고 다른 칼을 집어 들어 스스로 자결하였다.

그 후 지요가네마루[다른 이름은 데가네마루(手金丸)라 부른다]는 떠내려가서 오야도마리 촌(親泊村)의 동쪽에 있는 미즈하

321) 여기서 말하는 고코쿠샤(護國社)가 어디에 위치하는 지는 분명치 않다.
322) 오키나와의 왕가인 쇼케(尚家)에 전해지는 보검이다. 제92화는 이와 관련된 전설이다. 길이가 92.1센티미터, 도신(刀身)이 71.3 센티미터이고 칼의 손잡이에 大世라는 두 글자가 새겨져 있다. 마루(丸)란 일본어에서 명검에 붙이는 보통명사이다.

리(水漲) 계곡에 이르렀다. 이후에 계곡 안에는 밤마다 밝은 빛이 두우(斗牛)[323] 사이를 비추어 큰비가 내리고 강풍이 불어도 결코 그 빛이 사라지지 않았다. 이헤야(伊平屋)[324] 사람이 이를 보고 매우 이상케 여겨 일부러 바다를 건너와서 보았더니, 그저 물속에 검 하나가 있을 뿐이었다. 그 검을 건져보니 실로 보검이었다. 즉시 슈리(首里)[325]로 가지고 가서 왕에게 헌상하였다. 지금 왕부(王府)에서 제일가는 보검이 바로 이것이다.

昔時尚巴志親率軍兵攻圍山北城山北王已恃城郭堅固四繞嶮岨親守平郎門(即大門)亦令一將本部大原守慶閒門(即後門)相共協力督軍防備甚密巴志催兵攻城諸軍兵爭先攻擊至于數日城已不陷于是巴志將幣帛金玉竊賂大原以求開城而降大原私收其賂即請山北王出城防戰山北王親率精兵大奮勇力出平郎門以便相戰殺過一半此時大原詐以王爲敵被討奏聞内院妃嬪等王妃嬪聽之悉皆縊亡而山北王混戰已久膂力已倦回入内院一時坐歇將亦出城防戰忽見妃嬪盡就死地以爲空宮大驚且怒即往護國社前叱其神石(神名曰嘉那比武今有其石堅實青色闊五尺許分爲十字)曰汝爲護國神常爲崇信何不祐庇耶今國家將亡汝豈獨生哉即執其所帶之劍(稱千代金丸)劈開其神石分爲四塊亦把其劍欲自刎而薨神劍至靈

323) 북두성(北斗星)과 견우성(牽牛星).

324) 지명. 오키나와 현 시마지리 군(島尻郡)에 속한다. 제일상씨왕조(第一尚氏王朝)를 세운 쇼하시(尚巴志)의 조부인 佐銘川大主(鮫川大主라고도 한다)의 출신지라고 한다.

325) 지명. 역주 24)를 참조.

不忍傷主忽變鈍劍不肯少利山北王擲棄其劍于志慶間溪(在城後)別執一刀自刎而薨焉厥後千代金丸(又叫手金丸)流到親泊村東水漲溪自此之後溪内夜夜光輝射于斗牛間大雨烈風不敢消滅焉伊平屋人深奇怪之特來航海見之水中只有一劍即撈獲之誠此寶劍也即刻捧至首里以獻于□王即今王府第一寶劍是也

93. 명마의 유래에 관한 두 가지 설

옛날에 고에쿠 군(越來郡)[326]에 사는 소년 몇 명이 각자 기녀(妓女)를 데리고 구후지(御宝瀨)란 곳에서 놀았다. 그 때 초원에서 망아지가 슬프게 우는 소리가 들렸다. 그 우는 소리가 심상치 않았다. 소년의 무리가 가서 보았더니 작은 망아지 한 마리가 있었다. 소년들이 사방으로 들판을 돌아다니며 어미 말을 찾아 젖을 물리고자 하였으나 어미 말을 찾을 수 없었다. 어미 없는 말이란 사실을 알게 되었다. 그래서 망아지를 죽여 흥을 돋구고자 하였다. 기녀가 이를 보고 말리면서 "이 망아지는 실로 준마입니다. 그 우는 소리가 기이하고 생긴 모습과 골격이 특이합니다. 어찌 그 말을 죽일 수 있겠습니까?"라고 말하였다. 소년들은 기녀의 만류에 따랐다.

다음 날 가미지 촌(上地村)에 사는 기호(儀保)가 소문을 듣고 가서 그 말을 보았더니 과연 보통 말과는 달랐다. 그렇지만 몸이 무척 말랐고 풀을 먹을 수도 없었다. 그 말을 끌고 와서 매일 좋은 먹이를 주고 길렀다. 조금씩 살이 찌자 말을 들판에 매 놓고 풀을 먹여 길렀다. 그때 어떤 사람의 실수로 불이 나서 들판을 다 태우고 소와 말이 모두 죽었다. 그렇지만 그 말이 있는 곳만 불이 번지지 않았고 조그마한 상처도 입지 않았다. 지금 그 곳을 가리켜서 야키마지(燒廻地)[야키(燒廻)란 사면이 불타는

---

326) 지명. 오키나와 현 고자 시(コザ市)의 옛 이름으로 고자 시는 1974년에 미자토(美里)와 합병하여 오키나와시(沖縄市)가 되었다.

데 중간이 불타지 않았다는 뜻이대라 부른다.

그 후 그 말은 성장하여 나는 듯이 질주하였다. 이름 부르기를 구후지 말(御宝瀨馬)이라 하였다. 그 시대 사람들이 "야국마(野國馬)[명마]에 이어 이 말이 나타났다. 구후지말보다 빨리 나는 새가 없다."라고 노래하였다.

일설에 따르면 이러하다. 고에쿠 군 마을에 한 여자가 살았다. 자식 한 명을 낳았는데 몇 개월도 지나지 않아 그 자식이 병에 걸려서 요절하였다. 여자는 밤낮으로 통곡하였다. 하루는 그 여자가 주체할 수 없이 자식 생각이 나서 구후지 들판으로 나가 슬픈 마음을 달래고 있었다.

이 때 한 농민이 망아지 한 마리를 끌고 와서 들판에 풀어놓는 모습을 보았다. 그 망아지는 몹시 야위고 걷기조차 힘들어 보였다. 여자가 가서 그 까닭을 물어보았더니 농민이 말하기를 "어미 말이 이 망아지를 낳고서 며칠 지나지 않아 죽고 말았다. 내가 정성을 다해 길렀지만 이 망아지는 젖을 먹으려고 하지도 않고 갈수록 야위어만 간다. 이 때문에 들판으로 끌고 와 풀을 먹여 기르고자 한다."라고 들려주었다. 여자는 이 말을 들으니 더욱 불쌍한 생각이 들었다. 청을 하여 집으로 망아지를 데리고 와 밤낮으로 젖을 먹여 키웠다. 그 말은 성장하자 골격이 뛰어나고 달리는 것이 마치 나는 듯했다. 마침내 그 말을 이름 불러 구후지 말이라 부르게 되었다고 전해진다.

앞의 두 가지 설은 세월이 오래되어 어느 쪽이 맞는지를 알 수가 없다.

昔時越來郡少年數名相携妓女遊于御寶瀨地時聞野草之中有駒哀鳴其聲甚異衆往觀之即一小駒也衆少年遍巡四野尋求拇馬要以乳哺拇馬已無在也即知無拇之駒而將宰殺之以助遊供妓女止之曰此眞駿馬也其鳴也有奇聲其相也有異骨豈可忍殺之乎衆少年皆從其言次日上地村儀保倏聞其事往視此駒果異常馬而身體甚瘦不能吃草即拉來此駒日給米飯以喂養之至于稍肥繫之於野而草喂之時有人失火燒盡原野牛馬皆死獨此駒所在火不延燒駒已無恙今名其處曰燒廻地(燒廻者四面燒廻而中閒不燒之謂也)厥後此馬年齒已長疾走如飛名之曰御寶瀨馬時人歌曰野國馬(名馬)後兮有斯馬御寶瀨馬前兮無飛鳥一說越來郡邑有少婦女生下一子未閱數月其子罹病夭死少婦晝夜慟哭一日少婦深憶其子不得已出于御寶瀨之野已慰嘆愁之心倏看農民拉來一駒喂乎原野而駒體甚瘦難以站步少婦往問之農民曰拇馬生此駒已隔數日拇馬頓死予用心喂養而此駒馬無有吃乳日日漸瘦故此拉來此野而草喂之少婦聞之愈感尤憫請移家宅日夜乳哺以致成長於是乎骨體異常其走如飛遂名之曰御寶瀨馬此二說歷世久遠不知孰是

94. 사카야마모리(崎山森) 우타키(御嶽)의 유래

옛날에 슈리(首里)[327]에 사키야마 사토누시(崎山里主)[328]라는 사람이 오래 전부터 살고 있었다. 그 사람의 됨됨이는 천성이 소박한데가 매우 현명하고 덕망이 있었다. 이로 인해 후세 사람들이 그 덕을 깊이 따르고 숭신(崇神)하여 우타키(御嶽)[329]를 세웠다. 그 우타키를 이름하여 사카야마모리(崎山森)라 부른다. 이 권은 정(鄭)[330]이 기록했다.

往昔之世首里有崎山里主者嘗居于此其爲人也賦性實朴賢德絕倫由是後世之人深慕其德崇信爲嶽名之曰崎山森

此卷俱鄭

---

327) 지명. 역주 24)를 참조.

328) 오키나와어로는 사치야마 사토누시(さちやま さとうぬし)라고 발음한다.

329) 역주 42)를 참조.

330) 편자 중의 한 사람인 정병철(鄭秉哲)이다.

PART 03 구양(球陽) 외권(外卷) 삼(三)

95. 지넨 촌(知念村)의 오웃치(大掟)와 그의 양자 우치마 오오야(內間大親)

옛날에 지넨 촌(知念村)331)에 한 사람이 살았다. 이름은 고네(古根)라 하고 오웃치(大掟)332)라는 직책을 맡았다. 사람 됨됨이가 효순(孝順)하고 매사에 정직하였다. 다른 사람이 좋은 일을 하면 기뻐하고 사랑했으며, 가난에 시달리는 사람을 보면 재산을 털어서도 도왔다. 누가 나쁜 짓을 하면 힘써 교화하였으며 그래도 뉘우치지 않으면 올바르게 꾸짖었다. 송사(訟事)가 벌어졌을 때에 고네가 중재를 하면 따르지 않는 사람이 없었다. 떳떳치 못한 사람은 그 앞에 나서기를 꺼려하였다. 이로 인해 마을 사람들은 다툼이 벌어졌을 때에는 반드시 오웃치에게 해결해주기를 청했다. 때문에 사람들이 그를 오웃치마에(大掟前)333)라 높여 부르고 모두 그를 어려워했다. 지금 귀인을 지칭할 때에 반드시 마에(前)를 붙여 부르는 것은 이 때부터 시작되었다.

그 때 왕이 그 소문을 듣고 오웃치를 매우 칭찬하였다. 하루는 왕이 구다카지마(久高島)334)에 행차하기 위해서 지넨 촌을 지나다가 갑자기 큰 비를 만났다. 왕이 종신(從臣)들에게 명하기를 "갈 길이 아직 멀고 큰 비가 그치지 않으니 잠시 이 마을

331) 지명. 역주 151)을 참조.

332) 웃치(掟)에 관해서는 역주 203)을 참조.

333) 여기서 마에(前)는 존칭이다.

334) 지명. 역주 242)를 참조.

에서 가마를 머물도록 하라."고 말하였다. 마침내 고네의 집으로 가서 그를 불렀다. 그런데 고네에게 아내가 없음을 딱하게 여기고, 바로 명을 내려 우치마 촌(內間村)[335]의 여자를 아내로 삼게 했다. 그런데 어찌된 영문인지 슬하에 자식이 없었다. 그래서 아내의 친족 중에서 한 명을 양자로 삼았다. 고네가 죽기에 이르자, 그 양자가 지나 지토시키(知名地頭職)[336]를 이어받고 우치마 오오야(內間大親)라 칭했다. 왕이 대를 이어 녹을 내리고, 오오야를 지넨 구스쿠(知念城)에 거주시키고 성을 지키도록 하였다. 그리고 그곳을 왕이 동행(東幸)할 때에 머물러 쉬는 곳으로 삼았다.

오오야는 왕의 총애를 많이 받았으므로 새로 수확한 곡식을 거두어들일 때마다 반드시 신주(神酒)를 빚어 헌상하였다. 하루는 오오야의 사신이 신주를 헌상하러 사시키 촌(佐敷村) 앞을 지나가다가 도적들에게 빼앗겼다. 그 후에도 이런 일이 잦았다. 오오야는 용력(勇力)이 누구보다 뛰어난 사람이었다. 마음속으로 한 가지 계략을 꾸미고 평범한 백성으로 분장한 후에 몸소 신주를 짊어지고 갔다. 예상대로 도적들이 나타나 신주를 빼앗으려다가 붙잡히고 말았다. 도적들은 죽음을 면케 해달라고 애걸하였다. 오오야는 수차례에 거쳐 교화한 후에 그들을 풀어주었다. 도적들은 그 은혜에 크게 감사하며 논 수십 무

335) 우치마는 오키나와 각지에서 볼 수 있는 지명이자 성(姓)이다.

336) 여기서 지나(知名)는 지넨(知念)의 오기인 듯하다. 즉 지넨 지역의 지토시키(地頭職)라는 의미로 보는 것이 타당할 듯하다. 지토시키란 지토(地頭)로서의 직무 및 그에 수반되는 권리를 의미한다. 지토란 시대에 따라서 조금씩 의미가 달라졌는데, 해당 지역의 토지관리 및 조세징수 등의 업무를 담당하였다.

(畝)[337]를 바치고 사례하였다. 오오야가 사양하고 받지 않자 도적들이 엎드려 울며 바치고자 했다. 마침내 오오야가 받아들였다. 그 논이 지금 사시키 촌에 있다. 이른바 지넨 논(知念田)이라 부르는 논이 바로 그것이다.

어느 해에 흉년이 들어 곡식이 여물지 않았으나 지넨 논 만큼은 풍년이었다. 하루는 도적들 사십 여명이 떼로 몰려와 벼를 약탈했다. 오오야는 용기를 내어 도적들을 물리치고 바위 위에 앉아서 잠시 쉬었다. 그런데 애석하게도 그날 밤에 죽고 말았다. 상풍왕(尙豊王)[338]시대에 이르러 오오야가 지키던 곳을 지넨 구스쿠 안으로 옮기게 했다. 지금은 그것을 지넨고텐(知念御殿)이라 부른다. 상정왕(尙貞王)[339] 시대에 기와를 새로 얹었다.

昔知念村有一人名日古根職在大掟爲人孝順行事正直見人行善喜而愛之或其貧苦出財資之有人爲惡務而敎之竟其不從以義責之訟者經其一詾無不心服惟枉者畏至于其前是以村人爭訟必願大掟前明斷自此郡人呼大掟前皆肅然而畏今稱貴人必加前一字者蓋自此始時王聞之深嘉其人一日幸久

337) 척관법(尺貫法)에서 토지면적을 나타내는 단위이다. 1 단(反)의 10분의 1로, 1무(畝)는 99.174 평방미터이다.

338) 인명. (1590～1640). 류큐왕국(琉球王国) 제이상씨왕조(第二尚氏王朝)의 제8대 국왕으로 재위기간은 1621년부터 1640년까지이다.

339) 인명. (1645～1709). 류큐왕국(琉球王国)의 제이상씨왕조(第二尚氏王朝)의 제11대 국왕으로 재위기간은 1669년에서 1709년) 까지이다. 상정왕(尙貞王) 때에 사이타쿠(蔡鐸)가 류큐왕국의 대표적인 역사서의 하나인 『중산세보(中山世譜)』를 편집하였다.

高島路經知念村忽遇大雨□王諭從臣曰前路尚遠大雨不止當暫停駕于此村竟臨古根宅召出見之憐其無妻即命娶內間村女也奈無子乃命妻族一人爲之義子及死義子繼授知名地頭職稱內間大親嗣而發帑金構屋于知名城使其守之以爲東幸聊憩之所大親深受其寵榮每新收米必作神酒以獻一日遣使獻之行經佐敷村前被盜民奪去次後亦然大親勇力出衆心設一謀扮爲小民親挑神酒前來果有盜民來奪早被大親擒獲盜民哀求免死大親反覆教之竟放彼去盜民深感其恩將水田數十畝謝恩報德大親固辭不受盜民泣拜進之大親乃受之其田今在佐敷村而所謂知名田者是也一年凶荒五穀不登惟知名田大熟一日盜民約有四十餘人爲羣割稻大親勵勇擊散暫坐石上而歇一歇惜大親被其暗夜射死至于□尚豐王時以其所守之屋移建知念城內今稱知念御殿至□尚貞王改爲瓦蓋

96. 지넨(知念) 아자마 촌(安座眞村)의 우후지추(大神宮) 부자

옛날에 지넨(知念)[340]의 마기리(間切)[341] 아자마 촌(安座眞村)에 한 사람이 살았다. 이름을 우후지추(大神宮)라 불렀다. 키가 일 장(丈)이나 되고 힘이 비할 바가 없이 셌다. 나이가 백 이십 살에 죽었다. 장례를 치른 지 사흘 후에 풍속에 따라 관을 열어 보았더니, 그저 관에 나뭇잎이 가득 차 있을 뿐 시체가 보이지 않았다. 그 후손들이 마을 안에 사당을 세워 신으로 섬기고 매년 사월 십팔일에 그를 제사지냈다. 즉 지금의 대신궁제(大神宮祭)[342]가 바로 그 것이다.

그 자식의 이름은 오야다케(親嶽)라 불렀다. 키가 크고 힘이 센 것이 그 아버지를 닮았으며 무예가 뛰어났다. 그 때 오시마(大島)[343]에서 반란이 일어났다. 왕은 오야다케에게 이를 토벌하도록 명을 내렸다. 그런데 반란군은 수가 많고 관군은 수가 적어 되돌아왔다. 하는 수 없이 왕이 몸소 군사를 이끌고 토벌

---

340) 역주 151)을 참조.

341) 역주 116)을 참조.

342) 오키나와어로는 우후지추사이(大神宮祭)라고 발음한다.

343) 『중산세보(中山世譜)』에 따르면 15,6세기 무렵에 기카이지마(喜界島)와 오시마(大島)에서 반란을 일으켜 정벌을 했다고 한다. 오시마 군(大島郡)이라고 하면 아마미제도(奄美諸島) 전체를 가리킨다. 아마미오시마(奄美大島)를 비롯하여 기카이지마(喜界島), 가케로마지마(加計呂麻島), 요로시마(與路島), 우케시마(請島), 도쿠노시마(德之島), 오키에라부지마(沖永郎部島), 요론토(与論島) 등이 여기에 속한다. 당시에는 류큐(琉球)왕국에 속해 있었다.

하였다. 오야다케는 왕을 호종(扈從)하여 큰 공을 많이 세우고 전답을 하사받았다. 그 전답이 하에바루(南風原)[344]의 요나하촌(與那覇村)[345]에 있다. 지금의 고하마시타(古羽眞志田)가 그것이다. 이로 인해서 요나하 오야쿠모이(與那覇親雲上)[346]라 부르게 되었다. 아버지 우후지추는 음낭(陰囊)[347]이 큰 사람이었다. 지금에 이르도록 자손들이 모두 그러하다.

往昔知念閒切安座眞村有一人名叫大神宮身長一丈力大無比年一百二十而死葬後三日隨俗開視只有木葉滿棺其屍無跡裔族以爲神仙建祠村內每年四月十八日祭之即今之大神宮祭云爾其子名日親嶽身長力大不異于父武藝冠衆時大島謀反□王命親嶽討之奈大島兵衆官兵甚寡而歸由是□王親征之親嶽扈從大建奇功賞賜田地其地在南風原閒切與那覇村即今所謂古羽眞志田是也因叫與那覇親雲上父大神宮卵包大至今子孫皆然

---

344) 지명. 역주 79)를 참조.

345) 지명. 하에바루(南風原)에 속해 있다.

346) 오야쿠모이(與那覇親雲上)란 영지(領地)를 지닌 사람에 대한 칭호이다. 오야다케는 왕을 호종(扈從)하여 큰 공을 세우고 전답을 하사받았기 때문에 요나하 오야쿠모이(與那覇親雲上)로 부르게 되었다는 이야기이다.

347) 원문에는 '난포(卵包)'라고 나와 있다.

97. 벤노오오야(免之大親)가 중국에서 쇠를 담금질하는 기술을 배워오다.

옛날에 본국에는 아직 쇠를 담금질하는 기술이 없었다. 시모시키야 촌(下志喜屋村)[348]에 벤노오오야(免之大親)라는 사람이 살았다. 일곱 번이나 몰래 중국으로 가서 교역하였다. 마침내 병란을 만나서 칠 년 동안 체류하였다. 그가 처음으로 쇠를 담금질하는 기술을 배워 돌아왔다.

往古本國未有鐵匠下志喜屋村有免之大親者七次私自至中國交易終遭兵亂留在七年始學鐵匠而歸

348) 지명. 오키나와어로는 시차(シチャ)라고 부른다. 현재 오키나와 현 난조 시(南城市)에 속해 있다. 북부 쪽 경사지를 가미시키야(上志喜屋)라 하고 해안으로 치우친 연덕을 시모시키야(下志喜屋)라 부른다.

98. 아자토 촌(安里村)의 남자에게 미인이 술을 주다.

옛날에 나카구스쿠(仲城)[349]의 마기리(間切)[350] 아자토 촌(安里村)에 한 사람이 살았다. 밤에 고기를 잡아 생계를 꾸려갔다. 고기를 잡고 돌아올 때마다 사쿠가와(佐久川)[우물 이름]에 가서 발을 씻었다. 그런데 반드시 한 미인이 물가에 나타났다. 항아리에 술을 담아주면서 "절대로 다른 사람한테 말하지 말라."고 당부하였다. 그 아내가 남편이 매일 밤마다 술에 취해 돌아오는 것을 보고 의심하여 물으니 대답하지 않을 수가 없었다. 마침내 사실대로 고백하였다. 아내가 따라가 보니 남편이 말한 대로 한 항아리에 술이 담겨 있었는데 물로 변하였다. 이후 미인이 오지 않게 되었다고 한다. 지금 도제(稻祭)[351]를 지낼 때마다 노로(祝女)[352]가 이 우물물을 길어서 머리에 인다.

往古仲城間切安里村有一人夜漁爲生每捕魚而回時往佐久川(井名)洗足必有一美人在川邊酌酒于壺以賜之曰切勿以語于人其妻見夫每夜醉回其疑而問無言可答乃以告焉妻跟夫而往視果有一壺酒變爲水自此美人不來云今每稻祭祝女戴點此川之水

349) 지명. 역주 66)을 참조.

350) 역주 116)을 참조.

351) 여기서 말하는 도제(稻祭)란 도수제(稻穗祭)와 도대제(稻大祭)를 의미한다. 역주 153)을 함께 참조.

352) 역주 14)를 참조.

99. 아자토 촌(安里村)의 아자토데라(安里寺)의 유래

나카구스쿠(仲城)[353]의 마기리(間切)[354] 아자토 촌(安里村)에 신사(神祠)가 있었다. 이름을 아자토데라(安里寺)라 했다. 영석(靈石) 네 개를 안치해 놓고 아자토 권현(安里權現)이라 불렀다.[355]

옛날에 한 사람이 오랫동안 지병을 앓아왔다. 하루는 바다에 나가 고기를 잡고 있으려니 갑자기 풍파가 일어났다. 배를 돌려 야기 항(屋宜港)에 정박시키고 모래 언덕에 누워 쉬고 있었다. 홀연히 영석 세 개가 땅속에서 솟아나와 사람처럼 말하기를 "나는 신이니라. 네가 정성껏 나를 섬긴다면 너의 몸이 건강해지고 백복(白福)이 끊임없이 이어질 것이니라."라고 했다. 그 사람이 놀라 깨어보니 꿈이었다. 괴이하게 여기고 모래밭을 파보았더니 과연 돌 세 개가 나왔다. 이 돌을 가지고 무당에게 점을 치도록 했더니 대길(大吉)이라는 점괘가 나왔다. 그래서 그 돌을 모시고 집으로 돌아왔더니 몸이 개운하게 느껴졌다.

그 영석을 가리켜 첫 번째 것은 와라이기요(和良爲喜興)라 이

353) 지명. 역주 66)을 참조.

354) 역주 116)을 참조.

355) 이른바 오키나와의 비주르(ビジュル) 신앙에 관한 대목이다. 비주르란 오키나와에서 신앙하는 영석(靈石)의 일종으로 달마 모양을 한 자연석이 많다.

름 붙이고, 두 번째 것은 우시아케가나시(宇志安慶嘉那志)[356]라 이름 붙이고, 세 번째 것은 이베즈카사(威部津嘉佐)라 이름 붙였다. 얼마 지나지 않아서 영석 한 개가 또 바다에서 떠내려 왔다. 그리하여 요리키요라(余利嘉與良)라고 이름 붙였다. 전에 얻은 돌 세 개와 합쳐 사위(四位)의 신으로 모시고, 마침내 신사를 세워 안치하고 경건하게 치성을 드렸다. 이후 그 사람의 병이 낫고 집안이 부유해지며 자손이 번성하였다.

이로 인해 마을 사람들이 아자토 권현이라 칭하고 간절하게 복을 빌었다고 한다. 지금도 그 자손 중의 여자가 제사를 지내고 있다.[357]

仲城間切安里村有神祠名曰安里寺奉置靈石四位而稱安里權現昔有人久患痼疾一日出海魚釣忽然風波起即回船泊于屋宜港歇臥砂涯忽見靈石三塊從地湧出作人語曰吾乃神也汝盡誠尊吾則汝體自健而百福併臻矣其人驚醒乃一夢也怪而掘沙果得其三石占之巫家巫言大吉乃奉之回家即覺身快爰取靈名一曰和良爲喜與二曰宇志安慶嘉那志三曰威部津嘉佐未幾又有靈石一塊浮海而來即名曰餘利嘉與良而與前三石合爲四位遂建神祠置之而致虔誠從此其人病癒家而富子孫昌茂于是村人稱爲安里權現而接踵求福云今有其裔孫女主祭

356) 가나시(嘉那志)에 관해서는 역주 205)를 참조.

357) 제99화는 앞서 나온 제53화와 중복된다. 제53화를 함께 참조.

100. 가데카루 촌(嘉手苅村)의 고로(五郎) 이야기

옛날에 니시하라(西原)[358]의 마기리(間切)[359] 가데카루 촌(嘉手苅村)[360]에 한 사람이 살았다. 이름을 고로(五郎)라 불렀다. 그 사람은 용력(勇力)이 뛰어나고 노래와 악기 및 씨름(相撲)[속희(俗戲)]을 잘 했다. 명절 때가 되면 늘 씨름판에 가서 씨름을 했는데, 능히 대적할 자가 없었다. 따라서 그 이름이 널리 알려졌다. 그 사람이 죽자 그 사람을 오차타이바카(御茶多里墓)에 매장했는데 그 후에도 기운이 사라지지 않았다. 어느 때는 귀신을 모으는 외침소리가 들리고 어느 때는 씨름을 하는 함성이 들렸다. 또 어느 때는 노래를 부르고 악기를 켜는 소리가 들렸다. 이로 인해 사람들이 오차타이고로(御茶多里五郎)라 불렀다. 해가 지고 어두컴컴한 때에는 사람들이 결코 그 무덤 주변을 지나가지 않았다. 오랜 세월이 지나자 그 괴상한 일이 그치게 되었다고 한다.

昔西原間切嘉手苅村有一人名叫五郎其勇力過人常好歌絃及相撲(俗戲)當祭遊之日徧過遊場作相撲戲無能敵之者而其名大聞及死葬之御茶多理墓其氣不散或有叫聚羣鬼之聲或有作相撲之喊或有唱歌彈絃之音從此人號御茶多理五郎日暮天陰則人不敢過于其墓邊歷年久而乃止

358) 지명. 오키나와 현 나카가미 군(中頭)에 속해 있다.

359) 역주 116)을 참조.

360) 지명. 역주 49)를 참조.

101. 이나후쿠바(稻福婆)가 기라이 카나이(儀來河內)를 주유하고 돌아오다.

옛날 니시하라(西原)[361]의 마기리(間切)[362] 다나하라 촌(棚原村)에 한 노로(祝女)[363]가 살았다. 이름은 이나후쿠바(稻福婆)라고 불렀다. 일찍이 여러 노로와 함께 쇠북을 울리고 신가(神歌)[364]를 부르며 마을의 우에노다키(上嶽)[365]에서 놀았다. 그런데 갑자기 이나후쿠바가 혼자 보이지 않았다. 그 자손이 이 말을 듣고 크게 놀라서 동분서주했지만 끝내 종적을 알 수가 없었다.

3년 후에 아자 촌(我謝村)에 사는 한 대장장이가 바다로 나가 고기를 잡고 있었다. 그러다가 갑자기 시체가 바다에서 떠내려오는 것을 목격하고 건져내어 이를 자세히 살펴보았다. 머리에는 머리카락이 없고 조개나 소라가 몸에 붙어 있었으나 아직 숨이 끊어지지 않았다. 즉시 미음을 끓여 목숨을 구했으나 아직 말을 할 수 없었다. 사람들이 모여들어 이 모습을 지켜보았고 그 자손들도 역시 찾아왔으나 그 누구도 알아보지 못했다. 얼마 지나 스스로 말하기를 "내가 바로 이나후쿠바이다. 작년에 바다 밑을 구석구석 여행하다가 용궁[속칭 기라이카나이(儀

361) 지명. 역주 358)을 참조.

362) 역주 116)을 참조.

363) 역주 14)를 참조.

364) 역주 11)을 참조.

365) 다나하라 촌(棚原村)에 소재한 우에노다키(上の嶽)를 말한다. 우타키(御嶽)에 관해서는 역주 42)를 참조.

來河內)[366]라고 부른데에 가서 음식을 하사받았는데 소금에 절인 소라였다." 그가 말을 끝내고 토했는데 그 색이 누렀다. 이 때문에 사람들은 그를 가리켜 기라이바(儀來婆)라고 불렀다. 그 자손이 용궁에 관해서 물었으나 꺼려하며 좀처럼 말하려고 하지 않았다.

그 때 왕이 이 소문을 듣고 이야기를 듣고자 했다. 기라이바가 봉신문(奉神門)[367] 밖에 이르자 사람들이 앞을 다투어 몰려 들어 보고자 하였다. 단지 니라이바가 손을 양쪽 겨드랑이에 집어넣는 것을 보았을 뿐인데, 홀연히 그 모습이 보이지 않았다. 자손들이 사방으로 찾아다니다가 마침내 우에노다키에서 발견하였다.

그 여자는 80여 세가 되어 죽었는데 어떤 사람이 말하기를 "그가 가정(嘉靖)[368] 연간에 죽었다."고 전하기도 한다. 혹은 말하기를 "만력(萬曆)[369] 연간에 죽었다."고 전하기도 한다.

昔西原間切棚原村有一祝女名日稻福婆曾與諸祝女鳴金鼓唱神歌而遊于本村上嶽獨稻福婆忽然不見其子孫聞而大驚

366) 여기서 기라이카나이(儀來河內)란 니라이카나이(ニライカナイ)를 의미한다. 니라이카나이에 관해서는 역주 119)를 참조.

367) 슈리성(首里城)의 정전에 위치한 문 이름이다.

368) 중국 명나라 시대의 원호이다. 1522년부터 1566년까지로 제12대 황제인 세종(世宗)의 재위 기간에 사용되었다. 이로 인해 세종을 가리켜 가정제(嘉靖帝)라 부른다.

369) 중국 명나라 시대의 원호이다. 1573년부터 1620년中까지로 제14대 황제인 신종(神宗)의 재위 기간에 사용되었다. 이로 인해 신종을 가리켜 만력제(万曆帝)라 부른다.

東尋西訪竝無踪影後三年我謝村有鍛冶屋大主者出而釣魚忽見死屍漂海而來撈而視之頭禿無髮貝螺附體其氣未絕即用粥湯以救未能即言人聚視之其子孫亦來不知爲何人良久自言我乃稻福婆也前年偶遊海底進于龍宮(俗叫儀來河內)賜食以鹽螺類言畢吐者色黃于是人始號儀來婆其子孫問龍宮之事婆諱而不話時王欲問之婆至奉神門外人聚爭視只見其收手于兩腋忽然不見子孫四尋竟得之于其上嶽婆八十餘歲而死曰婆死于嘉靖年間或曰死于萬曆年間

102. 니시하라(西原)의 아타노시(熱田子)의 죽음

옛날 니시하라(西原)[370]에 고치 구스쿠(幸地城)가 있었다. 그 성주 이름은 아타노시(熱田子)라 했다. 그는 용력(勇力)이 뛰어나서 사람들이 모두 두려워했다.

가까운 곳에 쓰키무다 아지(津記武多按司)[371]가 살고 있었다. 아타노시와 서로 교류하며 가깝게 지냈다. 전부터 아지의 부인이 매우 아름다운 것을 보고 늘 마음에 두고 있었다. 하루는 아타노시가 고기를 잡고 돌아오는 길에 아지의 부인이 데라사카(亭良佐井)[372]에서 머리를 감고 있는 모습을 보았다. 아타노시는 몰래 뒤로 다가가서 부인의 엉덩이를 만지며 희롱하였다. 부인이 크게 화를 내며 아지에게 고했다. 아지는 격노하여 아타노시를 공격하고자 하였으나, 아지의 용력을 두려워하여 아직 군사를 움직이지 않았다. 아타노시가 그 사실을 알고서 책사를 불러들여 의논했더니 "만약 빨리 공격하지 않으면 이쪽이 해를 입게 될 것 입니다. 그를 치기 위한 계책은 이러이러합니다."하고 일러주었다.

아타노시는 아지를 만나러 갔다. 아지는 술자리를 마련하고 기다렸다. 아타노시가 말하기를 "내가 듣기에 아지에게 보검이 하나 있다고 하는데 부디 한번 보여주시오."하고 청을 했다. 보

370) 지명. 역주 358)을 참조.

371) 아지(按司)에 관해서는 역주 48)을 참조.

372) 우물 이름이다.

검을 보여주자 아타노시가 손에 들고 곧장 보검을 휘둘러 아지를 두 도막으로 베어 죽였다. 그리고 가속(家屬)들도 모두 죽였다. 단지 그 부인만 살려두고 취하고자 했다. 그 부인은 마침내 강에 투신하여 스스로 목숨을 끊었다.

나키진(今歸仁)[373]의 아지가 이 소식을 듣고 크게 격노하여 몸소 대군을 이끌고 죄를 묻고자 북을 울리며 쳐들어갔다. 아타노시는 성안에 군사가 부족하자 한 가지 계략을 꾸몄다. 성밖으로 나가 사죄하고 나키진 아지를 성안으로 맞아들여 술자리를 마련하고 위로하였다. 나키진의 군사들이 술에 크게 취한 채로 돌아갔다. 아타노시는 군사를 오나가 촌(翁長村)의 산 북쪽에 매복시켜 두고 나키진의 군사를 쳐부수었다. 나키진은 이때 살해되었다. 이런 연유로 그 산을 가리켜 나키진산(今歸仁山)이라 불렀다.

그런데 나키진 아지에게는 장성한 아들 네 명이 있었다. 아들들이 서로 의논한 끝에 군사를 일으켜 아타노시를 물리치자 아타노시는 결국 죽고 말았다. 그 무덤이 이시미네 우타키(石嶺御嶽)[374]의 동쪽에 있다. 지금 그 자손들이 오나가 촌에 많이 살고 있어서 그 무덤을 돌보고 있다.

往昔西原有幸地城其主名曰熱田子勇力過人人皆懼之隣有津記武多按司者與熱田子相交情熟曾見按司夫人甚有艷色心常思之一日釣魚回時見其夫人沐髮于亭良佐井熱田從其

373) 지명, 역주 58)을 참조.

374) 우타키(御嶽)에 관해서는 역주 42)를 참조.

背後暗以脚指摸其屁而戱焉夫人怒以告按司按司大怒即欲謀之只懼其勇未敢動兵熱田知之遂召入謀士相議若不早謀之恐被其害乃其謀如此如此便往見按司按司設酒待之熱田曰吾聞按司有寶劍一口懇求一看寶劍到手便揮其劍斬按司爲兩段妄殺家屬只欲留其夫人納之夫人竟自投河而死今歸仁按司聞之大怒親携大軍討罪鳴鼓急攻城中兵寡熱田忽生一計出迎謝罪請入城中大設酒席犒之今歸仁三軍大醉而回熱田伏兵于翁長村北山而殺之今歸仁死于此故名之曰今歸仁山時有按司長四人相約擧兵征罪熱田遂亡其墓在石嶺御嶽之東今有其裔多在翁長村守墓

103. 요나하 촌(與那覇村) 사람의 용궁 방문과 우타키(御嶽)의 뽕나무

옛날 하에바루(南風原)[375]의 마기리(間切)[376] 요나하 촌(與那覇村)에 한 사람이 살았다. 우연히 요나구(與那久) 해변에서 한 머리채를 주웠다. 그런데 그 머리채가 괴상하였다. 주운 사람이 놀랍고 괴이해서 이를 즉시 되돌려 놓으려고 했으나 아직 그 주인을 찾지 못했다. 다음날 주인을 찾아다니다 한 여자를 만났다. 여자는 너무 아름다워서 속세 사람 같지가 않았다. 즉시 머리채를 받으며 말하기를 "이는 내 물건인데 돌려주다니 당신은 참으로 좋은 사람이군요. 즉시 나를 따라가서 같이 놀도록 합시다."라고 했다.

여자에게 이끌려 함께 바다 밑으로 들어갔다. 바다가 열려 길이 생기고 갑자기 용궁에 도착했다. 모래사장이 펼쳐져 있어서 그곳에 앉았다. 신이 병풍같은 바위를 뒤로 한 채 앉았고 그 사람이 옆에 함께 앉았다. 술잔치가 크게 벌어지고 바다에서 나는 진수성찬이 빠짐없이 차려졌다. 가무관현(歌舞管絃)이 등장했는데 무슨 악기인지는 몰랐다.

어느 덧 3개월이 흘러 문득 고향생각이 나서 돌아가고 싶어졌다. 신이 말하기를 "네가 여기서 보낸 세월이 속세에서는 이미 33대가 지나 자손도 남아 있지 않을 것이다. 신이 되어 이

375) 지명 역주 79)를 참조.

376) 역주 116)을 참조.

곳에서 함께 즐거움을 누리는 것이 어떠한가. 어찌 반드시 돌아가고자 하는가?"라고 만류하였다. 그 사람은 얼마 지난 후에 또 돌아가고 싶다고 했다. 그러자 신이 종이 꾸러미를 주면서 당부하기를 "너는 이것을 가지고 가라. 즉시 저 길을 따라서 가도록 해라. 만약 고향에서 몸을 의탁할 곳을 찾지 못한다면 이것을 지니고 또 와도 괜찮다. 하지만 절대 이것을 열어보지 말거라. 너는 이 말을 명심토록 해라."라고 하였다. 그는 감사히 그것을 받고 길을 떠났다. 과연 저쪽에 길이 보였다. 눈 깜짝할 사이에 요나구 해변에 당도하였다.

길을 물어 고향마을 입구에 도착했다. 과연 아는 사람이 한 명도 없었다. 그래서 마을 사람에게 한 집을 가리키며 말하기를 "저곳이 옛날에 내가 살던 곳인데, 내 자손은 지금 어디에 살고 있는가?"라고 물어보았다. 그러자 마을 사람이 비웃으며 그를 마치 미친 사람처럼 취급해서 어찌할 바를 몰랐다. 다만 마을 앞 언덕 위에 올라가서 들고 있던 뽕나무 지팡이를 그 자리 옆에 꽂아두고 앉아 쉬었다.[오산(穩作根)이란 류큐(流球)의 고어로 앉아서 쉬는 것을 말한다]

그는 종이 꾸러미 안에 반드시 좋은 방책이 있을 것이라 생각하고 열어보았다. 그러자 꾸러미 안에 들어있던 백발이 날아올라 몸에 달라붙었다. 그는 갑자기 노쇠해지고 움직일 수가 없게 되어 죽고 말았다. 또한 그를 여기에 장사지냈다. 그래서 오산 우타키(穩作根御嶽)[377]라 이름 붙이고 후세에 신으로 모셔 숭배하였다. 지금 그 우타키에 뽕나무가 많이 있는데 그 지팡

377) 우타키(御嶽)의 이름이다. 우타키에 관해서는 역주 42)를 참조.

이가 자라서 종자가 전해진 것이라고 한다.[378]

往古南風原間切與那覇村有一人偶拾一髢于與那久濱其髢異常拾者驚怪即欲還之未見其主次日尋主果見一女貌美不俗則受之曰此乃我物也汝眞是善人則可隨吾而遊引入海底海開爲路俄到龍宮沙場開座神背屛石而坐其人侍坐大設酒席海中珍味無一不備歌舞管絃何樂可比不覺三月忽起鄕思欲歸神曰汝在此已經塵世三十三代子孫無在不如爲神享樂于此何必欲歸其人爲未久而辭乃神授紙包而囑曰汝携之而去則向處爲路若致故鄕無托身處必可帶之又來切勿開之汝其謹之拜受而出果向處有路頃刻到與那久濱訪入鄕境果無一人相識者乃向鄕人指一宅曰此昔吾之所居歟吾孫何在鄕人皆笑以爲癲人無可奈何只得登村前丘頭將所携桑杖插于坐側而穩作根焉(穩作根者球國古語即坐歇之謂也)于是尋思紙包之中必有良策開而視之包中只是白髮飛起附體即衰老不能動而死葬之于此因名穩作根嶽後世以爲神而尊之今其嶽多有桑樹其杖生而其傳種云

378) 제103화는 일본에서 「우라시마타로(浦島太郎)」라는 이름으로 널리 알려진 용궁방문 이야기와 줄거리가 매우 유사하다. 「우라시마타로」는 인간이 용궁을 방문하고 돌아오는 전형적인 이야기이다. 이 이야기는 일본의 고대가요집인 『만요슈(萬葉集)』를 비롯하여 여러 문헌에 소개되어 있다. 그리고 이와 유사한 이야기가 일본의 전국 각지에 전설 및 민담 형식으로 구전되고 있다. 예를 들면 일본의 민담 분류에서 「용궁동자(龍宮童子)」, 「용궁의 아내(龍宮女房)」, 「용궁 연못(龍宮淵)」이라는 제목으로 분류된 이야기는 모두 인간의 용궁방문이 핵심적인 모티브이다.

104. 가미자토 촌(神里村)의 늙은 농부와 마을의 수호신

옛날에 가미자토 촌(神里村)에 늙은 농부가 살았다. 가난하기가 그지 없었다. 도수제(稲穂祭)379)를 지내는 당일에도 혼자서 다케토미모리(竹富森)에서 밭을 갈고 일을 했다. 그러자 이상하게 생긴 노인이 나타나 "오늘은 모두 편히 쉬는 날이다. 무슨 연유로 혼자서 밭을 갈고 있는가?"하고 물었다. 늙은 농부가 대답하기를 "저는 늙고 가난하여 매일 밭을 가는데도 여전히 먹고 살기가 힘듭니다. 만약 오늘 밭을 갈지 않으면 굶어 죽을 것입니다. 그 때문에 혼자서 밭을 갈고 있습니다."라고 했다. 노인이 다시 묻기를"또 다른 어려움은 없는가?"라고 했다. 대답하기를 "딱 한 가지가 있습니다. 제일(祭日)이 닥치면 관습대로 마을사람들이 전에 수확한 쌀을 모아서 신주(神酒)를 빚고 제사를 지냅니다. 저는 매우 가난하지만 쌀을 내야만 합니다. 이것이 저의 어려움입니다."라고 했다. 그 노인은 "나는 바로 이 마을의 수호신이다. 이제부터 각 우타키(御嶽)380)에 지내는 제사를 생략하고, 그저 보리로 빚은 술을 누루둔치(奴留殿內)381)에 헌상하면 되느니라."하고 계시하였다. 말을 마치고 바람으로 변하여 사라졌다.

이후 이 마을에서만 신의 뜻에 따라 보리로 술을 빚는 관습

379) 도수제(稲穂祭)에 관해서는 역주 153)을 참조.

380) 역주 42)를 참조.

381) 노로(祝女)가 제사를 지내는 전각을 말한다.

이 지금까지 전해지고 있다.

往古神里村有老農夫貧困無比當稲穗祭之日獨耕于竹富森忽有異老問曰是日人皆閒遊何故獨耕答曰吾貧而衰老雖日耕猶不足以供食若今日不耕亦將及餓是以獨耕又問曰別有所苦乎否曰有唯是祭日村人例裒舊米作神酒以祭焉雖極貧亦裒之此吾之所苦也異老曰吾乃此村之神也從今免各殿祭惟作麥神酒以獻于奴留殿內可也言畢化風而去從此唯此村奉遵神命作麥神酒傳至今云

105. 아헤타 다케(安平田嶽)의 유래

옛날에 하에바루(南風原)[382]의 마기리(間切)[383] 쓰카야마 촌(津嘉山村)에 사는 아헤타노시(安平田子)는 대단한 부자였다. 집에서 부리는 사람들도 많고 부족한 것이 없었다. 저택을 쓰카야마(津嘉山)와 기야무(喜屋武) 중간에 짓고 살았다.

하루는 집에서 큰 잔치를 벌이며 마시고 있었다. 그때 구시가미(具志頭)[384]에 사는 사람이 그 집 문 앞을 지나가다 술을 마시고픈 생각이 들었다. 마침내 목이 마르다는 핑계를 대고 들어가 물을 청했다. 그러자 물을 내다주고 술은 주지 않았다. 그 사람은 앙심을 품고 왕에게, 그 부자가 반란을 일으키고자 한다고 거짓을 고하였다. 왕은 관군에게 명하여 토벌토록 하였다.

그 후 얼마 지나지 않아 고바(古葉)[나무이름]・마네(眞根)[풀이름]를 비롯한 수목들이 그 집에 무성하게 자라났다. 그 처자가 이를 보고 놀라 다른 곳으로 옮겨가 살았다. 마침내 그 집터에 우타키(御嶽)[385]를 세우고 이를 아헤타 다케(安平田嶽)[386]라 불렀다.

---

382) 지명. 역주 79)를 참조.

383) 역주 116)을 참조.

384) 지명. 오키나와 현 시마지리 군(島尻)에 속해 있던 옛 지명이다.

385) 역주 42)를 참조.

386) 여기서 말하는 다케(嶽)란 우타키(御嶽)를 의미한다. 아헤타 다케(安平田嶽)란 우타키의 이름이다.

往古南風原間切津嘉山村安平田子勇而巨富家人亦衆無不備者構大屋于津嘉山與喜武之際而住居焉一日大宴以飮時有具志頭間切人過其門外酒欲即動遂托辭以口渴而入求水惟與水而不與酒則挾恨進讒于時王以其有逆志王命官軍討而誅之未幾有古葉(樹名)眞根(草名)倂樹木叢生于其宅其妻子大驚遷于別地遂以其宅爲嶽名之曰安平田嶽

106. 정대부암(鄭大夫岩)의 유래

옛날에 36개 성(姓)[387]중의 하나에 속하는 후손이 살았다. 성은 정(鄭)이고 이름은 헌(憲)이었다. 힘이 세고 용감했으며 관직은 대부(大夫)에 이르렀다. 사람들이 그를 가리켜 정대부(鄭大夫)라 불렀다.

하루는 날이 흐린 밤에 갑자기 문밖에서 큰소리가 들렸다. "대부"하고 크게 부르는 소리가 여러 차례 들렸다. 대부가 나가보려하니 그 아내가 만류하며 "괴상한 소리는 조심해야 합니다. 분명 무슨 연유가 있을 것입니다. 청컨대 부디 조심하십시오."라고 말했다. 대부가 품에 칼을 지니고 감추고 나가보니, 눈이 태양처럼 빛나는 큰 소가 크게 소리 지르며 대부에게 곧장 달려들었다. 대부는 바로 소의 양쪽 뿔을 단단히 붙들고 밀거니 밀리거니 하다가, 마침내 소를 도마무이(唐守森)[388] 앞까지 밀어붙였다. 밤새도록 서로 싸웠으나 승부가 나지 않았다. 대부는 혼신의 힘을 다해 그 소를 암벽까지 밀어붙였다. 그 소

---

387) 이른바 구메 삼십육성(久米三十六姓)을 말한다. 구메 삼십육성이란 중국에서 오키나와로 건너와 귀화했던 중국인들을 가리킨다. 이들은 오키나와와 중국 사이의 교역에 공헌하였다. 이 점에 관해서는 『조선왕조실록』(성종 10년, 1479)에 관련 기록이 있어서 흥미롭다. 구메 촌(久米村)의 蔡, 鄭, 林, 梁,金 등의 다섯 성은 구메 삼십육성의 후예들이라고 한다.

388) 오키나와 현 나하 시(那覇市)의 쓰지(辻)에 있었던 우타키(御嶽) 이름이다. 오키나와에서 중국으로 갈 때에는 이곳에서 여행의 안전을 빌었다고

는 두 번 다시 움직이지 않았다. 날이 밝아 자세히 보니 다름 아닌 오래된 감(龕)이었다. 그 바위를 이름 하기를 정대부암(鄭大夫岩)이라 불렀다. 그 바위는 지금도 도마무이 앞에 있다.

往昔有三十六姓之一之裔姓鄭名憲力大而勇官在大夫人稱鄭大夫一夜天陰忽聞門外勵聲大呼大夫數聲大夫即欲出其妻止之日異聲可畏當必有故請警防之大夫懷刀而出只見大牛目如日光大吼一聲直向大夫飛來抵觸大夫即揪住其兩角推去推來遂推到唐守森前相鬬一夜勝負未決大夫遂用盡平生之力推住之于一岩壁其牛不能再動至于天明視之乃歷年敗龕也因名日鄭大夫岩其岩今猶在唐守森前

107. 괴력을 지닌 정대부(鄭大夫)의 여동생

옛날에 나하(那覇)389)에 사는 오씨(吳氏) 히가 오야쿠모이(比嘉親雲上)390)의 아내는 이름이 모로타루(諸樽)로 힘이 매우 셌다. 다름 아닌 역사(力士) 정대부(大夫岩)의 여동생이었다. 남편이 가난해서 모로타루가 날마다 슈리(首里) 시장에 나가 장사를 하여 먹고 살았다. 밤에 장사를 마치고 우키나와미(浮縄美) 우타키(御嶽)391) 앞을 지나치는데, 갑자기 강도 여러 명이 나타나서 모로타루의 돈을 빼앗으려 했다. 모로타루는 혼자서 여러 명의 강도를 물리치고 큰 바위를 들어다가 강도들의 다리 위에 눌러놓았다. 강도들은 도저히 빠져나올 수가 없었다. 다행히 정대부가 슈리에서 볼 일을 마치고 돌아오는 모습이 보였다. 강도들이 살려달라고 애걸하였다. 정대부가 바위를 들어 내던지며 "내 동생이 아니면 이 바위를 움직일 수 없었을 텐데."라고 말하였다.

지금은 그 바위를 가지고 우타키 앞의 도랑을 덮어 놓았다. 전하기를 이를 정대부석(鄭大夫石)이라 불렀다.

昔那覇呉氏比嘉親雲上妻名叫諸樽其力甚大乃力士鄭大夫之妹也其夫家貧諸樽日販于首里市以度日晩回及過浮縄美

389) 지명. 역주 26)을 참조.

390) 오야쿠모이(與那覇親雲上)란 영지(領地)를 지닌 사람에 대한 칭호이다.

391) 역주 42)를 참조.

御嶽前忽有強盜數人來劫奪其貨諸樽一人揪到數盜將大石壓其脚俱不能自脱至次日路人皆不能力救幸見鄭大夫有事于首里而來諸盜哀求救命大夫擧石放之曰非吾之妹不能動之今以此石蓋于其嶽前溝傳叫鄭大夫石

108. 정구(鄭玖)가 노인에게 황금을 받아 거부가 되다.

명나라 홍치(弘治)[392] 연간 구메 촌(久米村)에 36개 성(姓)[393] 중의 하나에 속하는 후손이 살았다. 성은 정(鄭)이요, 이름은 구(玖)였다. 속칭 요나하 오야쿠모이(與那覇親雲上)라 불렀다. 천성이 총명하고 사람 됨됨이가 충직하며 좋은 일을 많이 했다.

일찍이 왕을 알현하러 가다가, 오경(五更) 무렵에 우키나와미 우타키(浮繩美御嶽) 앞을 지나가다가 갑자기 한 노인을 만났다. 그 노인은 말을 끌고 왔는데 말안장에는 숯 두 포대가 실려 있었다. 구의 소매를 붙들고 말하기를 "나는 공(公)을 만나기 위해 먼 곳에서 왔소이다. 아직 시간이 이르니 집으로 돌아가기를 청합니다."라고 했다. 구는 이상한 사람이라고 생각했지만 함께 집으로 돌아갔다. 노인이 다시 말하기를 "공(公)이 늘 선행을 베풀고 널리 재산을 털어서 가난한 사람들을 구제한다고 들었소이다. 내가 그 공덕을 사모하여 왔으니 더욱 선행에 힘쓰시오."라고 말했다. 말을 마치고는 숯 두 포대를 주고 사라졌다.

후에 하인을 시켜 그 숯을 태우도록 했더니 하인이 "타지 않습니다."고 고했다. 이상하게 여겨 잘 살펴보니 모두 황금이었다. 이로 인해 거부가 되었다.

392) 역주 214)를 참조.

393) 역주 387)을 참조.

明弘治年間久米村有三十六姓之一之後姓鄭名玖俗名與那覇親雲上生性聰俊爲人忠厚性行善事曾當朝□王之日五更正過浮繩美御嶽前路忽遇一老人牽馬匹而來繫鞍以火炭二包乃扯玖袖日吾遠來見公且時刻太早請必回家玖異其人同回到家老人日聞公常行善廣施財以濟窮困吾慕其德而來公其彌勉之言訖乃賜炭二包而去後令家僮燒此炭僮言不燒疑視之皆黄金也以致巨富

109. 요미탄산(讀谷山) 바위 구멍 안의 거울 두 개

요미탄산(讀谷山)[394] 마기리(間切)[395]에 있는 바위에 작은 구멍이 뚫려 있었는데 그 안에 거울 두 개가 있었다. 현지 사람들이 이를 신으로 모시고 믿었다. 옛날에 한 상인이 배를 타고 와서 몰래 그 거울을 훔쳤다. 이후부터 오랫동안 순풍이 불지 않았다. 그 상인이 사죄하고 거울을 되돌려놓으니 바로 순풍이 불어 돌아갈 수 있었다.

讀谷山間切有一岩之小穴内有二鏡土人爲神祟之往昔有一商客駕舟來竊取此鏡自此久無順風謝罪奉還即得風而歸

394) 지명. 요미탄(讀谷)은 오키나와 현 나카가미 군(中頭郡)에 속하다.
395) 역주 116)을 참조.

110. 기샤바공(喜舍場公)과 마을 이름의 유래

옛날에 기샤바공(喜舍場公)이란 사람이 살았다. 이 마을을 창건한 사람이었다. 그런 연유로 마을 이름을 기샤바 촌(喜舍場村)[396]이라 불렀다. 이 때문에 매년 2월에 촌장을 비롯한 모든 사람들이 그 무덤에 제사를 지냈다. 그 무덤은 마을 뒤 바위 부근에 있다.

往昔有喜舍場公者創建此邑因名喜舍場村是故至今每年二月村長皆祭其墓墓在本村後岩

396) 지명. 오키나와 현 나카가미 군(中頭郡)에 속해 있다.

111. 쓰카헤나 촌(東辺名村) 다루라치(樽良知)의 괴력

옛날에 간(喜屋武)[397]의 마기리(間切)[398] 쓰카헤나 촌(東辺名村)에 다루라치(樽良知)라는 이름을 가진 사람이 살았다. 체격은 작았지만 비할 데 없이 힘이 셌다.

그 때 구니가미(國頭)[399]의 배가 이곳에 목재를 싣고 와서 팔았다. 다루라치가 목재를 전부 사들이려고 하였으나 뱃사람들이 팔려고 하지 않았다. 그러자 다루라치는 화가 나서 그 배를 해변으로 끌어올려 놓고 사라졌다. 뱃사람들이 배를 움직여 보려 했으나 꿈쩍도 하지 않았다. 하는 수 없이 다루라치의 집으로 목재를 운반하고 사죄한 끝에 팔았다. 다루라치는 배를 바다로 옮겨 뱃사람들이 돌아갈 수 있도록 했다.

힘이 센 사람이 또 한 명 있었는데 이름을 오자토오니(大里鬼)[400]라 불렀다. 다루라치의 소문을 듣고 힘을 겨뤄 보고자 했다. 마침내 철봉을 지니고 다루라치의 집을 찾아갔다. 들길을 가는데 한 농부가 밭을 갈고 있는 모습이 보였다. 오자토오니는 농부에게 다루라치의 집을 물으면서 본인이 찾아온 뜻을 밝혔다. 농부는 차갑게 비웃고서는 갑자기 오자토오니의 철봉

397) 지명. 오키나와 본도의 남서쪽에 위치하묘 이토만 시(糸満市)에 속해 있다.

398) 역주 116)을 참조.

399) 지명. 역주 60)을 참조.

400) 오키나와어로는 '우후자토우나'라고 부른다.

을 들어 힘껏 논에다 꽂았다. 그리고 그에게 말하기를 "나는 바로 다루라치 집의 하인이다. 우리 주인의 힘이 나보다 배나 세다. 네가 이 철봉을 뽑는 것을 보고 얼마나 힘이 센지 가늠해 보겠다."라고 했다. 오자토오니는 그 철봉을 뽑을 수 없었다. 그래서 매우 두려운 마음이 생겨 그대로 돌아갔다. 그 농부가 바로 다루라치였다. 그 집 하인이라 속이고 놀라게 했던 것이다.

후에 다루라치는 늘 하인들을 끌고 나와 밭을 갈게 하고서 본인은 양산을 펼쳐놓고 그 밑에 앉아서 하인들이 밭가는 모습을 지켜보았다. 해가 저물어 양산을 접으면 하인들이 일을 멈추고 집으로 돌아갔다. 하루는 밤이 되도록 양산을 접지 않아서 하인들이 이상히 여기고 가까이 다가갔다. 그랬더니 단정히 앉아 죽어 있었다. 마침내 장사를 지냈다. 세월이 흘러 시험 삼아 그 시체를 들여다 보았더니 시체가 썩지 않고 거의 그대로 남아 있었다. 그 근골(筋骨)도 그대로 남아 있었다.

지금은 사람이 죽어서 장례를 치르고 그 무덤 앞을 지날 때에 일부러 염불도 하지 않고, 종을 치며 통곡을 하지도 않는다. 그 이유는 전해지지 않는다.

往昔喜屋武間切東邊村有名曰樽良知者身材雖小力大無比偶有國頭船載材木來賣之樽良知欲一齊收買舟人不肯讓賣即樽良知怒而牽上其船于沙頭而去舟人恊力而不能牽動奈搬材其宅謝罪賣與乃樽良知放船于水而遣回又有一力人號大里鬼聞其力名意欲以力相爭遂携鐵棒尋樽良知取野路來

見一農夫耕田相問言及來意農夫冷然微哂便擧其鐵棒用力插入田地乃謂大里鬼曰吾乃樽良知之家人也吾主之力倍于吾汝試拔是棒則可知其力矣大里鬼不能拔之大懼而歸伊農夫即樽良知也假稱其家人以驚之後樽良知常率家人出耕張傘坐視其耕日哺傘弛便家人罷耕而回一日向晚傘猶不動家人怪而近視其死而端坐遂葬于死處年久試看其髑髏滿内結實略無中虛其筋骨聯屬不解今人送死過其墓前不敢鳴念佛金而擧哀其故不傳

112. 쓰카헤나 촌(東辺名村) 오쿠마 사토노시(奧間里之子)의 죽음

갼(喜屋武)[401]의 마기리(間切)[402] 쓰카헤나 촌(東辺名村)에 사는 오쿠마 사토노시(奧間里之子)는 무용(武勇)이 무리 중에서 가장 뛰어났다.

그 때 왕이 병사를 요론(與論)[403]과 에라부(永良部)[404] 두 섬으로 보내어 공격케 했다. 오쿠마도 역시 윗사람을 따라 가게 되었다. 떠날 때가 되었을 때 그 아내가 아이를 낳아, 활을 쏘는 날이 다가왔다.[405] 이를 축하하기 위해 잔치를 벌였다. 세상에서는 이 잔치를 가리켜 우바기(宇波慶)라 불렀다. 오쿠마는 그 잔치가 끝나자 출발하였다.

공격이 시작되자 오쿠마가 그 누구보다 용맹을 떨쳤지만 안타깝게도 미간(眉間)에 불의의 화살을 맞았다. 곧장 그 화살을 뽑았지만 화살이 부러져 머릿속에 화살촉이 박히고 말았다. 그래도 오쿠마는 더욱 기력을 발휘하여 승리를 거두고 개선하였다. 집에 당도하여 의사를 불러 화살촉을 뽑게 하였으나 상처가 깊어 결국 죽고 말았다. 자손들에게 우바기의 밥을 먹지 말

401) 지명. 역주 397)을 참조.

402) 역주 116)을 참조.

403) 요론토(與論島)를 말한다. 역주 343)을 함께 참조.

404) 에라부지마(永良部島)를 말한다. 역주 343)을 함께 참조.

405) 아이가 태어나서 이름을 짓는 날에 뽕나무로 만든 활과 화살로 키(箕)를 향해서 쏘는 민속의례를 의미한다. 이를 가리켜서 우바기(宇波慶)라 불렀다.

라고 유언을 남겼다. 그 자손들은 지금에 이르기까지 그것을 먹지 않는다.

喜屋武間切東邊名村奥間里之子武勇出羣時王加兵于與論永良部二島奥間亦從師而行臨行時正當其妻生子射弓之日因而設慶宴俗語謂之宇波慶父奥間食其宴而起程于攻取時奥間出尖奮勇早被暗箭射中眉間便拔其箭箭鏃折在頭内奥間轉加氣力勦勝而歸到家請醫取出箭鏃傷重遂死其遺命子孫勿食宇波慶之飯其裔孫至今不食焉

113. 시오히라(潮平)라는 마을의 유래

시오히라 촌(潮平村)[406]은 본래 호쿠잔(北山)[407]의 나키진 아지(今歸仁按司)[408]의 후손들과 관계가 깊다. 일찍이 그 후손 중의 한 사람이 아바곤(安波根)[지명] 뒤편에 숨어 살고 있었다. 그곳은 해변의 평지였다. 이곳에서 소금을 구워 생계를 꾸려갔다. 후에 주거를 황야로 옮기고 풀을 베고 잡목을 잘라서 집을 한 채 지었다. 그 후손들이 늘어나게 되자 집이 수십 채로 불어나고 마침내 마을을 이루게 되었다. 그 마을을 가리켜 소금을 굽던 사람들이 살던 곳이라고 해서 시오히라 촌(鹽平村)이라 불렀다. 나중에 시오히라(潮平)로 이름을 고쳤다.

지금도 마을사람들이 결코 마을이 시작된 유래를 잊지 않고 매년 2월, 5월, 8월이면 모여서 제사를 지내고 멀리 호쿠잔(北山)을 향하여 배례한다.

潮平村原係北山今歸仁按司裔孫之所建曾有其裔一人隱居安波根下口(地名)即海邊地平處于是造鹽爲生後卜地荒野艾去卉草伐除惡木以開一宅而居至其子孫之繁漸開數十家宅遂爲村因其鹽家一族所居名曰塩平村後改潮平今村人不敢忘其所由出每年二五八等月會集設祭遙向北山而拜

406) 지명. 오키나와 현의 이토만 시(糸満市)에 속해 있다.
407) 역주 40)을 참조.
408) 역주 48)을 참조.

114. 아카(阿嘉) 마을의 유래

구메지마(久米島)[409] 나카자토(仲里)의 마기리(間切)[410] 아카촌(阿嘉村)은 원래 나카구스쿠(仲城)[411]에 속해 있었다. 어떤 한 사람이 처음으로 아카 촌에 집을 짓고 주거를 옮겨왔다. 그 사람은 스스로 아카 오오야(阿嘉大親)라 칭했다. 이 때부터 사람들이 점점 모여들어 마을을 이루었다. 이런 연유로 마을 이름을 아카(阿嘉)라고 불렀다.

久米島仲里間切阿嘉村原是仲城之下有一人卜地始開一宅于是村而移居稱爲阿嘉大親自是漸漸人聚爲村因名阿嘉

---

409) 지명. 역주 129)를 참조.

410) 역주 116)을 참조.

411) 지명. 역주 66)을 참조.

115. 아구니지마(粟國島) 북쪽 동굴의 불상

옛날에 승려가 살았는데 아구니지마(粟國島)[412]에 표류했다. 섬의 북쪽 동굴 안을 살펴보니 반석이 서 있었는데 그것은 마치 불상과 같았다. 그리하여 이를 아미타불, 약사여래, 관음보살로 믿고 모셨다. 결국에는 동굴을 거처삼아 살게 되었다. 그 승려는 후에 동굴 안에서 죽었는데 머리를 서쪽으로 향했다. 이 때문에 그 해골이 돌로 변하여 서쪽의 동굴 벽에 달라붙었는데 지금도 여전히 작은 해골처럼 보인다. 나머지 해골들도 변하지 않고 약간 남아있다. 또한 그가 부뚜막으로 사용하던 바위 세 덩어리와 조개로 만든 냄비 하나도 남아서 동굴 벽에 달라붙었는데 지금도 여전히 그 형태가 남아있다.

이런 연유로 그 동굴을 절(寺)이라 부르고 1월, 5월, 9월이면 섬사람들이 동굴안의 불전(仏前)에 참배하고 복을 빌었다고 한다.

이상 채(蔡)[413]가 기록했다.

往古有僧漂至粟國島見島北洞中盤石立略似佛像乃謂可以爲阿彌陀藥師觀音三佛而崇致奉供遂寓身此洞而居焉後死洞中首西而化故其髑髏化石附西邊石壁今猶省形如髑其餘骨骸不化而有少存者又其所用竈石三塊螺鍋一口亦化附石壁猶亦有其形是以今叫洞爲寺而正五九等月島人詣洞中佛前祈福云　以上蔡記

412) 지명. 역주 146)을 참조.

413) 편자 중의 한 사람인 채굉모(蔡宏謨)이다.

116. 구시가미 군(具志頭郡) 긴가바루(銀河原)에 살던 부부의 이별

구시가미 군(具志頭郡)414) 긴가바루(銀河原)의 마을 가운데에 한 집이 있었다. 부부가 살았는데 집안이 가난하여 고기를 잡아 생계를 꾸려갔다.

하루는 그 집의 하인이 작은 배를 타고 바다로 나가 고기를 잡고 있을 때에 갑자기 폭풍을 만나 남쪽 섬으로 떠내려갔다. 배를 매어놓고 상륙하여 주변을 살펴보니, 토지가 비옥하고 물이 감미로웠으며 만물이 무성하여 사람이 살만했다. 몇 개월이 훌쩍 지났고 남풍이 불자 귀향하였다.

즉시 그 주인에게 고하기를 "제가 다녀온 섬은 토지가 비옥하고 물맛이 좋아서 마을을 이루고 살만한 곳입니다. 소인이 주인님을 모시고 그 섬에서 같이 살기를 청하옵니다."라고 말했다. 주인은 그 아내에게 남쪽 섬으로 이주하고자 하는 연유를 알리고, 오곡(五穀)의 종자 및 여러 채소의 종자를 챙겨 배를 출항시키고자 했다. 그러자 그 하인이 주인에게 거짓으로 고하기를 "종자는 다 챙겼는데 맷돌을 빠뜨리고 말았습니다. 부디 주인께서 서둘러 맷돌을 가져오셨으면 합니다."라고 했다. 주인이 집에 가서 맷돌을 가져오고자 했다. 그때 하인이 배를 바다 가운데로 출항시켰다. 주인이 맷돌을 가지고 와서 그 모습을 보고 아내를 외쳐 불렀다. 아내가 눈물을 흘리며 말

414) 지명. 역주 384)를 참조.

하기를 “하인에게 속아서 헤어지게 되었습니다. 제가 듣자니 그 섬에는 갈대가 우거졌다고 합니다. 소첩이 섬에 닿게 되면 크고 작은 갈대 줄기를 바다에 떠내려 보내겠습니다. 갈대가 떠내려 오거든 소첩이 아직 살아있다고 생각하십시오. 부디 우리들의 언약을 잊지 말고 마음에 새겨두시기 바랍니다.”라고 했다. 결국 배는 바다로 사라졌다. 주인은 가지고 온 맷돌을 들어 연못에 던져버리고 멍한 모습으로 집에 돌아갔다.

지금 연못 주변에 맷돌이 있는 것은 이 때문이다.

具志頭郡銀河原里中地有一人家住居夫婦家道貧乏釣魚爲業一日其家僕坐駕小舟出海釣魚陡遭颶風漂到南島繫舟登岸周視其地地肥水甘萬物繁茂可有人而居也已過數月南風歸國乃告主人曰吾所到之島有肥土甘泉宜以建邑而栖居願小人與主人相共移居其島哉主人將移南島緣由告其妻預備五穀種子并諸菜種子將開船航海其僕騙告主人曰諸種子皆集在于此唯忘磨石而已請君急去拿來主人回家拿來磨石其時一僕船放中洋主人拿來磨石叫呼其妻妻下淚曰爲僕所騙而去素聞彼島多有大蘆妾遷居之後屢流蘆竿之本刀一切亦末刀一切漂到此地應知未死若不漂到則應知已死請乞約信誓言記心勿忘遂開洋而去家主將其持來磨石投銀河小塘芒芒回家今銀河之邊有磨小塘者是也

117. 다타나 아지(多多那按司) 무덤과 마카리(眞刈)의 죽음

다타나 구스쿠(多多那城) 바위 밑에 다타나 아지(多多那按司)[415]의 무덤이 있었다. 기와 대신에 나무판자로 무덤의 위를 덮었다. 무덤 안에 붉게 칠한 즈시(廚子)[416] 하나가 있었다. 하루는 구시가미 군(具志頭郡)의 자카히 읍(座嘉比邑)에 사는 마카리(眞刈)라는 사람이 몰래 무덤으로 가서 판자 기둥을 훔쳐와 통을 만들고 문을 만들었다. 그러자 다타나 아지의 무덤에서 무지개 같은 빛이 마카리의 집을 비추고 남김없이 불태워버렸다. 이 때문에 마카리는 손발을 못 쓰게 되고 아내는 나병에 걸렸으며, 아침저녁으로 다른 집을 다니며 걸식을 하다가 마침내 길에서 굶어죽었다.

多多那城岩下有多多那按司墓以木板代陶瓦蓋葺其墓中有一個朱塗厨子一日具志頭郡座嘉比邑有眞苅者竊往墓處盜取板柱作桶作戶從多多那按司墓如虹光氣射眞苅家其夜眞苅家盡爲燒灶自是眞苅不動手足女子染癩朝夕食吃人家終餓死道路

415) 아지(按司)에 관해서는 역주 48)을 참조.
416) 불상, 사리(舍利), 경전(経巻) 등을 안치해 놓기 위한 불구(仏具)이다. 정면에 양쪽으로 여는 문을 단다.

118. 구시카와 군(具志川郡) 아게나 촌(安慶名村)의 이상한 곳

구시카와 군(具志川郡)[417]의 아게나 촌(安慶名村)에 이상한 곳이 있었다. 부리쿠(普利久)라 불리는 땅으로 아주 광활한 곳은 아니었다. 그 곳에 불을 지르면 주위가 칠팔일 동안이나 타올랐으며, 어느 때는 삼사일이 지나도록 그 불이 꺼지지 않았다. 이로 인해 마을 사람들이 결코 그 곳에 불을 지르지 않았다.

具志川郡安慶名村有一異地名日普利久地不甚寬闊放火地上即其地周燃或至七八日或至三四旬其火不滅是以村人不敢放火其地

417) 지명. 역주 78)을 참조.

119. 마카토(眞加戶)와 아라구스쿠 읍(新城邑)의 우물

옛날에 구시가미 군(具志頭郡)418)의 아라구스쿠 읍(新城邑)에 맑은 우물이 있었다. 도대제(稻大祭)419)를 지내기 사흘 전에 마을 사람들이 이 우물에서 물을 길어 신주(神酒)를 빚고 오곡신에게 바쳤다.

이 때 아라구스쿠 읍에 마카토(眞加戶)라는 사람이 살았다. 신주를 잘 빚어서 주인이 늘 그로 하여금 신주를 빚도록 했다. 마카토는 새벽부터 밤까지 항아리에 물을 길었기 때문에 몸이 견뎌내지 못했다. 물 긷는 항아리를 우물가에 던져두고 주저앉아 하늘을 향해 비 오듯이 눈물을 흘리며 통곡하였다. 그때 홀연히 백발노인이 나타나서 우는 이유를 물었다. 마카토가 대답하기를"나라 안의 여러 고을에서 도수제(稻穗祭)420)를 지내곤 합니다. 그리고 도대제(稻大祭)를 또 지냅니다. 제사를 지낼 때마다 신주를 빚어 오곡 신께 바칩니다. 지금 도대제를 앞두고 열심히 물을 길어 와 신주를 빚다보니 몸이 너무 지쳤습니다. 그 때문에 제가 울고 있는 것입니다."라고 하였다. 노인이 그 이름을 묻자 "아라구스쿠 읍에 사는 마카토라고 합니다."라고 대답하였다. 노인이 말하길 "너는 가서 추장에게 고하거라. 이

---

418) 지명. 역주 384)를 참조.

419) 도대제(稻大祭)에 관해서는 역주 153)을 참조.

420) 도수제(稻穗祭)에 관해서는 역주 153)을 참조. 그리고 이 부분에 관해서는 제52화를 함께 참조학 바란다.

제부터 구시가미 군에서는 도수제 한 번으로 족하다고, 그리고 이 우물은 마카토 우물이라 부르고 너에게 내려주겠노라. 혹시 출타할 때에는 반드시 '진가라(積川原)[421] 마카토 우물, 우부미즈(生産水)'[422]라는 구절[속칭 게무미즈(毛武水)[423]라 부른다]을 크게 외치도록 해라. 그런 후에 출타를 하면 반드시 화를 면하고 다복할 것이니라."라고 계시하였다. 말을 마치자 구름을 타고 하늘로 사라졌다.

이후 구시가미 군에서는 도수제를 한 번만 지내고, 결코 도대제를 지내지 않았다. 지금 아라구스쿠 군에 있는 마카토 우물이 바로 그 곳이다.

이상 양(梁)[424]이 기록했다.

往古之世具志頭郡新城邑有清泉井每稻大祭前三日邑人擔此水釀作神酒以獻五穀神此時新城邑有眞加戸者好作神酒主人令眞加戸釀神酒眞加戸自晨至暮汲水以甕已身體倦疲將其水甕放在井邊仰天踞坐哭淚如雨忽有白髮老人出現問其緣故眞加戸對曰國中諸郡皆有稻穗祭又有稻大祭每祭祀時釀神酒祭五穀神今當稻大祭往來勤苦挑水釀神酒身體憔悴故予啼哭如此老人問其姓名曰新城邑眞加戸也曰汝往告

---

421) 땅을 파서 만든 우물을 말한다.

422) 출산 시에 우부카(産井戸)라고 부르는 우물에서 오키나와어로 우부미지(産生水)라고 부르는 물을 길어와서 태어난 아이의 이마에 바르는 민속이 있었다.

423) 우부미즈(生産水)를 가리킨다.

424) 편자 중의 한 사람인 양황(梁煌)이다.

酋長自今以後具志頭郡稻穗祭一次而可也又此井名叫眞加戶井以給于汝若有汝出門之時必唱積川原眞加戶井產生水之句(俗叫毛武水)而出門他行必無禍難有多福終乘雲上天自是之後具志頭郡稻穗祭一次不敢行大祭之禮焉新城村今有眞加戶井是也 以上粱記

120. 네사부 오야카타(根指部親方)가 지위를 회복하다.

옛날에 네사부 오야카타(根指部親方)라는 사람이 살았다. 그가 사법관(司法官)으로 있을 때에, 류큐(琉球)에서 관할하는 오시마(大島)[425]에서 모반을 꾀하였다. 서둘러 병사를 모아 진압해야만 했다. 왕이 명을 내려 네사부를 대장으로 삼아 대군을 이끌고 가서 오시마를 정벌토록 했다. 적은 병력으로는 대군을 대적할 수 없는 법이다. 오시마 사람들은 패하여 포로가 되었고 마침내 주살 당했다. 네사부는 큰 승리를 거두고 공을 세운 후 개선하여 왕께 고하였다.

그 후 오시마 사람들은 네사부가 오시마를 정벌할 때에 함부로 백성들을 죽인 일을 가지고 왕에게 고했다. 왕이 격노하며 말하기를 "오시마는 우리 영토의 변방에 속하는 곳이다. 정치적 교화가 아직 미치지 못한 속이기 때문에 죄가 있는 사람은 바로잡고, 죄가 없는 사람은 격려해야 할 것이다. 이것이 내가 변방 사람들을 다스리는 뜻이다. 너는 어찌 내 뜻을 어기고 사람들을 함부로 죽였느냐?"라고 힐문하였다. 결국 네사부는 문책을 당해 관직에서 쫓겨났다. 네사부가 왕에게 주청하기를 "제가 관직에서 쫓겨났지만 조금도 원망치 않겠습니다. 그저 바라옵건대 의관을 그대로 착용 할 수 있도록 해주옵소서." 라고 말했다. 다행히 그 청이 받아들여졌다.

---

425) 지명, 역주 343)을 참조.

앞으로 구니가미 군(國頭郡)으로 가서 은거하고자, 우라소에(浦添)[426]의 반쇼(番所)[427] 앞을 지날 때였다. 마침 조관(朝官) 한 사람이 그 반쇼 앞을 지나다가 우연히 마주쳤다. 조관이 네사부가 머리에 쓴 관을 보니 관의 앞뒤를 바꾸어 쓰고 있었다. 관원이 그 까닭을 물었다. 네사부가 "저는 일찍이 오시마를 정벌할 때에 함부로 백성들을 죽였습니다. 그 죄로 인해 숨어 살고자 멀리 떠나는 중입니다. 그렇지만 저는 뼈대 있는 집안 출신으로, 일찍이 법사관에 임명되어 얼마간 봉록을 받아 부모처자를 부양하였습니다. 왕의 넓은 은혜를 어찌 다 갚을 수 있겠습니까? 이 때문에 제가 이처럼 관을 앞뒤 바꾸어 쓰고, 앞쪽이 왕성을 향하게 하여 늘 국왕을 받드는 뜻을 잊지 않기 위해 노력하고자 합니다."라고 대답하였다. 조관은 그 말을 듣고 왕성으로 나아가 왕에게 고하였다. 왕이 그 말을 듣고 감동하여 네사부의 죄를 용서하였다. 명을 내려 구니가미의 슈리 오야코(首里大屋子)[428]로 임명하고 자야스노 오야코(座安之大屋子)를 겸직하도록 했다.

지금 네사부의 무덤이 오기미 군(大宜味郡)[429]과 구니가미 군의 경계에 있다. 지금까지도 그 자손들이 제례를 지낸다고 한다.

---

426) 지명, 역주 19)를 참조.

427) 역주 9)를 참조.

428) 오야코(首里大屋子)에 관해서는 역주 12)를 참조.

429) 지명. 오키나와 현 오키나와 본도(沖縄本島) 북부의 구니가미(国頭)에 속해 있다. 오키나와어로 운자미(ウンジャミ)라고 부르는, 음력 7월에 행하는 해신제(海神祭)가 유명해서 국가지정중요무형민속문화재로 지정되어 있다.

往昔之世有根指部親方者在法司官時琉球轄下大島有謀叛之心急整兵不可不拒禦王即命根指部爲大將率領大軍往征大島小不敵大力窮被擄竟受其誅根指部大得勝其功已畢奏凱而歸厥後大島民人以根指部征大島時擅殺百姓事告訴于王王大怒曰大島在吾外島政敎所施未嘗及也然則有罪者則正之無罪者則勸之是專吾撫恤遠人之至意也汝何違吾意擅殺百姓根指部遂得其罪革去官位由是根指部奏請雖我革去官位少不恨怨只願許着衣冠幸准其請自此要行國頭郡以退隱路經浦添驛之前時有一員朝官亦過其驛之前偶然相遇見根指部所戴之冠冠前爲後冠後爲前以爲經過官員問其故根指部曰我曾征討大島時擅殺百姓故坐其罪因此要隱于遠漫漫以行然我自士籍出身經任法司官蒙多少俸祿養父母妻子浩蕩洪恩頂踵難報是以吾所戴之冠前後相戾前向于王城而拜謝聖主之意未嘗相忘故我冠如此官員聞其言進城直奏王王感其意宥根指部罪即命爲國頭首里大屋子兼拜座安之大屋子今其墓在大宜味郡與國頭郡之境至今子孫致拜祭禮云爾

121. 마을 이름을 야케나(屋慶名)로 바꾼 유래

옛날에 요나구스쿠 군(與那城郡)[430]의 야부 촌(屋部村)은 해마다 화재가 자주 일어나서 집이 불타곤 했다. 백성들이 그 폐해를 견딜 수가 없었다. 하루는 긴마모노(君眞物) 신[431]이 출현하여 마을 사람에게 탁선하기를 "자주 화재가 일어나는 까닭은 마을 이름이 야부(屋部)이기 때문이니라. 만약 야부라는 마을 이름을 바꾼다면 화재를 면할 수 있을 것이다. 즉시 이름을 야케나(屋慶名)로 바꾸어 화재를 면하도록 하여라."라고 말하였다. 마을 사람들이 그 말을 듣고서 신께 감사드린 후에 곧장 야케나로 마을 이름을 바꾸었다. 이후에는 아직 화재가 발생하지 않았다고 한다.

往古之世與那城郡屋部村每年屡遭火災燬失房屋民不勝其憂一日有君眞物出現囑村民曰屡有火災乃以有屋部之名也若不改屋部之名不得免其火災早改名以叫屋慶名即火災可以止矣村民聞之拜謝已改叫屋慶名自此以後未嘗有火災云爾

---

430) 지명, 역주 53)을 참조.

431) 제49화에는 기미마모노(君真物)로 나와 있다. 기미마몬(キンマモン)이라 부르기도 한다. 오키나와의 민속종교에서 섬기는 신이다. 이 신은 바다 건너편에서 일정한 시기에 왕림하여 오키나와에서 가장 지위가 높은 신녀(神女)인 기코에오기미(聞得大君)에게 빙의(憑依)하는 신이다. 이 때문에 류큐신도(琉球神道)에서 가장 신격이 높은 신으로 여긴다. 기미마모노에 관해서는 『류큐신도기(琉球神道記)』(1605), 『류큐국유래기(琉球国由来記)』(1713)에도 관련 기록이 있다.

122. 아세리 촌(安勢理村)에서 지붕을 지붕을 이지 않는 이유

옛날부터 요나구스쿠 군(與那城郡)[432]의 아세리 촌(安勢理村)에서는 어느 집이나 지붕을 이지 않았다. 일찍이 집에 지붕을 인 사람이 있었는데 갑자기 폭풍이 불어와서 지붕을 날려버렸다. 이로 인해 아세리 촌에서는 지금까지도 지붕을 이지 않는다고 한다.

自往昔世與那城郡安勢理村人家悉不蓋屋頂曾有蓋之暴風陡起吹落屋頂由是安勢理村迄于今世不蓋屋頂云爾

432) 지명. 역주 53)을 참조.

123. 요나구스쿠 군(與那城郡)의 연못과 관련된 두 가지 이야기

요나구스쿠 군(與那城郡)433)에 깊은 연못이 하나 있었다. 그 깊이를 알 수 없었다.[속칭 야부쓰미유(屋部津美由)라 한다] 좌우로 험한 산이 있고 그 주변에 논이 있었다. 아세리(安勢理), 요헤나(饒辺), 야케나(屋慶名) 세 마을 사람들이 배를 타고 와서 농사를 짓거나 장작을 패서 늘 사용하였다. 그런데 혹시 상을 당한 사람이 배에 같이 타고 있으면, 갑자기 바닷물이 붉게 변하고 큰 파도가 일어나서 배가 나아갈 수 없는 일이 자주 벌어졌다. 이로 인해 연못을 지나가는 사람들이 그 연못을 지나칠 때면 반드시 두건을 벗고 결코 말을 하지 않았다. 또한 연못 좌우의 산 정상에 맑은 빛이 하늘로 오르내렸다. 옛날부터 지금에 이르기까지 그러하다.

일설에 따르면 이러하다. 옛날에 왜선(倭船)이 바람에 실려 이 연못을 지날 때에 우연히 바닷물이 덮쳐서 배가 전복되어 침몰하였다. 배에 타고 있던 사람들은 모두 익사하였다. 이후부터 날씨가 맑은 날에 뱃소리가 들려왔다. 사람들이 나가서 보니 왜선이 닻을 올리고 수면에 떠 있었다. 잠깐 동안에 어딘가로 사라졌는데 그 사라진 곳을 알 수 없었다. 사람들이 괴이케 여겨서 이 연못을 지나칠 때마다 두건을 벗고 옷깃을 여미고서 결코 말을 하지 않았다. 지금에 이르도록 때때로 괴상한

433) 지명. 역주 53)을 참조.

일이 벌어져서 날씨가 맑은 날에 볼 수 있다고 한다.

與那城郡有一深淵其深千尺不見其底(俗日屋部津美由)左右有嶽其邊有田地安勢理饒邊屋慶名三邑之民浮舟航彼地以爲耕種或取薪材以爲日用若有守制者混在舟上海水忽變爲赤波濤大起船隻難往屢次效驗是以往還之民每過其淵必脫其頭巾不敢言亦兩嶽之頂有光輝上天有從天降下自古至今猶有其驗一說往古之世倭船飄風過此淵時偶被海水所捲船已覆沈船上之人盡皆溺死自此而後或晴天日有搖櫓歌人出見之倭船揚帆現浮海面暫時之閒不知何處化去人人奇怪之每過此淵脫去頭巾正襟危坐不敢言云爾自古至今時時有奇怪必見晴天之日云爾

124. 마카베 아지(眞壁按司)의 명마와 구니가미 아지(國頭按司)

옛날에 마카베 군(眞壁郡)[434]에 마카베 아지(眞壁按司)[435]라는 사람이 살았는데 명마[이름을 백마(白馬)라 불렀다] 한 마리를 기르고 있었다. 아지는 그 말을 아끼기를 진귀한 보물처럼 여겼다. 이 모습을 보고 그 말을 꼭 갖고자 하는 사람들이 많았다. 그러나 아지는 사람들의 청을 들어주지 않았다. 구니가미(國頭)의 아지가 말하기를 "내가 그 명마를 갖고자 한 것이 몇 년이나 지났지만 아직도 그 뜻을 이루지 못하였다."라고 하고서, 군사를 이끌고 마카베성을 공격하였다. 마카베 아지는 병사가 적어서 대적할 수가 없었다. 몰래 그 동생인 가키노하나 아지(垣花按司)를 불러와서 구니가미 아지를 상대로 함께 싸우고자 청하였다. 그리하여 두 아지가 대장이 되어 성 밖으로 나가 서로 싸웠다. 서로 싸운 지 얼마 되지 않아서 구니가미 아지에게 패배하여 두 아지는 마침내 죽고 말았다.

이후 마카베 촌에서만 여태껏 백마가 태어나지 않았다. 마을 사람들 또한 백마를 기르려고 하지 않았다고 한다.

往古之世眞壁郡有眞壁按司者飼一個名馬(名曰白馬)按司愛之如珍寶一般人人看之覓求者甚多然而按司不肯依人之

434) 지명. 오키나와 현 시마지리 군(島尻郡)에 속했던 옛 지명으로 현재 이토만 시(糸満市)에 속해 있다.

435) 아지(按司)에 관해서는 역주 48)을 참조.

求國頭按司意謂我望他名馬已多年無計可望于是率領軍兵攻圍眞壁城眞壁按司奈小兵不以可拒密招其弟垣花按司請雇他兵即兩按司爲大將出城外相戰未數合爲國頭按司被打滅兩按司遂死其難自是以來但眞壁村未嘗有白馬產下村人亦不飼白馬云爾

125. 구가키 사메도노(久嘉喜鮫殿)가 요괴를 물리친 후에 죽다.

옛날에 마카베 군(眞壁郡)436)의 우에구스쿠 촌(宇江城邑)에 한 사람이 살았다. 이름은 구가키 사메도노(久嘉喜鮫殿)이며, 매일 밤 바다로 나가서 고기를 잡아 생계를 꾸려갔다.

어느 날 밤에 어떤 사람이 와서 고기를 잡고 있었다. 그런데 어디 사는 누군지도 몰랐다. 시간이 흐르자 두 사람은 매우 친한 사이가 되어 매일 밤 함께 고기를 잡아 생활했다. 그 사람은 때때로 얼굴이 변하고 말도 이상했다. 사메도노는 '저 사람은 분명 인간이 아니라 요괴가 인간으로 둔갑했을 것이다. 저 요괴가 나를 해칠 것이 분명하다.'고 생각했다.

어느 날 밤에 고기잡이가 끝나고 집으로 돌아갈 무렵이었다. 몰래 그 뒤를 따라가 보았더니, 곧장 산[마을 앞에 있다]으로 들어갔다. 모습을 감추고 한 뽕나무 속으로 들어갔는데 종적을 알 수 없었다. 그 뽕나무를 보았더니 매우 오래된 늙은 나무였다. 의심의 여지없이 요괴가 둔갑한 것이 분명했다. 사메도노는 마음속으로 크게 놀라고 집에 돌아와 아내에게 그 사실을 들려주었다. 그리고 고기잡이 나간 동안에 아내로 하여금 그 뽕나무를 불사르도록 시켰다. 그러자 요괴는 거주할 곳이 없어서 구니가미(國頭)로 가서 살았다.

하루는 사메도노가 일이 있어서 슈리(首里)437)로 나갔다가

---

436) 지명. 역주 434)를 참조.

437) 지명. 역주 24)를 참조.

시장에서 친구를 만나 함께 술집으로 들어갔다. 잠시 둘이서 술을 마시며 이야기를 하다가 사메도노가 전에 뽕나무를 불사른 일을 친구에게 숨김없이 들려주었다. 그러자 그 친구가 갑자기 화를 내며 차고 있던 칼로 사메도노의 손가락 사이를 찔렀다. 요괴가 친구로 둔갑한 사실을 어찌 사메도노가 알 수 있었겠는가? 마침내 도상(刀傷)으로 인해 죽고 말았다. 그래서 마을 앞 들판에 매장하였다. 사메도노는 죽기 전에 생긴 모습이 보통 사람과 달라서 피부가 상어와 같았다. 단지 손가락 사이만이 사람 피부와 똑같았다. 그 때문에 요괴가 사메도노의 손가락 사이를 찔렀다고 전해진다.

往古之世眞壁郡宇江城邑有一個人名曰久嘉喜鮫殿夜夜出海邊以漁爲營一夜有人來而取魚不知爲何處人日往月來遂以結肝膽交每夜相共以漁爲營容貌有時變言語亦不常自此鮫殿意謂彼人非人間鬼變爲人間不可久交若久相交恐爲之被害一夜漁畢將歸家竊窺見其所往直往去當山(在本邑前)化入一株桑樹而不見其跡見是桑樹歷經千古甚爲老木可變妖魔決然無疑鮫殿心中大驚回家說知婦一遍遂令婦窺其出漁時盡燒桑木自是妖魔無所住居即往國頭住居焉一日鮫殿有事在首里邂逅逢朋友于市共入酒家稍久燕宴說話之間鮫殿以前燒桑木遂去魔事直話朋友他朋友忽發怒將其所帶小刀刺鮫殿指之間奈不知鮫殿魔變爲朋友之貌遂被金瘡而死即葬于本邑屬地前原鮫殿其未死時形體異人肌如鯖鮫但其指之間許如人間之肌故他妖魔特刺鮫殿指之間云爾

126. 시키나 촌(識名村) 신사(神社)의 유래

마와시 군(眞和志郡)[438]의 시키나 촌(識名村)은 원래 황량한 벌판으로 사람이 살고 있지 않았다. 밤마다 두우(斗牛)[439] 사이로 밝은 빛이 비쳤다. 그 때 오아무시라레(大阿母志良禮)[440]라는 사람[사키마치(崎間知)의 아내이다]이 살았다. 몰래 그곳으로 가서 보았더니 태풍이 불고 컴컴한 밤중으로 어디에도 사람이 없었다. 그저 동굴이 하나 있어서 그 안에 빈두로(賓頭盧)[441] 상 하나를 안치해두었다. 오아무(大阿母)는 "밤마다 밝은 빛이 두우 사이를 비추는 것은 빈두로가 영험을 발휘한 것이 틀림없다."고 생각했다. 이런 연유로 빈두로를 존신(尊信)했는데, 치성을 드리면 들어주지 않는 일이 없었다. 그 말을 듣고 존신하는 사람들이 매우 많았다.

이 때 상강백(尙康伯)[442]이 무거운 병에 걸렸다. 오아무가 그

---

438) 지명. 역주 77)을 참조.

439) 북두성과 견우성을 말한다.

440) 역사적으로 오키나와의 신직(神職) 이름이다. 미야코 제도(宮古諸島) 및 야에야마 제도(八重山諸島)에서는 신직 중에서 가장 지위가 높았다.

441) 십육나한(十六羅漢) 중의 하나이다. 흰 머리와 긴 눈썹을 지닌 아라한(阿羅漢)이다. 뛰어난 신통력을 함부로 사용하다가 석가모니 부처의 꾸지람을 듣고서, 석가모니 사후에 중생을 교화하도록 명을 받았다. 중국에서는 빈두로 상을 사원의 식당에 안치하고 모셨다. 일본에서는 빈두로 상을 문지르면 병이 낫는다고 해서 손으로 문지르는 풍습이 있다.

442) 제이상씨왕조(第二尚氏王朝)의 제5대 국왕인 상원왕(尚元王)의 장남이다. 왕위에는 오르지 못했다.

소식을 듣고 왕부(王府)로 올라가 빈두로가 매우 영험하다는 사실을 왕자에게 고하였다. 왕자는 매우 기뻐하며 공경하게 치성을 드렸다. 그랬더니 영험이 있어서 병이 낫고 몸이 예전과 같았다. 이런 연유로 재물을 들여 궁(宮)과 절을 짓고 그 옆에 집을 지어 오아무로 하여금 살면서 간수(看守)토록 했다. 오아무는 매월 삭망(朔望) 때면 목욕재계를 하고 치성을 드렸다. 그 후 왕의 명령으로 관사(官寺)로 삼고, 그 옆의 공터에 집을 지어 오아무에게 하사하여 살도록 했다.

오아무에게 여자 후손이 한 명 있었는데 온 몸이 다 하얗고 머리카락과 눈썹이 눈처럼 희었다. 그 사람은 말을 삼가고 신불을 믿었으며 늘 채식을 하며 어육(魚肉)을 삼갔다. 하루는 그 여자 후손이 용수(榕樹)[443] 밑에 갔다가 홀연히 사라져서 종적을 알 수 없게 되었다. 집안 사람들이 이를 신기하게 생각하고 신으로 모시고 섬겼다.

그 신에게 공물(供物)을 바칠 때에는 반드시 채소를 바쳤다. 이후 오아무가 집안 사람들에게 명하기를 "지금부터 저 용수를 절대 베어서는 안 되느니라. 신령이 계시는 곳이다."라고 했다. 사람들이 이 말을 듣고서 신으로 섬기는 사람들이 더욱 많아졌다. 마침내 신사(神社)를 세우게 되었다.

옛날에 시키나 촌에는 집이 한 군데도 없었고 오로지 오아무의 집만이 있었다. 중고(中古)시대부터 점점 사람들이 모여들어 마을을 이루었고, 그 마을 이름을 시키나[속칭 데라시키나(寺識名)라 부른다]라 부르게 되었다.

443) 역주 25)를 참조.

眞和志郡識名村原來茫茫荒野無有人家夜夜有光輝射斗牛間時有大阿母志良禮者(崎閒知之妻也)竊行見之嵐風冷冷夜色暗暗四顧無人但有一洞其内安置賓頭盧一體大阿母意謂夜夜有光輝射斗牛閒此誠賓頭盧爲靈應決然無疑因而尊信之無祷不應人亦聞之尊信者甚多此時尚康伯(大具志川王子朝通)罹于貴恙大阿母聞之到王子府上將他賓頭盧甚有靈應事轉達王子王子大喜恭許愿病日愈甚有驗貴體如常由是捐資銀創建宮竝寺亦構房屋于其側令大阿母看守之自是大阿母每月朔望齊戒沐浴而尊信焉至于其後朝議達□王上遂爲官寺於其側空地墾開一宅賜大阿母而住居他大阿母有一女孫通身悉白髮眉如雪爲其人也謹言語尊佛神常食素菜甚忌魚肉一日他女孫往去宅邊榕樹之下忽化不見其跡家人奇異之尊以爲神每奉供物于其神主必用素菜自是大阿母吩囑家人曰自今而後彼榕樹勿伐勿折神靈所在也人亦聞之尊信者多遂以爲神社往古之世識名村無有人家但有大阿母家宅而已自中古後漸漸人集創建村邑名之曰識名(俗曰寺識名)

127. 기샤바코(喜舍場子)와 쓰켄지마(津堅島)의 유래

옛날에 나카구스쿠 군(中城郡)[444]의 기샤바 촌(喜舍場村)에 기샤바코(喜舍場子)라는 사람이 살았다. 하루는 기샤바산에 올라가서 먼 곳을 바라보고 놀다가 동쪽에 섬 하나가 있는 것을 발견하였다. 그러자 그 여동생 마시라요(眞志良代)를 불러서 당부하기를 "내가 저 바다의 섬을 보건대 사람이 살만한 곳이다. 나중에 반드시 마을이 생길 곳이다. 너와 함께 저 섬으로 가서 살고자하는데 어떠한가?"하고 물었다. 결국 둘이서 약속을 하고 17일을 기해 목욕재계하고 두 사람이 함께 배를 타고 섬으로 가서 살게 되었다. 지금에 이르도록 자손들이 점점 늘어나서 마침내 한 마을을 이루는 섬이 되었다. 지금의 쓰켄지마(津堅島)[445]가 바로 그 섬이다.

그 섬의 해변에 바위 하나[속칭 쓰켄세(津堅瀨)라 불렀다]가 있었다. 옛날에 기샤바코가 처음으로 그 바위를 밟고서 섬으로 들어왔다고 한다. 바위 하나[속칭 사이세(祭瀨)라 불렀다]가 또 있었는데, 마시라요가 처음으로 그 바위를 밟고 섬으로 들어왔다고 한다. 기샤바코와 마시라요 두 사람은 이미 천수가 다 해 마침내 나카노 우타키(中之御嶽)[446]에 매장되었다. 이 우다

444) 지명. 역주 66)을 참조.

445) 오키나와 본도의 중부 요카쓰반도(与勝半島) 동남쪽으로 약 5 킬로미터 떨어진 곳에 위치한 섬이다. 면적은 1.75 평방킬로미터이다. 홍당무를 많이 생산하기 때문에 홍당무 섬(carrot island)이란 이름으로 많이 알려져 있다.

키에 치성을 드리면 반드시 영험이 있었다.

이런 연유로 지금까지도 숭신(崇信)한다. 그리고 남녀가 함께 그 안으로 들어가는 것을 금했다. 치성을 드릴 때면 반드시 그 밖에서 공손하게 제물을 차려놓고 배례하며 치성을 드렸다고 한다.

往古之世中城郡喜舍場村有喜舍場子者一日登喜舍場嶽以爲遊觀閒見有東海一洲乃招其妹眞志良代吩囑之曰我見彼海中之一洲即人可住居之所也後年必可建村邑早與汝共航于彼洲始爲住居如何遂約相窮期一七日齊戒沐浴二人相共泛舟求彼洲以爲住居至今子孫綿綿以致繁衍遂爲一島即今津堅島是也亦本島海邊有一石(俗叫津堅瀨)昔喜舍場子渡海來到時始蹈此石以入其島亦有一石(俗叫祭瀨)眞志良代始蹈此石以入其島喜舍場子眞志良代二人既終天年遂葬于中之御嶽祷之必應故至于今以爲崇信而嚴禁男女入其內每有許愿必在其外恭供祭品致拜祭禮云爾

446) 우타키(御嶽)에 관해서는 역주 42)를 참조.

128. 우에자토촌(上里村)의 하나후기이베(波名普儀伊部)

간(喜屋武)[447]의 마기리(間切) 우에자토 촌(上里村) 앞에 한 해안이 있었다. 그 기슭은 아라사키(新崎)로 이어지고 그 끝은 칠 팔 간(間) 정도 바다 속으로 이어져 있었다.[속칭 하나후기 이베(波名普儀伊部)라 불렀다] 사람들이 그 부근에 가서 큰 목소리로 하나후기(無鼻)[448]라고 소리를 지르면, 큰 파도가 일어나고 뇌성이 치는 듯 했다. 지금에 이르도록 그러하다.

이상 모(毛)[449]가 기록했다.

喜屋武間切上里村之前有一岸其麓在新崎其端臨海中七八間許(俗叫波那普儀伊部)有人行其邊大出惡聲以呼無鼻即猛浪大起雷霆如驚至今有其驗 以上毛紀

447) 지명. 역주 397)을 참조.

448) 뜻은 미상이다. 하나후기 이베(波名普儀伊部)의 하나후기(波名普儀)와 발음이 같은 데서 이렇게 부른 듯하다.

449) 편자 중의 한 사람인 모여포(毛如苞)이다.

PART 04

구양(球陽) 외부권(外附卷)

129. 유야(湯屋)라는 지명의 유래

옛날에 본국에는 욕실(浴室)이 없었다. 집집마다 뜨거운 물을 데워 알아서 목욕을 했다. 하루는 일본인이 무역을 하러 왔다가 처음으로 욕실을 만들어 목욕할 수 있도록 했다. 지금 그곳을 가리켜서 유야(湯屋)라 부른다.

往昔之世本國之人無有浴室家家煎滾自己沐浴一日日本人貿易抵國始造浴室以備人之沐浴今名其地曰湯屋

130. 도마리 읍(泊邑)의 유래와 도마리고텐(泊御殿)

옛날에 오시마(大島)[450] · 기카이(鬼界)[451] · 도쿠시마(德島)[452] · 요론(由論)[453] · 에라부(永良部)[454] 등의 다섯 섬, 구니가미(國頭) 지방, 그리고 서해제도에서 주잔(中山)[455]에 공물을 바칠 때에는 반드시 배가 도마리 진(泊津)에 들렀다. 이런 연유로 그 마을을 부르기를 도마리 읍(泊邑)이라 했다. 이 때 도마리고텐(泊御殿)에 관리를 두고 여러 섬을 다스리도록 했다. 그런데 오시마를 비롯한 다섯 섬은 갑자기 사쓰마(薩州)[456]에 속하게 되었고, 구니가미 및 서해 제도는 중앙관청에서 나누어 관리하게 되었다. 이 때문에 도마리고텐을 폐지하였다. 지금까지도 돌담이 여전히 남아 있다.

往昔之世大島鬼界德島由論永良部等五島竝國頭地方及西海諸島等處納貢中山必船隻來于泊津也故名其邑曰泊邑此時置官吏于泊御殿以治諸島之事大島等五島暫屬薩州將其國頭及西島等事分授各座由是廢去其殿至于今世石垣猶存

---

450) 지명. 역주 343)을 참조.

451) 기카이지마(喜界島)를 말한다. 역주 343)을 함께 참조.

452) 도쿠노시마(德之島)를 말한다. 역주 343)을 함께 참조.

453) 요론토(与論島)를 말한다. 역주 343)을 함께 참조.

454) 오키에라부지마(沖永郎部島)를 말한다. 역주 343)을 함께 참조.

455) 역주 40) 및 132)를 참조.

456) 역주 343)을 참조.

131. 기사이(喜才)의 죽음과 우타키(神嶽)의 유래

옛날에 기사이(喜才)라는 일본 승려가 살았다. 일찍이 법을 범하고 죄를 지은 적이 있었다. 결국 마치산(馬齒山)으로 유배되었다. 수십 년이 지난 후에 갑자기 병에 걸려 죽고 말았다. 마을 사람들이 그를 도카시키이호사키(渡嘉敷伊保崎)에 매장하였다. 그리고 그 곳을 우타키(神嶽)[457]로 삼고 존신(尊信)하였다. 매년 6월 도대제(稻大祭)[458] 때가 되면 반드시 신주(神酒)와 향을 바치고 제사를 지냈다.

往昔之世日本僧有喜才者嘗有犯法獲罪遂問流于馬齒山已歷數十年忽染病而卒邑人葬之於渡嘉敷伊保崎遂尊信之以爲神嶽焉每年六月稻大祭日必供神酒香品等物以致祭祀焉

457) 역주 42)를 참조.

458) 도대제(稻大祭)에 관해서는 역주 153)을 참조.

132. 베 짜는 기술의 시작

옛날에 일본 구슈(隅州)[459] 고쿠분(國分)[460] 사람으로 사메지마 씨(鮫島氏)가 살았다. 그는 가고시마(鹿児島)를 가려다 갑자기 역풍을 만나 본국으로 표착하여 오야미세(親見世)에 머물렀다. 몇 년이 지나자, 미야코지마(宮古島)[461]의 여자를 아내로 맞이하여 남자 아이 한명을 낳았다. 결국 기케이(攲髻)[462]를 틀고 류큐 사람이 되어 이름을 아자토(安里掟)라 했다. 구모지(久茂地)에 살다가 후에 와카사마치 촌(若狹町村)으로 옮겨가 늘 베를 짜며 생활했다. 후에 베 짜는 기술을 온 나라에 퍼뜨렸다. 본국의 로쿠로(轆轤)[베 짜는 직공 또는 노반공(轤盤工)이라 부른다]는 이때 시작되었다.

往昔之世日本隅州國分人有鮫島氏者赴麑府時陡遭逆風漂至本國旅駐於親見世已閲數年遂娶宮古島女而生一男兒即結攲髻以爲球民名曰安里掟而住居於久茂地後亦移居於若狹町村常以引物爲産業後亦徧敎于國中本國轆轤(俗叫引物工又轤盤工)自此而始

459) 지명. 정식 이름은 오스미노쿠니(大隅国)이다. 현재의 가고시마현(鹿児島県)의 동부 및 아마미제도(奄美諸島)가 이 지역에 해당된다.

460) 지명. 가고시마현(鹿児島県)의 중부에 있었던 지역이다. 현재 기리시마시(霧島市)에 편입되어 있다.

461) 지명. 역주 93)을 참조.

462) 보통 가타카시라(カタカシラ)라고 부른다. 오키나와 사족 남자들의 일반적인 상투 모양이다.

133. 기코에오키미(聞得大君)가 일본으로 표류했다가 돌아오다.

옛날에 기코에오키미 가나시(聞得大君加那志)[463]가 시녀 수십 명을 거느리고 배를 타고 구다카지마(久高島)[464]로 가서 제사를 지내고자 하였다. 배가 바다 가운데에 이르렀을 때에, 갑자기 역풍을 만나 일본으로 표착하게 되었다. 세월이 꽤 지났지만 여전히 그 종적을 알 수 없었다.

이때 류큐(琉球)에서는 가뭄이 극심하여 오곡이 영글지 않고 백성들이 고통을 받았다. 이로 인해 자주 여러 무격(巫覡)들을 모아놓고 그 원인을 알아보도록 했더니, 무격들이 모두 말하기를 "이는 기코에오키미 가나시가 바람에 실려 표류하다가 다른 나라에 머무르고 있기 때문일 것이오."라고 점쳤다. 하루는 기미마모노(君摩物)[465] 신이 탁선하기를 "지금 기코에오키미 가나시가 일본에 머물고 계신다. 너희들은 빨리 배를 출항시켜 일본으로 가서 모시고 와야만 한다."라고 말하였다. 이 때문에 바텐(場天) 노로가 뱃머리를 맡고 오시로(大城) 노로가 배꼬리를 맡아 여자 수십 명을 거느리고 배에 타서 목숨을 걸고 바다로 나가[바텐 노로는 배가 출항할 때에 사미가(沙美川)에게 허락을 맡고 갔다. 사미가는 바로 바텐 노로의 아버지이다] 일본을 향했다.

---

463) 여기서 가나시(加那志)는 존칭이다. 역주 204) 및 역주 205)를 참조.
464) 지명. 역주 242)를 참조.
465) 역주 431)을 참조.

순풍이 불어서 며칠 되지 않아 곧장 한 곳에 도착하여 황송하게도 기코에오키미의 얼굴을 볼 수가 있었다. 바텐 노로가 기코에오키미 앞에 무릎을 꿇고 "소첩들이 기근에 기코에오키미를 영접하기 위해서 이곳으로 왔습니다. 원컨대 빨리 고향으로 돌아오시기 바랍니다."라고 청하였다. 기코에오키미는 마침내 그들과 함께 돌아와 바텐 해변에 당도했다.[일설에는 세하다키(齊場嶽)[466] 아래에 있는 마치가키도마리(待垣泊)에 당도했다고도 한다. 아직까지 어느 쪽이 맞는지 알 수 없다] 사미가(沙明嘉) 해변으로 나와 공손하게 술잔을 올리고 영접을 위한 예를 갖췄다. 기코에오키미 가나시는 슈리(首里)[467]로 돌아가려 하지 않고 그저 오자토 군(大里郡)의 요나바루 촌(與那原村)에 궁을 짓고서 거주하였다.

후에 그 곳에서 죽자 그 영골(靈骨)을 미쓰다케(三津嶽)[468]에 매장하였다. 사람들이 존신(尊信)하여 신으로 모셨다.

또 전하기를 류큐의 바다에는 원래 다지쿠(多志好)[469] 고기가 살지 않았다고 한다. 바텐 노로가 일본에서 이 고기를 거느리고 와서 류큐의 바다에 풀어놓았다. 이 때문에 바텐 노로가

---

466) 보통 세하 우타키(斎場御嶽)라고 부른다. 옛 지넨(知念)에 해당하는 난조 시(南城市)에 있으며, 류큐왕국(琉球王国)의 상진왕(尚真王)시대에 세워진 우타키(御嶽)로 알려져 있다. 세하(せーふぁ)란 최고지위란 의미로 세하우타키는 최고의 우타키라는 의미로 해석된다. 2000년 11월首에 슈리성(里城跡) 등과 함께 유네스코에서 지정하는 세계문화유산으로 등록되었다.

467) 지명. 역주 24)를 참조.

468) 여기서 말하는 다케(嶽)란 우타키(御嶽)라는 의미이다. 우타키(御嶽)에 관해서는 역주 42)를 참조.

469) 고기 이름이다.

바텐 해변에 있을 때에는 이 물고기가 바텐 해변으로 무리지어 왔고, 요나바루에 있을 때에는 역시 요나바루 해변으로 무리지어 와서 오직 그 노로가 가는 곳만을 따라다녔다고 한다.

往昔之世聞得大君加那志帶侍女數十坐駕海船赴久高島以行祭祀往抵中洋陡遭逆風漂至日本已經歲月杳然無跡是時琉球旱魃甚極五穀不登民人困苦由是招集諸覡巫輩頻頻問之覡巫僉曰想是□聞得大君加那志爲風所漂滯在他國之故也一日有君摩物神曰今□大君加那志逗在日本汝等須早撥船往至日本以爲迎回于是場天祝女奉□命爲船頭大城祝女爲船筑而帶女數十人駕船開洋(場天祝女出船時許願沙明川而往焉沙美川乃是場天祝女之父也)赴日本國順風吹起不閱數日直至一處恭得覲□大君芳顔即場天祝女跪于御前曰妾等特來此地迎接□大君加那志也願早還故鄕焉□大君加那志遂同他還棹回至場天濱(一說回至齊場嶽下待垣泊未知孰是)沙明嘉出於海邊恭獻酒盃以爲喜迎之禮□大君加那志不欲歸本處但於大里郡與那原村結構宮舍而住居焉後薨于此即收其靈骨埋葬三津嶽人尊信爲神又云琉球海原無多志好魚場天祝女自日本帶來此魚而歸回球海由是場天祝女在場天濱時此魚浮來于此濱又在與那原時亦浮來于彼濱但隨其祝女所在而浮來焉

134. 미야코(宮古) 민나지마(水納島)에 표류한 일본인의 무덤

옛날에 일본인 한 명이 미야코(宮古)[470]의 민나지마(水納島)[471]로 표류하여 살면서 아침저녁으로 슬퍼하며 걱정하였다.

하루는 이 섬으로 매가 날아왔다. 그 매를 잡아보았더니 원래 그 사람이 기르던 매로 날개에 쌀가루 포대가 달려있었다. 일본 사람이 이를 보고 기이하게 여기는 한편, 고향생각이 나서 통곡하였다. 그리고 손가락 하나를 깨물어서 그 피를 가지고 벼루(硯)와 붓(筆)이란 글자를 포대 위에다 쓰고 매를 날려보냈다. 며칠 지나지 않아서 그 매가 벼루와 붓을 가지고 날아오다가 도중에 힘이 다해 푸른 바다에 떨어져 해변으로 떠내려 왔다. 일본 사람이 그 모습을 보고 매가 떨어져 죽은 것을 슬퍼하며 이곳에다 묻어주었다.

이후 해마다 무덤 위로 매가 날아들었다. 지금 사람들이 이를 보고 감동치 않는 사람이 없었다.

往昔之世日本國人一名漂流宮古水納島而栖居于此朝夕悲憂焉一日有鷹鳥飛來此島其人獲之則素所飼之鷹而翅有米粉袋也日本人深奇異之亦感動故郷之心而啼哭矣遂噛一指取其血硯筆二字書於袋上以便飛去未閲數日鷹帶硯筆飛來

---

470) 지명. 역주 93)을 참조.

471) 지명. 역주 264)를 참조.

半途氣疲力倦斃於滄海漂來石泊濱日本人看之深惜鷹落死而葬於此地自此之後每年鷹來必聚集墓上而今之人看之莫不感動者焉

135. 야마토(大和) 사람의 죽음과 도모이다키(友盛嶽)

옛날에 야마토(大和)[472] 사람이 본국으로 놀러왔다. 그 사람은 천성이 어질고 사람들과 화목했으며, 늘 농사일에 힘쓰고 충효를 가르쳤다. 그런데 몇 달 지나지 않아서 병에 걸려 죽고 말았다. 사람들이 이를 보고 가엾게 여겨 도모이다키(友盛嶽)[473]에 매장했다. 그 후 영감(靈感)이 지극해서 여러 번에 걸쳐 신령스런 효험이 있었다. 이런 연유로 마을 사람들이 존신(尊信)하여 신[야마토야시로 센도도노 가나시(大和祠船頭殿加那志)라 부른다]으로 모셨다.

지금도 여행을 다니는 사람들이 반드시 이곳에 와서 치성을 드린다.

이상 칠 장은 정(鄭)[474]이 기록했다.

往昔之世有大和人遊到本國其爲人也賦性仁厚和睦人民恆勸農業且敎忠孝而未歷數月染病而卒人皆哀憐之葬之于友盛嶽厥後至靈至感屢次神驗由是村中之人尊信爲神(日大和祠船頭殿加那志)而今行旅者必到于此而祈祷焉 以上七章鄭

472) 오키나와에서는 일본 본토를 가리켜 흔히 이렇게 부른다.
473) 우타키(御嶽) 이름이다. 우타키에 관해서는 역주 42)를 참조.
474) 편자의 한 사람인 정병철(鄭秉哲)이다.

136. 이토만 촌(糸満村) 북쪽에 있는 백은암(白銀岩)의 유래

옛날에 가네 구스쿠(兼城)[475]의 마기리(間切)[476] 이토만 촌(糸満村) 북쪽에 바위 하나가 있었다. 이름을 백은암(白銀岩)이라 했다.

고치 촌(幸地村) 출신으로 미도노(美殿)란 사람이 이 마을로 옮겨왔다. 왜인(倭人)에게서 은(銀)을 빌리고서는 여러 번이나 기한을 어기고 갚지 못했다. 하루는 왜인이 와서 그를 찾았는데 집에 없었다. 왜인은 화를 내며 샅샅이 뒤져, 마침내 바위 밑에 숨어있는 미도노를 찾아냈다. 그러자 왜인이 칼을 뽑아들고 그를 죽이려고 했다. 미도노가 간절히 애걸하기를 "제가 어찌 언제까지고 숨어 있을 수 있겠습니까? 제가 현재 빌린 은을 갚을 여력이 없어서, 신용을 잃은 것이 부끄러워 숨어있었을 뿐입니다. 청컨대 관용을 베풀어 죽이지 마십시오. 내년에는 반드시 갚겠습니다. 옛사람이 말하기를 '화가 치밀거든 손을 움직이지 말고 손이 움직이거든 마음을 경계하라'고 했습니다. 부디 이 말을 떠올려주십시오"라고 했다. 왜인이 그 말을 듣고 이치가 그럴듯하다고 생각하고 기간을 연장해 주고 돌아갔다.

왜인이 귀국하여 밤에 집에 도착해 몰래 문을 열고 안으로

---

475) 지명. 오키나와 현 이토만 시(糸満市)에 속해 있다.

476) 역주 116)을 참조.

들어갔다. 그런데 그 아내가 어떤 남자와 서로 껴안고 자고 있는 모습을 보았다. 이를 보고 격분하여 칼을 뽑아 손에 쥐었을 때에 불현듯 미도노가 했던 말이 생각났다. 그래서 불을 밝히고 자세히 보니 그 어머니가 아내와 같이 자고 있었다. 일찍이 그 어머니가 아들이 멀리 출타할 때마다 남자들이 그 며느리를 찾아올 것을 염려하여 몰래 남장(男裝)을 하고서 며느리와 같이 잤던 것이다. 왜인은 미도노의 말을 떠올리고 어머니와 아내의 목숨을 건졌다고 생각하니 감명을 받았다.

그 후 다시 류큐(流球)에 갔을 때 술을 들고 가서 미도노에게 감사드렸다. 이 때 미도노도 은자를 준비하여 갚았다. 그런데 왜인이 그 은자를 받으려하지 않았다. 미도노 역시 그 은을 가지려 하지 않았다. 결국 두 사람 모두 갖지 않으려고 하여, 하는 수없이 바위 밑에 묻고 그 뜻을 새겼다.

이런 연유로 후대 사람들이 그 바위를 이름 하기를 백은암이라 부르고 이베(威部)[477]로 삼아 공경하였다.[478]

往昔之世兼城間切糸滿村北有一岩名曰白銀岩往昔幸地村人有美殿者遷居此村借倭人之銀數次違限不償一日倭人來索其不在家倭人怒而徧尋竟得美殿于其岩下便要拔刀殺之美殿哀求曰我豈敢長隱而騙汝奈目下無力可償今又失信心深慚之而隱焉耳懇求寬恩免死來年不敢再違矣古人有言心

477) 이비를 가리킨다. 이에 관해서는 역주 283)을 참조.

478) 현재 오키나와 현 이토만 시(糸滿市)에 하쿠긴도(白銀堂)라 부르는 전설과 관련된 유적이 있다.

怒則勿動手手動則當戒心請其思之倭人聞之甚爲有理乃寬限而去倭人歸國半夜到家暗開門戸而入只見其妻與奸夫相抱而寢即怒拔刀在手忽思美殿之戒乃擧火照視方知母之伴寢也從來其母每子遠出恐有奸人逼浣其妻暗地扮作男粧相伴而寢伊倭人因聞其戒全母妻之命感激不已嗣後又到琉球携酒謝之時美殿預備銀子償還各感恩而倭人不肯受美殿亦固請竟其銀無所歸乃埋之岩下各表其志後人因名曰白銀岩遂爲威部而尊焉

137. 슈리 오야코(首里大屋子)가 모신 영석(靈石) 세 개

옛날에 마카베 촌(眞壁村)[479]에 슈리 오야코(首里大屋子)[480]라는 사람이 살았다. 하루는 고바다키 이베(湖波嶽伊部)[481]앞을 청소하고 있는데 갑자기 영석(靈石) 하나가 날아올랐다. 오야코가 이 모습을 보고 괴이하게 생각하며 기원하기를 "만약 이령(異靈)이 존재한다면 내 손바닥 위에 나타나 주기를 청합니다."라고 했다. 그러자 말이 채 끝나기도 전에 영석이 날아와 손바닥 위에 멈췄다. 이를 계기로 우타키(御嶽)가 있는 곳에 작은 암자를 짓고, 그 우타키에 모셔두었던 영석 두 개를 옮겨 모셔 모두 세 개를 안치해 두었다.

그 후 오야코가 명을 받들어 삿슈(薩州)[482]를 가게 되었을 때, 무사하기를 빌었더니 과연 아무런 탈 없이 귀국하였다. 그때 이후로 신을 모셔두는 함을 가지고 와서 이곳에 모셔두고 자손대대로 모셨다. 강희(康熙)[483] 초에 린카이지(臨海寺)의 주지가 새롭게 기와를 얹었는데도 불구하고 세월이 오래되어 부서져서 다시 띠로 지붕을 이었다. 옹정(擁正) 6년 무신(戊申) 때에 마을 사람들이 재물을 모아서 기와지붕으로 복원했다. 깊이

479) 지명. 역주 434)를 참조.

480) 오야코(大屋子)에 관해서는 역주 12)를 참조.

481) 여기서 이베(伊部)는 이비를 가리킨다. 이에 관해서는 역주 283)을 참조.

482) 지명. 역주 285)를 참조.

483) 중국 청나라 제4대 황제인 성조(聖祖) 시대의 연호로 1662년부터 1722년까지 사용되었다.

가 1 장(丈) 5 척(尺)이고 넓이는 1 장(丈) 2 척(尺)이다.

往昔之世眞壁村有首里大屋子者一日掃浄湖波嶽伊部之前忽其靈石一位跳躍大屋子異之而祈曰果有異靈請登吾掌言未畢便跳飛來坐于掌上于是構小庵于嶽麓又移其嶽靈石二位伴爲三位安置于庵後大屋子奉□命赴薩州許願果無恙歸國時帶小殿來遷之子孫世尊之至于康熙初臨海寺住僧改爲瓦蓋殿久而頽壞復爲茅蓋至雍正六年戊申村人裒財復建瓦蓋殿深一丈五尺闊一丈二尺

138. 구메 촌(久米村)의 풍수(風水)와 금기

구메 촌(久米村)484) 남쪽에 마을로 들어가는 입구가 있었다. 속칭 우후조(大門)485)라 불렀다. 그 앞에 빈터가 있었는데 반월형으로 생겼다. 옛사람이 그곳을 용두(龍頭)로 삼았다. 그 좌우에 바위를 두고서 용안(龍眼)으로 삼고, 나무 두 그루를 심고서 용각(龍角)으로 삼았다. 마을의 큰길이 꾸불꾸불한 모습을 보고 용신(龍身)으로 삼고, 나카지마(中島) 물가의 바위 덩어리를 용주(龍珠)로 삼았다. 그런데 용은 양물(陽物)이자 영물(靈物)이기 때문에 절대 시체를 이 문으로 운반해서는 안 된다. 만약 이를 어기고 용을 모독하면 반드시 용이 격노하여 태풍을 일으키고 나라에 재앙을 내렸다. 그 금기는 전해내려온 지가 오래되었다.

순치(順治)486) 7년 경인(庚寅)에 사자(使者)인 니이로 교부(新納刑部)487)가 죽었다. 조정에서 그 금기를 믿지 않고 그 문으로 관을 반입하고 장사를 지내니 얼마 지나지 않아서 과연 태풍

---

484) 지명. 역주 4) 및 역주 387)을 참조.

485) 남문을 말한다.

486) 중국 청나라의 제3대 황제인 세조 때에 사용된 연호이다. 1644년부터 1661년까지이다.

487) 인명. (1832~1889). 니이로 나카조(新納中三)를 가리킨다. 교부(刑部)는 그의 자(字)이다. 일본의 막부(幕府) 말기에서 메이지유신 시대 가고시마번(鹿児島藩)의 가로(家老)였다. 1865년에 가고시마번의 유학생들을 이끌고 영국으로 건너가 유럽 여러 나라를 시찰한 적이 있다.

이 불었다. 또 강희(康熙) 48년(己丑)에 어리석은 사람이 밤에 이 문으로 죽은 지 얼마 되지 않은 시체를 내갔다. 이 해에 일곱 번이나 태풍이 불고 큰 기근이 있었다.

이상 삼장은 채(蔡)가 기록했다.

久米村南有里閭俗叫大門其前有空地形如半月古人以爲龍頭於其左右置雙石爲龍眼植雙樹爲龍角以里中大街之蜿蜒爲龍身以中島水邊之團岩爲龍珠蓋夫龍者陽物也靈物也切勿以死屍出入是門若以浼其靈則必龍怒以起颱颶而爲國家之災矣其說傳來已久矣于順治七年庚寅使者新納形部殿身亡公朝不信其説遂以其棺槨自是門入而葬之未幾果有颶作又康熙四十八年己丑有愚蠢人夜出新屍于是門是年七次作颶風以致大飢

以上三章蔡

139. 기마 읍(儀間邑) 서쪽 동굴에 관음상을 봉안하다.

오로쿠 군(小祿郡)[488]의 기마 읍(儀間邑) 서쪽에 험준한 산이 하나 있었다. 산이 높게 솟고 나무가 울창했다. 산 밑에 동굴이 하나 있었는데 그 생긴 모양이 키(箕)를 닮았으며, 깊고 넓은데다 으스스해서 신이 거주할 만했다. 하루는 어떤 사람이 관음상을 봉안해 놓고 믿었다. 그 관음상은 매우 영험해서 치성을 드리면 무엇이든 들어두었다. 근세에 이르러 일본의 여러 선장들이 자금을 염출하여 배전(拜殿)을 세웠다. 일찍이 동굴이 또 하나 있었는데 빈두로(賓頭盧)[489]를 모시고 공양하였다. 지금은 믿는 사람이 없다.

小祿郡儀間邑之西有一山崗峩然高秀樹木最茂下有洞窟形似箕器深闊幽雅似乎神在一日有人奉正觀音像于其中以致尊信至聖至靈祷無不應至乎近世日本諸舵工喜損資金創造拜殿且復有一洞亦供養賓頭盧今無有人崇信焉

---

488) 지명. 오키나와 현 나하 시(那覇市)의 가장 남쪽에 위치해 있다. 1954년에 나하 시로 편입되었다.

489) 역주 441)을 참조.

140. 하쓰가네(發金)와 그 여동생의 죽음

옛날에 야에야마(八重山)[490]의 나구라 촌(名藏村)에 사는 농민 집에 형제 둘과 여동생 한 명이 있었다. 장남은 하쓰가네(發金)라 하고 차남은 다마사라(玉皿)라 했다. 그리고 여동생은 오무토(思務本)라고 했다. 하쓰가네는 사람 됨됨이가 사악하고 비뚤어졌으며 제멋대로였다. 위로는 신을 믿지 않고 아래로는 사람을 아끼지 않았으며, 항상 포악하게 굴어서 두려워하는 것이 없었다.

그 때에 한 신녀(神女)가 있었는데 이름을 오모토 오아르지(思度大主)라고 했다. 그 여동생에게 접신하여 말하기를, "나는 본래 일본의 신으로 일찍이 자매 세 명이 주잔(中山)[491]으로 내려왔노라. 언니는 슈리(首里)[492] 동쪽에 있는 벤 다키(弁嶽)[493]에 살면서 가끔 신통력을 발휘하여 세상 사람들을 구했다. 나와 여동생은 구메야마(久米山)로 나가서 각자 한 산을 맡아서 살고 있다. 그러다가 언니가 산세가 빼어나지 못한 것을 꺼려서 이 섬으로 옮겨와 오모토다키(思度嵩)[494]에 거주하다가, 마침내 이 섬을 수호하는 신이 되었노라."라고 했다. 그러나 하쓰

490) 지명. 역주 124)를 참조.

491) 역주 40) 및 역주 132)를 참조.

492) 여기서 벤(弁)은 지명이다.

493) 여기서 말하는 다키(嶽)란 우타키(御嶽)라는 의미이다. 우타키(御嶽)에 관해서는 역주 42)를 참조.

494) 산 이름이다.

가네는 아직 믿지 못하고서 "만약 신령이 분명하다면 산과 바다의 이물(異物)을 불러서 보여주시오."라고 말했다. 여동생이 말하기를 "그 이물을 보기를 원한다면 마땅히 이케도(池塘)[495]로 가 보거라."라고 했다. 하쓰가네가 그 곳으로 갔더니 갑자기 큰 멧돼지 한 마리가 산 속에서 나왔는데, 키가 7 척(尺) 정도였다. 하쓰가네가 멧돼지를 보고서 팔로 감아 끌고 와서는 때려죽이고 잡아먹었다.

하쓰가네가 다시 말하기를 "바다 속에도 역시 괴물이 있을까?"라고 물었다. 여동생이 말하기를 "그 괴물을 보기를 원한다면 시오네(潮嶺)로 가 보거라."라고 했다. 하쓰가네는 급히 그곳으로 갔다. 아득히 벽해(碧海)를 바라보니 파도가 크게 일어나 하늘까지 닿을 정도인데, 바다에서 수십 장(丈)이나 되는 큰 상어[496]가 나타나 물결을 일으키며 날뛰었다. 하쓰가네가 매우 기뻐하며 옷을 벗고 바다로 들어가 상어를 잡아서 먹어치웠다.

하쓰가네가 묻기를 "바다와 산의 이물은 내가 이미 보았으니, 만약 신령이 존재한다면 직접 나타나서 내가 볼 수 있도록 하시오."라고 했다. 여동생이 "신령은 지엄하여 좀처럼 모습을 드러내지 않는다."라고 대답했다. 하쓰가네가 다시 말하기를 "만약 모습을 드러내지 않는다면 이 섬에는 신이 없는 것이다."라고 했다. 여동생이 말하기를 "신령이 모습을 드러내는 것을 보는 것은 쉬운 일이 아니고 지극히 어려운 일이다."라고 했다.

그러다가 결국은 여동생이 하쓰가네와 함께 오모토다키의 정상에 올라가 신좌(神座)[497]로 신을 불러냈다. 갑자기 신이 나

495) 지명이다.

496) 원문에는 鯖魚로 나와 있다. 역주 97)을 참조.

타나서 통고하기를 "너는 항상 신을 믿지 않고 오히려 오만하기가 그지없다. 그래서 내가 나타나서 너를 교화하고자 한다. 너에게 겨를 내려줄 터이니 먹고 돌아가라."고 했다. 보았더니 그 말대로 공중에서 겨가 가득히 내려왔다. 하쓰가네가 매우 괴이하게 생각하고 놀라서 좌우를 둘러보니, 갑자기 산과 들이 바뀌고 신의 모습 또한 보이지 않았다. 당황해서 급히 집으로 돌아왔다.

그런데 온몸에 이가 생겨나 하쓰가네의 몸을 파먹어서 거의 죽을 지경이 되었다. 하쓰가네가 갑자기 화를 내며 "내가 이 병을 얻은 것은 바로 너 때문이다. 너를 어찌 봐줄 수 있겠는가."하고 말하고선, 자리에서 불쑥 일어나 칼을 쥐고 여동생을 찔러 죽였다. 하쓰가네도 역시 며칠 지나지 않아서 죽고 말았다. 그 유골은 변해서 결국 돌이 되었다. 지금의 나구라 땅에 있다. 많은 신들이 여동생의 유골을 수습해서 오모토다키에 매장했다. 하쓰가네의 동생인 다마사라(玉皿)가 이 일을 매우 기이하게 여기고, 곧장 나구라 땅에 돌무더기를 쌓고 무덤을 만들어 대신(大神)[이름을 데루소이 데루아카시(照添照明志)라 부른다]으로 삼았다.

이로 인해 무언가 치성을 드리고자 하는 사람이 있으면 반드시 이곳에 와서 치성을 드렸다.

이상 이 장(章)은 정(鄭)[498]이 기록했다.

---

497) 일본어로는 신자(神坐)라고 발음한다. 신이 강림하는 일정하게 정해진 자리를 말한다.

498) 편자 중의 한 사람인 정병철(鄭秉哲)이다.

往古之世八重山名藏村農民之家有兄弟二人妹一人長男名發金次男名玉皿妹名思務本夫發金之爲人也邪侈淫僻橫恣甚熾上不信神下不愛人常自爲暴惡而無忌憚也時有一女神者名曰思度大主靠着其妹曰素日本之神也嘗有姉妹三人來臨中山姉住居首里東冕嶽屢現神威以救世人吾與小妹前至久米山各移一山居焉遂次姉深厭山勢太卑移來此島而住居思度嵩以爲守護本島之神也然而發金未信曰若有神靈能招山海異物以爲示視妹曰欲看其異物當往池塘地發金果往其地忽有一大猪身長七尺許自山中而出來發金見之攘臂摩拳擒來打死以喰焉曰海中亦有怪物乎妹曰欲看其怪物亦往潮嶺地發金急往其地遙望碧海波濤大起滔然掀天内有數十丈鯖魚從浪裏躍出發金大悅脫衣入海捉出亦吃焉曰海山異物吾既見之若神有靈現令我瞻之妹曰神明至靈出現誠難發金曰出現至難此島無神也妹曰瞻神靈現非輕易之事也亦非至難也遂與他發金俱登思度嶽頂上召出神座之中忽有神出告曰汝常不信神反爲漫褻故出現吾身以爲教誨今給汝吃糠而歸焉果見糠粃漫然從空中而降發金大怪之大驚之觀其左右仍變山野神亦無踪跡急忙歸家即渾身生虱共攢食之殆及半死忽然發怒曰吾得此病者汝之所致也豈可饒你性命乎慨然起床把刀刺殺小妹發金亦不數日而死矣其屍骨遂化爲石現在名藏地諸神收妹屍骨葬之于思度嶽其弟玉皿大奇異之即於名藏地築石爲封始爲大神(名曰照添照明志)而有求祈者必到于此而祷焉　以上二章鄭

141. 메카루오키나시(銘刈翁子)와 아메쿠샤(天久社)의 유래

성화(成化)[499] 연간(年間), 메카루 읍(銘刈邑)[500]에 메카루 오키나시(銘刈翁子)라는 사람이 살았다. 그 사람은 됨됨이가 매우 독실하고 마음이 청결하여 속세의 일에 아랑곳하지 않았다.

아무 근심 없이 생활하다가 어느 날 밤 메카루 오키나시는 아메쿠(天久)[501]의 들판으로 산책을 나갔다. 갑자기 한 여인이 산 위에서 내려와, 산 중간[그 곳에 작은 동굴이 하나 있었고 동굴 속에서 물이 바깥으로 흐른다]에 이르러 법사(法師)를 보내는 것을 보았다. 이번에는 또한 법사가 동굴 속에서 나와 산 위까지 올라 여인을 보냈다. 오키나시가 법사에게 말하기를 "당신은 누구이며 저 여인은 누구입니까?"라고 물었다. 법사가 말하기를 "나는 이 땅에 사는 사람이고 그 여인은 산 속에 사는 사람이다."라고 답하였다. 그리고 법사는 이미 동굴 속으로 사라지고 그 모습을 볼 수가 없었다.

오키나시는 매우 놀라고 기뻐하며 이 일을 조정에 고하였다. 왕이 이를 괴이하게 여기고 특별히 가까운 신하를 보내 그 사실을 알아보도록 했다. 그 신하가 동굴을 향해서 향을 들고 절을 하자 향에 불을 붙이지 않았는데도 저절로 향이 탔다. 이곳

499) 중국 명나라 제9대 황제 헌종(憲宗) 시대의 연호이다. 1465년부터 1487년까지로 이 때문에 헌종을 가리켜 성화제(成化帝)라고 부른다.

500) 지명. 오키나와 현 나하 시(那覇市)에 속한다.

501) 지명. 오키나와 현 나하 시(那覇市)에 속한다.

이 매우 영험한 곳이라는 것을 알게 되었다. 이런 연유로 이곳에 신사(神社)를 창건하고 이름하여 아메쿠샤(天久社)[502]라고 불렀다. 또 사원을 세워서 그 신사를 지키도록 했는데, 사원 이름을 진오지(神應寺)라 불렀다. 그러자 어떤 사람이 접신하여 말하기를 "나는 권현신(權現神)[503]이고 그 여인은 변재천(辨財天)[504]이니라. 이제 널리 중생을 구제하기 위해 이 땅에 나타났노라."라고 하였다. 이후 멀고 가까운 곳에서 백성들이 몰려들어 그 신사에 참배하고 복을 빌었다.

그 사원은 본래 신사의 왼쪽에 세워졌었고 본래 오시마쿠라(大島倉)라 불렀다. 오시마(大島),[505] 기카이(鬼界)[506], 도쿠노시마(德之島)[507], 에라부(永良島)[508], 요론(與論)[509] 등의 다섯 섬에서 주잔(中山)[510]에 공물을 바칠 때에, 배들을 도마리 진(泊津)에 정박시켜 두고 방물(方物)을 바치는 곳으로 삼았다. 만력(萬曆) 연간에 그 다섯 섬은 잠시 삿슈(薩州)[511]에 속하게 되었

502) 신사의 이름이다. 141화는 이 신사의 유래에 관한 이야기이다.

503) 권현이란 부처나 보살이 사람들을 구제하기 위해서 다른 모습으로 나타난 신을 말한다.

504) 범어 Sarasvati의 음역이다. 인도신화에 나오는 하천을 관장하는 녀신이다. 음악, 변설(弁舌), 재복, 지혜의 덕을 갖추었으며 길상천(吉祥天)과 함께 숭배되었다. 불교 및 힌두교로 수용되어 보통 비파를 켜는 천녀의 모습으로 표현된다. 일본에서는 재복신이라 하여 변재천(弁財天)이라 부르며 칠복신(七福神)의 한 신이다.

505) 지명. 역주 343)을 참조.

506) 지명. 기카이지마(喜界島)를 말한다. 역주 343)을 함께 참조.

507) 지명. 역주 343)을 참조.

508) 지명. 오키에라부지마(沖永郎部島)를 말한다, 역주 343)을 함께 참조.

509) 지명. 요론토(与論島)를 말한다. 역주 343)을 함께 참조.

510) 역주 40) 및 역주 132)를 참조.

다. 이 때문에 오시마쿠라를 없애고, 이즈미사키 읍(泉崎邑)에 있던 조온지(潮音寺)를 이곳에 세워 신사를 지키도록 했다.

이 일 장은 정(鄭)[512]이 기록했다.

成化年閒銘苅邑有銘苅翁子者其爲人也賦性敦篤心志清潔而不事浮世慆慆度日一日之晩出天久野散歩徘徊忽見一女人出送法師從山上降到于山半(其地有一小洞洞中有水流至外地)亦有法師出送女人自洞中出登到山上翁子問法師曰法師是誰女人是誰法師曰我是住居此地者也他女人是栖居山森也既而回入其洞内而不見其形也翁子大驚且喜題奏之于朝廷王遂怪異之特令輔臣知其實否他臣向洞掬香以爲拜禮其香不點火而自然燒燃即知其爲實驗因是創造此神社名曰天久社又建寺院看守其神社名曰神應寺即有人神詑云我是權現神也女人乃是辨財天女也今爲普濟衆生而出現此地也云爾從此之後黎民遠近皆詣其神社而祈福焉其寺院素建神社之左而今寺院素號大島倉而大島鬼界德之永良部與論等五島納貢於中山時他五島船隻繫于泊津以爲交納方物之處也萬暦年閒其五島暫屬薩州由是裁去其藏將泉崎邑潮音寺亦造于此地以看守其神社也矣　此一章鄭

511) 지명. 역주 285)를 참조.

512) 편자 중의 한 사람인 정병철(鄭秉哲)이다.

역자 후기

역자가 본격적으로 오키나와문화를 접하게 된 것은 2002년 봄이었다. 일한문화교류기금의 초청으로 5개월 동안 오키나와에 체류하며 오키나와의 민속문화에 대해 연구할 기회를 가졌다. 당시 오키나와의 민속문화를 현장에서 처음 접한 역자에게는 오키나와의 민속문화가 일종의 충격으로 다가왔다. 충격을 받은 이유는 일본 본토의 민속문화와는 판이하게 다른 오키나와 민속문화의 '이질성' 때문이었다. 지금 생각하면 '이질성'이 아니라 독립성이라 해야 하겠지만, 일본의 대학에서 공부하던 대학원생 시절부터 줄곧 일본의 민속문화를 중심에 놓고 생각해왔던 터라, 당시 역자의 머릿속에서 무의식적으로 일본 민속문화라는 범주 안에서 오키나와 민속문화를 이해하고자 했던 것이다.

오키나와에 체류한 지 1개월 정도가 지난 후에, 역자의 무지함을 반성하며 될 수 있으면 현장에서 오키나와 민속문화를 느끼기 위해서 오키나와 각지를 돌아다니는 한편, 오키나와 민속문화 연구에 필요한 기본 문헌들을 찾아서 읽기 시작했다. 이 때 읽었던 기본 문헌 중의 하나가 『유로설전(遺老說傳)』이다. 『유로설전』을 읽으면서 자연스럽게 언젠가 한국어로 번역하여 소개했으면 좋겠다는 생각을 갖게 되었다. 역자의 게으른 품성

탓에 몇 년이고 묵혀두다가, 마침 2009년 1학기 「오키나와문화 집중연구」라는 대학원 수업에서 대학원생들과 함께 『유로설전』을 윤독하게 되었다. 대학원 수업을 계기로 구체적으로 번역에 착수하였다. 번역을 결심한 때부터 출판이 실현되기까지 꼬박 8년이 걸린 셈이니, 역자도 어지간히 게으른 사람이다.

『유로설전』은 국내에서 2008년에 김헌선 교수가 『류큐설화집 유로설전』(2008, 보고사)이란 제목으로 번역하여 소개한 적이 있다. 그런데 김헌선 교수의 번역서는 아쉽게도 역주가 들어 있지 않아서 원저의 내용을 충분히 이해하기가 쉽지 않았다. 선행 번역서가 있음에도 중복하여 번역 출판하는 것은 썩 마음이 내키는 일은 아니지만, 『유로설전』의 자료적 가치 및 독자의 편의를 고려하여, 김헌선 교수의 번역서에 돌을 하나 더 얹는다는 마음으로 출판을 결심하게 되었다.

『유로설전』은 한문으로 기록되었으며 여러 종류의 판본이 존재한다. 판본에 관해서는 번역서에 실린 가데나 소토쿠(嘉手納宗德)의 서문에 자세히 소개되어 있으므로 이를 참고하기 바란다. 한문 원문과 읽기 쉬운 일본어 문어체로 번역하여 출판한 텍스트는 지금까지 일본에서 2 종류가 출판되었다. 시마부쿠로 세빈(島袋盛敏)이 『球陽外卷 遺老說傳』(1935, 學藝社)이란 제목으로 출판하였으며, 40 여년이 지난 후에 가데나 소토쿠(嘉手納宗德)가 『球陽外卷 遺老說傳』(1978, 角川書店)을 출판하였다. 후자 쪽이 전자보다 훨씬 뒤에 출판된 만큼, 그 후의 연구 성과를 반영하고 있으며 역주가 포함되어 있기 때문에 읽기가 편하다. 또한 한문 원문 쪽도 여러 판본을 참고하여 교정하였다. 한국어 번역을 위한 텍스트로는 주로 후자를 사용하였으며, 군데군데 확인이 필요한 부분은 전자를 함께 참고하였다. 그리고 이 번역서에 실린 야나기타 구니오(柳田國男)의 서문과 이하 후유(伊波普猷)의 서문은 원래 시마부쿠로 세빈의 편역본에 실려 있던 것이다. 『유로설전』의 자료적 가치 및 내용을 파악하는데 크게 도움이 될 것으로 판단하여 이번 번역서에 포함시켰다.

『유로설전(遺老說傳)』은 류큐왕부(琉球王府)에서 편찬한 설화집으로 1743년부터 1745년 사이에 편찬되었다고 알려졌다. 즉 이 시기에 『구양(球陽)』의 외권(外卷)으로 편찬되었는데, 『구양』은 편년체로 기술된 오키나와의 정사(正史)인다. 『유로설전(遺老說傳)』은 정권(正卷) 3권과 부권(付卷) 1권으로 구성되었으며 모두 141편에 이르는 설화가 수록되어 있다. 연구자에 따라서는 142편으로 분류하기도 한다.

편자는 『구양』의 편자인 정병철(鄭秉哲)·채굉모(蔡宏謨)·양황(梁煌)·모여포(毛如苞) 등 4인이다. 정병철(鄭秉哲, 데이헤이테쓰)은 1695년에 태어나 1760년에 사망하였다. 중국에서 오키나와로 건너온 중국인들의 집단거류지인 구메 촌(久米村) 정씨(鄭氏)의 13세로 정홍량(鄭弘良)의 4남이다. 그는 오키나와의 사료 편찬에 크게 기여한 인물이다. 『구양(球陽)』 뿐만이 아니라 『류큐국구기(琉球國舊記)』와 『중산세보(中山世譜)』부권(附卷)의 편찬에도 참가하였다. 채굉모(蔡宏謨, 사이코보)는 1700년에 태어나 1766년에 사망하였다. 그는 1719년 중국에서 표류해 온 오자성(吳自成)에게서 석회를 굽는 법을 배워 오키나와의 운텐촌(運天村)에서 처음으로 석회를 구웠던 인물로 잘 알려져 있다. 1760년에 총리당영사(總理唐榮司)라는 관직에 올랐다. 양황

(梁煌, 료코)은 1702년에 태어나 1771년에 사망하였다. 어릴 적 이름은 사무태(思武太)이고 자(字)는 자명(子明)이다. 강해사(講解師), 중의대부(中議大夫), 정의대부(政議大夫), 자금대부(紫金大夫) 등을 역임하였다. 그리고 모여포(毛如苞, 모조호)는 1798년에 태어나 1761년에 사망하였다. 어릴 적 이름은 백천대(百千代)이고 자(字)는 균정(筠亭)이다. 그 역시 강해사(講解師), 중의대부(中議大夫), 정의대부(政議大夫) 등을 역임하였다.

수록된 설화의 지역적 분포를 보면 오키나와 본도에 위치한 중심지 나하(那覇)를 비롯하여 미야코 제도(宮古諸島), 야에야마 제도(八重山諸島)에 이르기까지 오키나와 전역에 걸쳐 골고루 분포되어 있다. 설화의 내용을 보면, 왕궁의 의례, 촌락의 발상 및 제사, 우타키(御嶽)의 유래, 신명(神名)의 유래, 지명의 유래, 민속신앙, 곡물의 기원 등 다방면에 이르고 있다. 오키나와의 민속문화를 이해하는 데 있어 더할 나위 없이 귀중한 자료이다. 특히 『유로설전』에 수록된 설화를 읽다 보면 한국의 설화와도 유사한 설화가 수록되어 있음을 발견할 수 있다. 예를 들면 제34화 「구바도노타케(久場塘嶽) 우타키(御嶽)의 천녀(天女) 전설」, 제68화 「밤에 딸을 찾아오는 구렁이(大蛇)와 하리미즈 우타키(漲水御嶽)」의 경우가 그러하다. 제34화는 한국의 「나뭇군과 선녀」, 그리고 제68화는 한국의 『삼국유사』에 나오는 견훤 설화와 비슷함을 알 수 있다. 이와 유사한 설화가 일본 본토에도 전해지고 있다. 이번 『유로설전』 번역서 출판을 계기로 오키나와를 포함한 동아시아 설화의 비교연구, 더 나아가서는 동아시아 민속의 비교연구에 조금이라도 도움이 되기를 바란다.

역자는 『유로설전』의 번역과정에서 독자들의 이해를 돕기 위해서 특히 다음과 같은 점에 유의하였다. 첫째 가급적 역주를 많이 달도록 한다. 오키나와의 인명 및 지명, 그리고 오키나와의 민속 관련 용어에 대해서는 역주를 통해 자세히 설명하고자 힘썼다. 둘째 일본어의 한글 표기이다. 일본어 발음의 한글 표기는 원칙적으로 「일본어의 가나와 한글대조표」에 따랐다. 오키나와의 인명, 지명의 경우는 일반적인 일본어 읽기와 다르게 읽는 경우가 많은데, 이 경우에 원칙적으로 오키나와 현지에서 통용되는 발음에 따라 표기하였다. 셋째 한문 원저에는 소제목이 들어있지 않고 단락이 나뉘어져 있지 않지만, 독자들의 편의를 위해서 역자가 본문 내용을 반영하여 임의로 소제목을 붙이고 단락 나누기를 하였다.

이 번역서가 나오기까지 많은 분들이 도움을 주셨다. 먼저 역자가 오키나와문화에 관심을 가질 수 있도록 이끌어주신 오키나와국제대학의 이나후쿠 미키코(稲福みき子) 교수께 감사드린다. 같은 대학의 가리마타 게이치(狩俣惠一) 교수께는 주로 역자가 확인하기 힘든 인명, 지명에 관해서 도움을 받았다. 2009년 1학기에 역자와 함께 『유로설전』을 윤독한 일어일문학과의 대학원생, 특히 자료정리 및 교정과정에서 수고를 아끼지 않은 염지원, 최가진, 조아라, 이은경에게 고마움을 전하고자 한다. 끝으로, 책을 보기 좋게 꾸며주신 전남대학교출판부의 박방배 과장님을 비롯한 편집부 여러분께 감사드린다.

2010년 2월

김용의

색 인

ㄱ

ㄴ

ㄷ

ㅂ

ㅅ

ㅇ

ㅊ

ㅋ

ㅌ

ㅍ

ㅎ

편자 소개

정병철(鄭秉哲)

1695년에 태어나 1760년에 사망하였다. 중국에서 오키나와로 건너온 중국인들의 거류지인 구메 촌(久米村) 정씨(鄭氏)의 13세로 정홍량(鄭弘良)의 4남이다. 『구양(球陽)』 편찬자 중의 한 사람이며, 『류큐국구기(琉球國舊記)』와 『중산세보(中山世譜)』 부권(附卷)의 편찬에도 참가하였다.

채굉모(蔡宏謨)

1700년에 태어나 1766년에 사망하였다. 『구양(球陽)』 편찬자 중의 한 사람이다. 1719년 중국에서 표류해 온 오자성(吳自成)에게서 석회를 굽는 법을 배워 오키나와의 운텐 촌(運天村)에서 처음으로 석회를 구웠다. 1760년에 총리당영사(總理唐榮司)라는 관직에 올랐다.

양황(梁煌)

1702년에 태어나 1771년에 사망하였다. 어릴 적 이름은 사무태(思武太)이고 자(字)는 자명(子明)이다. 『구양(球陽)』 편찬자 중의 한 사람으로 강해사(講解師), 중의대부(中議大夫), 정의대부(政議大夫), 자금대부(紫金大夫) 등을 역임하였다.

모여포(毛如苞)

1798년에 태어나 1761년에 사망하였다. 어릴 적 이름은 백천대(百千代)이고 자(字)는 균정(筠亭)이다. 『구양(球陽)』 편찬자 중의 한 사람으로 강해사(講解師), 중의대부(中議大夫), 정의대부(政議大夫) 등을 역임하였다.

김용의

1961년 광주에서 태어나 전남대학교 일어일문학과를 졸업하였다. 중앙대학교 대학원 석사과정에서 일본신화를 공부했으며, 일본의 오사카대학 대학원에서 일본문화학(민속학)을 공부하여 석사·박사학위를 취득하였다. 현재 전남대학교 일어일문학과 부교수로 재직 중이다. 관심 분야는 한일설화의 비교연구, 오키나와의 민속종교, 일제강점기의 문화변용 등이다. 저·역서로는 『도노모노가타리』(역서), 『일본인은 일 년 동안 어떻게 생활할까』(역서), 『한국 근대민속의 이해 I』(공저), 『동아시아의 생사관』(공저), 『세계 속의 일본문학』(공저) 등이 있다.

오키나와 민족설화집

유로설전(遺老說傳)

인쇄 | 2010년 2월 10일
발행 | 2010년 2월 20일

역 자 | 김용의
발행인 | 김윤수
발행처 | 전남대학교출판부

등록 | 1981. 5. 21. 제53호
주소 | 500-757 광주광역시 북구 용봉로 77
전화 | (062) 530-0571~3
팩스 | (062) 530-0579
홈페이지 | http://altair.chonnam.ac.kr/~cnup

값 13,000 원

ISBN 978-89-7598-792-2 (93830)

이 도서의 국립중앙도서관 출판시도서목록(CIP)은 e-CIP홈페이지(http://www.nl.go.kr/ecip)에서 이용하실 수 있습니다. (CIP제어번호: CIP2010000641)